Weber · Kaufmännisches Rechnen von A–Z

W0267763

Kaufmännisches Rechnen von A – Z

Formeln, Rechenbeispiele und Tips für die Praxis

von

Manfred Weber

5., aktualisierte Auflage

wrs Verlag

Die Deutsche Bibliothek – CIP-Einheitsaufnahme

Weber, Manfred:
Kaufmännisches Rechnen von A – Z : Formeln,
Rechenbeispiele und Tips für die Praxis / von Manfred Weber.
– 5., aktualisierte Aufl. – Planegg : WRS, Verl. Wirtschaft,
Recht und Steuern, 1998
(WRS-Betriebspraxis)
ISBN 3-8092-1278-4

ISBN 3-8092-1278-4 Bestell-Nr. 01005

1. Auflage 1989 (ISBN 3-8092-0570-2)
2., aktualisierte Auflage 1992 (ISBN 3-8092-0872-8)
3., aktualisierte Auflage 1993 (ISBN 3-8092-1039-0)
4., aktualisierte Auflage 1995 (ISBN 3-8092-1138-9)
5., aktualisierte Auflage 1998

© für die Buchausgabe 1998: WRS Verlag Wirtschaft, Recht und Steuern GmbH & Co., Fachverlag
Postanschrift: Postfach 13 63, 82142 Planegg
Hausanschrift: Fraunhoferstraße 5, 82152 Planegg
Telefon (0 89) 8 95 17-0, Telefax (0 89) 8 95 17-2 50

Lektorat: Dipl.-Kfm. Richard Kastl, Freiburg i. Br.

Erstveröffentlichung 1988 in: „Tägliche Betriebspraxis“, Rudolf Haufe Verlag, Freiburg i. Br.

Alle Rechte, auch die des auszugsweisen Nachdrucks, der fotomechanischen Wiedergabe (einschließlich Mikrokopie) sowie der Auswertung durch Datenbanken oder ähnliche Einrichtungen, vorbehalten.

Druck: Schoder Druck GmbH & Co. KG, 86368 Gersthofen

Vorwort zur fünften Auflage

Das Buch ist in dieser Konzeption ein Erfolg geworden. Ich möchte allen Lesern für das gezeigte Vertrauen danken.

Die 5. Auflage erscheint inhaltlich und methodisch unverändert. Neuere Entwicklungen wurden berücksichtigt, Stichwörter und Beispiele aktualisiert.

Aichhalden/Schwarzwald, im Winter 1997/98 Manfred Weber

Vorwort zur ersten Auflage

Das vorliegende Buch ist ein übersichtlicher und leicht verständlicher Grundriß des kaufmännischen Rechnens und der praktischen Statistik. Sie finden darin die nachfolgend aufgeführten Themenbereiche ausgearbeitet:

- Prozent-, Zins- und Zinseszinsrechnung
- Diskontierung, Terminrechnung und Kommissionsgeschäfte
- Sorten-, Devisen- und Wertpapierrechnung
- Kostenrechnung und Kalkulation
- Investitionsrechnung
- Kennzahlen zur Unternehmenssteuerung
- Statistik und Formeln

Die Publikation soll vor allem dem Praktiker in Industrie, Handel und Dienstleistungsunternehmen als Leitfaden dienen. Sie ist aber auch für Nichtkaufleute, zum Beispiel Techniker und Juristen, von Nutzen und kann ebenso im schulischen Bereich – sei es in kaufmännischen Berufsschulen, in weiterführenden bzw. Hochschulen – wertvolle Dienste leisten.

Die Form des Lexikons wurde gewählt, weil so der Zugriff vom zu lösenden Problem über das Stichwort zum Inhalt optimal möglich ist. Jedes Stichwort ist nach einem einheitlichen Schema aufgebaut. Dies erleichtert die Handhabung. Mit seinen Anwendungsbeispielen, Hinweisen und Praxistips geht das Buch weit über die Funktion eines herkömmlichen Lexikons hinaus. Der Anwender hat damit ein Hilfsmittel, ein Werkzeug, mit dem er anstehende Fragen, Probleme und Berechnungen aus den verschiedenen Bereichen des kaufmännischen Rechnens leichter lösen kann.

Genauere Informationen, wie Sie das Nachschlagewerk umfassend nutzen können, finden Sie auf den folgenden Seiten.

Aichhalden/Schwarzwald, im Sommer 1989 Manfred Weber

Inhaltsverzeichnis

So nutzen Sie dieses Buch

Kaufmännisches Rechnen, Kostenrechnung, Kalkulation, Betriebliche Kennzahlen, Wirtschaftlichkeitsrechnung sowie praktische Statistik sind die Inhalte des vorliegenden Nachschlagewerkes. Diese Themengebiete sind in der Form eines modernen Lexikons mit 53 Stichwörtern abgehandelt. Das Rechenlexikon ist keine Unterhaltungslektüre und auch kein „Lesebuch", das Sie von vorne bis hinten durcharbeiten müssen, sondern es ist ein Nachschlagewerk, das Sie immer dann zu Rate ziehen können, wenn Sie Rechenprobleme aus den verschiedensten Bereichen des kaufmännischen Rechnens – sei es im Geschäft, im Beruf oder im Privatleben zu lösen haben.

Sie finden den „Zugang" zum Lexikon auf verschiedenen Wegen:

- Dem Lexikonteil ist eine *alphabetische Übersicht* vorangestellt. Diese Übersicht, bestehend aus Haupt- und Verweisstichwörtern, wird Ihnen helfen, die Informationen zum Rechnen zu finden, die Sie zur Lösung Ihrer Aufgaben brauchen. Die Hauptstichwörter sind in Fettschrift hervorgehoben, die Zahlen geben die Nummer des gesuchten Stichwortes an. Erscheint nun der von Ihnen gesuchte Begriff in Fettschrift, dann brauchen Sie nur unter der betreffenden Nummer im Lexikon nachzuschlagen. Wird der Begriff in Normalschrift ausgewiesen, dann steht daneben mit Pfeil das in Frage kommende Stichwort. Die mit Pfeilen gekennzeichneten Stichwörter verweisen Sie also an die richtige Adresse.

- Ein weiterer Einstieg zum Lexikon ist über die Übersichten der gängigen *Formeln* und gebräuchlichen *Rechenhilfcn* im Anhang möglich. Zu jedem Bereich sind die entsprechenden Verweisstichwörter aufgeführt.

  Dieser Einstieg ist besonders zu empfehlen, wenn Sie lediglich eine bestimmte Formel suchen.

- Einen allgemeinen Überblick erhalten Sie auch, indem Sie die einzelnen Stichwörter in *alphabetischer* Reihenfolge und die entsprechende *Headline* lesen. Letztere informiert in Kurzform über das betreffende Stichwort.

- Sollten Sie einmal nicht fündig werden, dann können Sie auch über das ausführliche Stichwortverzeichnis am Ende des Buches den Einstieg finden.

Nehmen wir beispielsweise an, Sie wollen wissen, wie hoch das Wechselkursrisiko einer Lieferung nach Frankreich bei Fakturierung in französischen Francs ist. Sie schauen also in der alphabetischen Übersicht unter dem Begriff Wechselkurs nach. Dort werden Sie auf das Stichwort 41 *Sortenrechnung* verwiesen. Hier finden Sie neben Erklärungen und Hinweisen auch den weiteren Verweis auf die Stichwörter 12 *Devisenrechnung* sowie 11 Devisenarbitrage. Im Stichwort Devisenrechnung werden Bankabrechnungen von Devisengeschäften gezeigt, auch zu welchen Kursen Banken diese Geschäfte abrechnen können. Die Begriffe DM-Kassa-Mittelkurs sowie der Abstand des Geld- und Briefkurses vom Mittelkurs in DM sind aufgeführt.

Unter dem Stichwort Devisenarbitrage erfahren Sie u. a. auch, daß die Wechselkurse zu den meisten EG-Staaten nur innerhalb des oberen und des unteren Interventionspunktes schwanken dürfen, während gegenüber den USA freie Wechselkurse gelten. Das Stichwort Devisenarbitrage zeigt auch, welche Berechnungen Sie durchführen müssen, um festzustellen, ob Sie die FF bei einer deutschen oder französischen Bank günstiger umtauschen.

Der Zugriff zu dieser Thematik hätte entsprechend über die Begriffe Briefkurs oder Sortenrechnung erfolgen können.

Das Stichwort

Jedes Stichwort ist nach einem einheitlichen Schema konzipiert. Ganz oben steht das jeweilige Stichwort in *alphabetischer Reihenfolge* mit Angabe seiner *Nummer.* Das Stichwort wird zunächst kurz definiert und der Sachverhalt in wenigen Sätzen beschrieben. Es folgen dann die eigentlichen Ausführungen mit Beispielen, Erklärungen, Hinweisen und Praxistips. Erklärt wird stets an einfachen Beispielen. Dabei werden die allgemeingültigen, für viele Leser interessanten Sachverhalte geklärt – keine Spezialfälle. Wo es möglich ist, wird unter der Rubrik *„So rechnen Sie richtig“* das richtige Vorgehen beim Rechnen beschrieben. Der *„Praxistip“* gibt Ihnen Ratschläge, wie das Rechnen schneller geht, oder was Sie bei Ihren praktischen Lösungen besonders beachten sollten. Es sind nützliche Hinweise für die betriebliche Praxis.

Wenn Sie sich mit einem Thema gründlicher befassen wollen oder weitere Unklarheiten auftreten, dann sollten Sie die *Verweis-* und *Hinweisstichwörter* beachten. Die Querverweise stellen den inhaltlichen und methodischen Zusammenhang zwischen einem Themenschwerpunkt und anderen Themenbereichen dar. Die Rubrik *„Siehe auch“* am Ende vieler Stichwörter gibt Ihnen die Möglichkeit, sich umfassend über eine bestimmte Thematik zu informieren.

Die Rechner

An allen Stellen im Buch, an denen Sie das Diskettensymbol sehen, steht Ihnen auf beiliegender Diskette ein Rechner zur Verfügung. Mit diesem können Sie Aufgaben aus dem angesprochenen Themenkreis einüben und lösen.

Alphabetische Übersicht

Abschreibungen

Ersatzbeschaffungen müssen verdient werden

Anlagegegenstände unterliegen der Wertminderung. Die Abschreibungen sollen diese Wertminderungen erfassen. Dazu stehen verschiedene Verfahren zur Verfügung, einmal die lineare Abschreibung mit gleichbleibenden Abschreibungsbeträgen oder die degressive Abschreibung, bei der die anfänglichen Raten sehr hoch sind.

Kapitalabbau durch Abschreibungen

Die Anschaffungs- oder Herstellungskosten von Gegenständen des Anlagevermögens, die einer zeitlich begrenzten Nutzung unterliegen, sind durch *planmäßige Abschreibungen* auf die Geschäftsjahre, in denen sie genutzt werden können, zu verteilen. Neben dem Handelsrecht fordert auch das Steuerrecht die planmäßige Abschreibung – sie wird im Steuerrecht „Absetzung für Abnutzung" (AfA) bezeichnet.

Kapitalgesellschaften sind nach § 268 Abs. 2 HGB verpflichtet, die Entwicklung der einzelnen Posten des Anlagevermögens in der Schlußbilanz oder im Anhang darzustellen. Aktiengesellschaften wiesen schon früher gesondert für die Bilanzhauptpositionen die gesamten Anschaffungs- und Herstellkosten zu Beginn des Jahres aus, die dann um Zugänge, Umbuchungen, Abgänge und Abschreibungen erweitert werden. Das Bilanzrichtliniengesetz verlangt noch zusätzlich die Angabe der historischen Anschaffungskosten sowie die kumulierte Abschreibung.

Abschreibung bedeutet, daß von einem Kapital oder Wertobjekt jährlich ein gewisser Wert abgezogen wird. Die Durchführung planmäßiger Abschreibungen erfordert zu Beginn der Nutzung eines Gegenstandes die Aufstellung eines *Abschreibungsplanes.*

Diese Begriffe müssen Sie beachten:

- Anschaffungs- oder Herstellkosten (B_o)
- Nutzungsdauer (n)
- Abschreibungssatz (p)
- Abschreibungsbeträge (A)
- Restbuchwert (B_n)
- Schrottwert (S)

Lineare Abschreibung

Für die planmäßige Abschreibung kommen mehrere Abschreibungsmethoden in Betracht: Die lineare und die geometrisch-degressive Abschreibung werden hier vorgestellt. Ferner sind noch die arithmetisch-degressive und die leistungsbedingte Abschreibungsmethode zu erwähnen.

Bei der linearen Abschreibung wird jährlich derselbe Betrag abgeschrieben; dies entspricht der einfachen Zinsrechnung (→ **Zinsrechnung**). Der jährliche Abschreibungsbetrag (A) ergibt sich aus dem Anschaffungs- oder Herstellungswert (B_o) geteilt durch die gewöhnliche Nutzungsdauer (n).

$$A = \frac{B_o}{n}$$

Der jährliche Abschreibungsbetrag wird kleiner, wenn ein *Restbuchwert* *(B_n)* oder Schrottwert (S) berücksichtigt wird:

$$A = \frac{B_o - B_n}{n} \qquad A = \frac{B_o - S}{n}$$

Beispiel: **Lineare Abschreibung unter Berücksichtigung eines Restbuchwertes**

Eine Maschine im Wert von 20000 DM soll in 5 Jahren linear auf einen Restbuchwert von 420 DM abgeschrieben werden. Jährlicher Abschreibungsbetrag?

$$A = \frac{20000 - 420}{5}$$

$$A = 3916 \text{ DM}$$

Geometrisch-degressive Abschreibung

Die degressive Abschreibung (= geometrisch-degressive) ist durch jährlich sinkende Abschreibungsbeträge gekennzeichnet, da jährlich derselbe Bruchteil eines von Jahr zu Jahr sinkenden Restbuchwertes abgeschrieben wird. Die geometrisch-degressive Abschreibung entspricht daher dem Zinseszins (→ **Zinseszinsrechnung**).

Die Formel zur Ermittlung des Restbuchwertes (B_n) lautet:

$$B_n = B_o\left(1 - \frac{p}{100}\right)^n$$

Beispiel: **Geometrisch-degressive Abschreibung**

Eine Maschine mit einem Anschaffungswert von B = 30000 DM wird mit 20% degressiv abgeschrieben. Wie hoch ist der Restbuchwert nach 5 Jahren?

$$B = 30\,000\left(1 - \frac{20}{100}\right)^5$$

$$B = 9830{,}40 \text{ DM}$$

Beispiel: **Berechnung des Abschreibungsprozentsatzes**

Die Formel zur Ermittlung des Abschreibungsprozentsatzes (p) lautet:

$$P = 100\left(1 - \sqrt[n]{\frac{B_n}{B_c}}\right)$$

Welcher Abschreibungssatz ist anzuwenden, wenn eine Maschine mit einem Anschaffungswert von 40000 DM in 4 Jahren auf einen Restbuchwert von 16384 DM geometrisch-degressiv abgeschrieben werden soll?

$$P = 100\left(1 - \sqrt[4]{\frac{16384}{40000}}\right)$$

$$p = 100\ (1 - 0{,}8)$$

$$p = 20\ \%$$

Praxis-Tip

Unternehmen, die an hohen Abschreibungsbeträgen interessiert sind, machen von der Möglichkeit des Übergangs von der geometrisch-degressiven auf die lineare Abschreibung Gebrauch, und zwar in dem Jahr, in dem die lineare Abschreibung vom aktuellen Restbuchwert die geometrisch-degressive überschreitet.

Beispiel: **Abschreibungsplan**

Eine Maschine, die 40000 DM kostet, soll innerhalb von 10 Jahren abgeschrieben werden. Man kann entweder geometrisch-degressiv oder linear abschreiben. Bei der linearen Abschreibung bleiben die Abschreibungsbeträge jedes Jahr gleich groß – im Beispiel sind es 10 % von 40000 DM = 4000 DM. Nach 10 Jahren ist der volle Betrag der Maschine abgeschrieben.

Nr. 1 Abschreibungen

Schreibt man bei einem Satz von 20 % degressiv ab, erhält man folgende Werte:

Jahr	Buchwert am Anfang des Jahres	jährliche Abschreibung	Übergang zur linearen Abschreibung	
			Abschreibungssatz im 6. Jahr	Restbuchwert am Jahresanfang
1	40 000,00 DM	8000,00 DM		
2	32 000,00 DM	6400,00 DM		
3	25 600,00 DM	5120,00 DM		
4	20 480,00 DM	4096,00 DM		
5	16 384,00 DM	3276,80 DM		
6	13 107,20 DM	2621,44 DM	$\frac{13\,107{,}20}{5}$ = 2621,44 DM	
7	10 485,76 DM	2097,15 DM	2621,44 DM	10 485,76 DM
8	8 388,61 DM	1677,72 DM	2621,44 DM	7864,32 DM
9	6 710,89 DM	1342,18 DM	2621,44 DM	5242,88 DM
10	5 368,71 DM	1073,74 DM	2621,44 DM	2621,44 DM

Je nachdem, ob Sie gleichbleibende oder zunächst hohe Abschreibungssätze wünschen, wählen Sie die Abschreibungsmethode. Wenn Sie an ständig hohen Abschreibungssätzen interessiert sind, können Sie von der degressiven zur linearen Abschreibung übergehen, nicht jedoch umgekehrt. Es lohnt sich, wenn der lineare Abschreibungssatz vom aktuellen Buchwert höher als der geometrisch-degressive Satz ist. Im Beispiel sind lineare und degressive Sätze vom Buchwert des 6. Jahres gleich.

degressiv: 2621,44 linear: $\frac{13\,107{,}20 \text{ DM}}{5} = 2621{,}44$

Sie können im sechsten oder einem späteren Jahr umsteigen. Oben sind die Werte für den Wechsel im 6. Jahr berechnet.

Siehe auch:
→ Maschinenstundensätze
→ Cash-flow

Äquivalenzziffernkalkulation

Ähnliche Produkte kalkulieren

Verschiedene Sorten verursachen unterschiedliche Kosten. Betriebe mit Sortenfertigung können diese ungleiche Kostenintensität durch Zuordnung von Äquivalenzziffern zu den jeweiligen Produkten in ihrer Kalkulation berücksichtigen.

Von Sortenfertigung spricht man, wenn aus den gleichen Grundstoffen bei gleichen Fertigungsverfahren mehrere verwandte Erzeugnisse hergestellt werden. Die Produktion der verschiedenen Sorten kann auch parallel auf den gleichen Anlagen erfolgen.

Die einzelnen Sorten unterscheiden sich lediglich hinsichtlich Größe, Form und Qualität. Beispiele für Sortenfertigung sind:

- Blechsorten unterschiedlicher Stärke,
- Drähte mit verschiedenem Durchmesser,
- Schrauben, differenziert nach Größe und Dicke,
- verschiedene Seifen oder Gemüsekonserven, geschmacklich verschiedene Limonaden oder unterschiedliche Schokoladensorten.

Sortenleistungen können grundsätzlich mit allen Kalkulationsverfahren kalkuliert werden. Die Divisionskalkulation ermöglicht eine globale Übersicht, erlaubt aber keine exakte Verteilung der Kosten auf die verschiedenen Sorten (→ **Divisionskalkulation**). Betriebe mit Sortenfertigung wenden deshalb die Zuschlagskalkulation oder meistens die Äquivalenzziffernkalkulation, eine verfeinerte Form der Divisionskalkulation, an.

Mit Äquivalenzziffern oder Verhältniszahlen werden die ungleichen Kostenbelastungen durch die verschiedenen Sorten rechenbar. Die Sorte mit der längsten Bearbeitungsdauer oder dem größten Materialeinsatz erhält die höchste Äquivalenzziffer und wird so mit den höchsten Stückkosten kalkuliert.

Die am häufigsten hergestellte Sorte wird zur Bezugsgröße und erhält die Äquivalenzziffer 1. Teuere Sorten erhalten höhere, billigere Sorten niedrigere Ziffern. Die aus der Erfahrung gewonnenen *Äquivalenzziffern* sollen das Kostenverhältnis der einzelnen Sorten zueinander richtig wiedergeben.

So rechnen Sie richtig:

Die Kalkulation mit Äquivalenzziffern verläuft in drei Phasen:

① Die erzeugten Mengen werden mit den jeweiligen Äquivalenzziffern multipliziert und ergeben die *Verrechnungseinheiten.* Die Summe aller Verrechnungseinheiten wird auf die Summe aller Kosten bezogen.

② Die Division der ermittelten Sorten durch die Summe aller Verrechnungseinheiten ergibt die *Herstellkosten je Stück* für die Sorte mit der Äquivalenzziffer 1.

$$\text{Herstellkosten je Stück (Sorte mit Äquivalenzziffer 1,0)} = \frac{\text{Gesamtkosten der Periode}}{\text{Summe der Verrechnungseinheiten}}$$

③ Die Herstellkosten je Stück der verschiedenen Sorten erhält man durch Multiplikation mit der jeweiligen Äquivalenzziffer, wobei die Sorte mit der Äquivalenzziffer 1 Bezugsbasis ist.

Die gesamten Herstellkosten der jeweiligen Sorte werden durch Multiplikation der Stückkosten mit der erzeugten Menge der betreffenden Sorte ermittelt.

Sie können die dargestellten drei Phasen im folgenden Beispiel nachvollziehen.

Beispiel: Ermitteln der Herstellkosten

Die Herstellkosten betragen 510 000 DM. Von Sorte eins werden 2000 Stück, von Sorte zwei 2000 Stück und von Sorte drei 1000 Stück hergestellt. Der Sorte zwei wurde die Äquivalenzziffer 1 zugeordnet, Sorte drei erhält die Verhältniszahl 1,5 und Sorte eins den Wert 0,8.

Wie hoch sind die Stückkosten der drei Sorten und deren gesamte Herstellkosten?

Sorte	erzeugte Menge	Äquivalenz-ziffern	Verrech-nungs-einheiten	Herstellk. je Stück	Herstellk. je Sorte
1	2000	0,8	1600	80	160 000
2	2000	1,0	2000	100	200 000
3	1000	1,5	1500	150	150 000
	5000		5100		510 000

Menge je Sorte · Äquivalenzziffer dieser Sorte = Verrechnungseinheiten
2000 · 0,8 = 1600
2000 · 1,0 = 2000
1000 · 1,5 = 1500

Die Summe der Verrechnungseinheiten ergibt 5100. Wenn Sie die gesamten Herstellkosten von 510 000 DM durch die Summe der Verrechnungseinheiten dividieren, dann erhalten Sie die Herstellkosten je Stück für die Sorte mit der Äquivalenzziffer 1.

Herstellkosten je Stück (Sorte 2 mit Äquivalenzziffer 1,0) $= \frac{510\,000}{5\,100} = 100$ DM

Herstellkosten je Stück der Sorte 1 = 100 · 0,8 = 80 DM
Herstellkosten je Stück der Sorte 3 = 100 · 1,5 = 150 DM

Herstellkosten je Sorte = Herstellkosten je Einheit · hergestellte Menge

Herstellkosten der Sorte 1 = 80 · 2000 = 160 000 DM
Herstellkosten der Sorte 2 = 100 · 2000 = 200 000 DM
Herstellkosten der Sorte 3 = 150 · 1000 = 150 000 DM

Die Verwaltungs- und Vertriebskosten werden proportional zu den anfallenden Sortenkosten verteilt. Beachten Sie das folgende Beispiel.

Beispiel: **Ermitteln der Selbstkosten**

Eine Brauerei stellt drei Sorten Bier her:
30 000 hl Export-, 60 000 hl Pils- und 50 000 hl Bockbier. Die gesamten Herstellkosten betrugen im Berichtszeitraum 4 290 000 DM.

a) Wie hoch sind die Herstellkosten für 1 hl jeder Sorte, wenn unter Berücksichtigung der Rohstoffeinsatzmengen sich folgendes Wertverhältnis ergibt: Export- 0,85, Pils- 1 und Bockbier 1,15?

b) Die Brauerei kalkuliert mit 10 % Verwaltungskosten und 6 % Vertriebskosten. Wie hoch sind die Selbstkosten für 1 hl jeder Sorte?

zu a)

Biersorte	Erzeugte Menge je Biersorte – hl –	Äquivalenzziffer	Verrechnungseinheiten	Herstellkosten	
				insgesamt DM	je 1 hl Biersorte DM
Exportbier	30 000	0,85	25 500	765 000	25,50
Pilsbier	60 000	1	60 000	1 800 000	30,00
Bockbier	50 000	1,15	57 500	1 725 000	34,50
	140 000		143 000	4 290 000	

Herstellkosten je Verrechnungseinheit $= \frac{\text{Gesamtkosten der Periode}}{\text{Summe d. Verrechnungseinheiten}} = \frac{4\,290\,000}{143\,000} = 30$ DM zu b)

	Exportbier	Pilsbier	Bockbier
Herstellkosten	25,50 DM	30,00 DM	34,50 DM
+ Verwaltungskosten 10%	2,55 DM	3,00 DM	3,45 DM
+ Vertriebskosten 6%	1,53 DM	1,80 DM	2,07 DM
Selbstkosten	29,58 DM	34,80 DM	40,02 DM

Praxis-Tip

Wie kommen Sie nun von den Selbstkosten zu Ihrem Bruttoverkaufspreis? Dazu müssen Sie zu den Selbstkosten einen Gewinnzuschlag, Kundenskonti, Kundenrabatt und die MwSt. mit einbeziehen (→ **Handelskalkulation**).

Siehe auch:
→ Differenzkalkulation
→ Einkaufskalkulation
→ Industrielle Kalkulation
→ Vorkalkulation
→ Zuschlagssätze

Aktienkauf und -verkauf

Was kostet das Spekulieren?

Wenn Sie mit Aktien Geld verdienen wollen, dann müssen Sie die Papiere zu einem niedrigeren Börsenkurs einkaufen als verkaufen. Die Kursentwicklung der Aktien ist das wichtigste Kriterium. Sie müssen aber auch die beim Kauf und Verkauf anfallenden Spesensätze einkalkulieren.

Der Kauf und Verkauf von Dividendenpapieren sowie festverzinslichen Wertpapieren wird durch Banken und Sparkassen vermittelt, da nur sie Zugang zu den Börsen haben. Die Bank ist als Kommissionär an die Weisungen ihres Kunden, des Auftraggebers, gebunden. Da die Bank für die Rechnung des Auftraggebers tätig ist, verlangt sie *Provision.* Extra-Auslagen werden dem Kunden gesondert berechnet. Häufig nutzen die Banken auch ihr Selbsteintrittsrecht als Kommissionär und kaufen oder verkaufen Aktien auf eigene Rechnung.

Börsengeschäfte kosten Geld. Käufer und Verkäufer müssen eine Courtage (Maklergebühr) für die Vermittlung eines Auftrags durch den Börsenmakler bezahlen.

Spesensätze für An- und Verkauf

Courtage (Maklergebühr)	Provision (Bankgebühr)
1 ‰ vom Kurswert mindestens 0,50 DM	1 % vom Kurswert, Mindestgebühr 5 bis 10 DM

- Die Spesensätze gelten für Aktien, Kuxe, Bezugsrechte und Investmentzertifikate.
- Es ist üblich, die Maklergebühr auf 5 Pfennig auf- oder abzurunden; die Provision wird dagegen genau gerechnet.
- Beim Kauf von Investmentzertifikaten entfällt die Maklergebühr, da sie nicht über die Börse erworben werden. Eine Rücknahmegebühr ist zu entrichten, wenn Investmentzertifikate verkauft werden.
- Die Börsenumsatzsteuer, die früher den Aktienhandel belastete, wurde zum 1. 1. 1991 aufgehoben.

Die Berechnung der Spesensätze soll an je einem Beispiel zum Aktienkauf und -verkauf gezeigt werden.

Beispiel: **Aktienkauf**

Es werden 400 BASF-Aktien zum Stückkurs von 55,50 DM gekauft. Die Bank berechnet dem Kunden folgende Spesen:

1 ‰ Courtage
1 % Provision

400 BASF-Aktien à 55,50 DM		22 200,00 DM
+ 1 ‰ Courtage von 22 200	22,20 DM	
+ 1 % Provision von 22 200	222,00 DM	= + 244,20 DM
= Bankbelastung		22 444,20 DM

Ein Unternehmen muß den Kauf von Aktien verbuchen. Geld, das nur vorübergehend gewinnbringend in Wertpapieren angelegt wird, ist eine Liquiditätsreserve, die im Umlaufvermögen erfaßt wird. Eine langfristige Vermögensanlage in Aktien ist dagegen im Anlagevermögen zu buchen.

Beispiel: **Aktienverkauf**

Verkauft werden 400 BASF-Aktien zu 62,15 DM. Auch hier fallen wieder Spesen an:

400 BASF-Aktien à 62,15 DM		24 860,00 DM
– 1 ‰ Courtage von 24 860 DM	24,90 DM	
– 1 % Provision von 24 860 DM	248,60 DM	= – 273,50 DM
= Bankgutschrift		24 586,50 DM

Der Verkauf von Wertpapieren muß auf der Habenseite des Wertpapierkontos gebucht werden. Das jeweilige Konto ist um Kursgewinne bzw. Kursverluste zu berichtigen. Kursgewinne werden als betriebsfremde Erträge verbucht, Kursverluste als betriebsfremde Aufwendungen.

Praxis-Tip

Sie sollten die Spesensätze Ihrer Hausbank mit einem Konkurrenzinstitut vergleichen. Bei der Bankprovision sind Abweichungen möglich, insbesondere bei der Mindestgebühr für kleinere Aufträge. Wenn Sie Aktienkäufe und -verkäufe in größerem Umfang tätigen, dann können Sie bei der Bank Sonderkonditionen für die Provision aushandeln.

Siehe auch:
→ Aktienrendite
→ Bezugsrecht

Aktienrendite

Was verdienen Sie „unterm Strich" mit Ihren Aktien?

Der Ertrag einer Kapitalanlage in Wertpapieren hängt nicht nur von den gezahlten Zinsen und Dividenden ab, besonders der Kurs, zu dem die Aktien gekauft und verkauft wurden, spielt eine wichtige Rolle. Gerade Aktien werden gekauft, um außer Dividenden und etwaigen Bezugsrechtserlösen Kursgewinne zu erzielen. Kurschancen und -risiken sind zwar bei diesen erheblich größer als bei Rentenwerten; letztere bieten aber ebenfalls Kursgewinne (Rückzahlungsgewinne) und Kursverluste (Rückzahlungsverluste).

So rechnen Sie richtig:

Zuerst müssen Sie den Gesamtertrag eines Wertpapiers ermitteln:

\+ Dividende bei Aktien, Zinsen bei Anleihen
\+ Kursgewinne (– Kursverluste)
\+ sonstige Erträge, z. B. Bezugsrechte
= Gesamtertrag

Die *Rendite* der Kapitalanlage erhalten Sie, wenn Sie den Gesamtertrag des Wertpapiers auf ein Jahr umrechnen und in Beziehung zum eingesetzten Kapital setzen.

Die Berechnung der Aktienrendite wird im folgenden Beispiel gezeigt, wobei Kauf und Verkauf der Aktien Ausgangspunkt sind.

Beispiel: Kosten und Ertrag bei Wertpapiergeschäften

Ein Bankkunde hat am 7.2.1997 70 Industrieaktien zum Kurs von 114 DM pro Stück gekauft. Das Kreditinstitut berechnet ihm 1‰ Maklergebühr und 1% Provision. Alle Spesen sind vom Kurswert zu berechnen; die Maklergebühr ist auf volle 5 Pfennig aufzurunden.

a) Mit welchem betrag belastet die Bank sein Konto?

Kauf

70 Industrieaktien à 114 DM			7980,00 DM
+ 1‰ Courtage von 7980 DM	8,00 DM		
+ 1% Provision von 7980 DM	79,80 DM	=	+ 87,80 DM
= Bankbelastung			8067,80 DM

b) Der Bankkunde verkauft am 7.8. des nächsten Jahres die Aktien zum Kurs von 126 DM/Stück. Welchen Betrag schreibt die Bank seinem Konto gut, wenn die gesamten Verkaufskosten 1,1% betragen?

Verkauf

70 Industrieaktien à 126 DM	8 820,00 DM
– 1,1% Verkaufskosten	97,02 DM
= Bankgutschrift	8722,98 DM

c) Die Aktiengesellschaft schüttet im Frühsommer des ersten Jahres eine Dividende von 7 DM / Stück und im folgenden Jahr von 6 DM / Stück aus. Diese Dividenden sind bereits um die Kapitalertrag- und Körperschaftsteuer vermindert worden. Reinertrag und Effektivverzinsung können jetzt berechnet werden.

Verkaufswert		8722,98 DM
– Anschaffungswert		8067,80 DM
= Kursgewinn		655,18 DM
+ Dividende	7 · 70	490,00 DM
+ Dividende	6 · 70	420,00 DM
= Reinertrag in 1½ Jahren		1565,18 DM
= Reinertrag in einem Jahr		1043,45 DM

$$\text{Effektivverzinsung} = \frac{1043{,}45 \cdot 100}{8\,067{,}80} = 12{,}93\,\%$$

Die Effektivverzinsung unter Berücksichtigung des Kursgewinns und der Dividenden beträgt 12,93%.

Kapitalerträge müssen im Rahmen der Körperschaft- und Einkommensteuer versteuert werden

Kapitalgesellschaften sowie Erwerbs- und Wirtschaftsgenossenschaften unterliegen einer besonderen Form der Einkommensteuer. Sie müssen ihre Gewinne nach dem Körperschaftsteuergesetz (KStG) versteuern.

Die Körperschaftsteuer für einbehaltene Gewinne beträgt 45%, die für ausgeschüttete Gewinne 30%. Außerdem werden Gewinnausschüttungen mit 25% Kapitalertragsteuer belastet. Eine Doppelbelastung der ausgeschütteten Gewinne durch die Veranlagung der Unternehmen zur Körperschaftsteuer sowie die Abführung der Kapitalertragsteuer und durch die Einkommensbesteuerung beim Aktionär wird mit dem Anrechnungsverfahren (§§ 27–47 KStG) vermieden.

Kapitalertragsteuer und Körperschaftsteuer werden dem Anteilseigner als Vorauszahlung auf seine Einkommensteuer angerechnet.

Die Anrechnungsfähigkeit dieser beiden Steuern beim Anteilseigner führt dazu, daß der jeweilige Empfänger den ausgeschütteten Gewinn nur mit seinem individuellen Steuersatz versteuern muß.

Der Gesamtbetrag aus Dividenden setzt sich aus zwei Teilen zusammen:

- Dividende der Kapitalgesellschaft (Nettodividende und Kapitalertragsteuer)
- Körperschaftsteuerguthaben (der anzurechnenden Körperschaftsteuer)

Wie sich Körperschaftsteuer und Kapitalertragsteuer errechnen, entnehmen Sie bitte dem folgenden Beispiel:

Beispiel: **Von der Brutto- zur Nettodividende**

Gewinn der Gesellschaft vor Körperschaftsteuer (= Bruttodividende)	10	Mio DM	100 %
– zu entrichtende Körperschaftsteuer 30%	3	Mio DM	30 %
Bardividende	7	Mio DM	70 %
– einzubehaltende Kapitalertragsteuer (KESt) 25%	1,75	Mio DM	17,5%
= Nettodividende (= Nettogutschrift Anteilseigner)	5,25	Mio DM	52,5%

Bardividende	+	Körperschaftsteuerguth.	=	Bruttodividende
70%	+	30%	=	100%
bezogen auf die Bardividende				
70/70	+	30/70	=	100/70

Das Körperschaftsteuerguthaben beträgt demnach 3/7 der Bardividende.

Bardividende	–	Kapitalertragsteuer	=	Nettodividende
70%	–	17,5 (25% von 70%)	=	52,5%

Nr. 4 Aktienrendite

Die Dividende beträgt 70% des Gewinns vor Abzug der Körperschaftsteuer, das Körperschaftsteuerguthaben 30%.

Bei einem Gewinn/Aktie von 10 DM erhält der Aktionär bei Berücksichtigung der Kapitalertragsteuer 5,25 DM ausbezahlt. Er kann allerdings die von der Aktiengesellschaft auf den ausgeschütteten Gewinn gezahlte Körperschaftsteuer auf seine Einkommensteuerschuld anrechnen lassen.

Praxis-Tip

Ihre Bank stellt Ihnen für die Aktien, die bei ihr im Depot hinterlegt sind, eine Bescheinigung über die Höhe der auf die Dividende gezahlten Körperschaftsteuer aus. Der Körperschaftsteuersatz beträgt 30% des ausgeschütteten Gewinns bzw. $^{3}/_{7}$ der an den Aktionär ausgeschütteten Bardividende.
Nutzen Sie als Aktionär das Anrechnungsverfahren! Wie Sie aus der folgenden Berechnung ersehen können, führt dies zu einer deutlichen Verbesserung der Effektivverzinsung im bereits dargestellten Beispiel.

+ Bruttodividende im ersten Jahr $\frac{490 \cdot 10}{7}$	700,00 DM
+ Bruttodividende im zweiten Jahr $\frac{420 \cdot 10}{7}$	600,00 DM
– Kapitalertragsteuer 25% aus 910 DM (490 + 420)	227,50 DM
+ Kursgewinn	655,18 DM
Reinerträge in 1,5 Jahren	1727,68 DM
Reinertrag in 1 Jahr	1151,79 DM

Effektivverzinsung = $\frac{1151{,}79 \cdot 100}{8067{,}80}$ = 14,28%

- Die Effektivverzinsung der Bardividende (zuzüglich Kursgewinn) beträgt im Beispiel von Seite 36 12,93%. Diese sinkt auf 10,11%, wenn die Kapitalertragsteuer von 25% berücksichtigt wird.
- Die Bruttodividende ist die Bezugsbasis, wenn der Aktionär vom Anrechnungsverfahren Gebrauch macht. Er erreicht dann eine Effektivverzinsung von 14,28%.

Die finanziellen Auswirkungen des Anrechnungsverfahrens werden in der folgenden Aufgabe dargestellt. Sie sehen, daß die Höhe des individuellen Steuersatzes auf die tatsächliche Erstattung durch das Finanzamt Einfluß hat.

Beispiel: **Nettodividende unter Berücksichtigung des Anrechnungsverfahrens**

Ein Aktionär erhielt von verschiedenen Aktiengesellschaften Dividenden in Höhe von 3 500 DM in einem Kalenderjahr ausgeschüttet.

a) Wie hoch ist seine Körperschaftsteuergutschrift beim Finanzamt?
b) Ermitteln Sie die Höhe seiner zu entrichtenden Kapitalertragsteuer!
c) Wie hoch ist die Vorauszahlung auf seine Einkommensteuerschuld, wenn Körperschafts- und Kapitalertragsteuer berücksichtigt werden?
d) Angenommen, der individuelle Steuersatz des Aktionärs bei der Einkommensteuer betrage 30%. Wieviel DM hat er gegenüber früher durch die Beseitigung der Doppelbelastung gewonnen?

zu a) Körperschaftsteuergutschrift
70% = 3 500 DM
100% = 5 000 DM
5 000 DM – 1 500 DM = 3 500 DM
oder
Bardividende + Körperschaftsteuergutschrift = Bruttodividende
3 500 DM + 3 500 * 3/7 = 5 000 DM
Die Körperschaftsteuergutschrift beträgt 1 500 DM (30%).

zu b) Kapitalertragsteuer
100% = 3 500 DM
25% = 875 DM

zu c) 1 500 DM + 875 DM = 2 375 DM
Die Vorauszahlung auf die Einkommensteuerschuld beträgt 2 375 DM (1 500 DM Körperschaftsteuergutschrift und 875 DM Kapitalertragsteuer).

zu d)

Bruttodividende 3 500 * 10/7		5 000 DM
30% Einkommensteuer von 5 000 DM		1 500 DM
Anrechnung		
– Körperschaftsteuergutschrift	1 500 DM	
– Kapitalertragsteuer 25%	875 DM	2 375 DM
Erstattung durch das Finanzamt		875 DM

Nettoertrag (Bankgutschrift) + Erstattung durch das Finanzamt = Gesamtertrag
2 625 DM + 875 DM = 3 500 DM

Der Aktionär erhielt vor der Beseitigung der ertragsteuerlichen Doppelbelastung eine Nettodividende in Höhe von 2625 DM. Er stellt sich jetzt um 875 DM besser.

Rendite von Anleihen

Mit Hilfe des **Rendite-Rechners** können Sie die Rendite von Anleihen nach dem gleichen Verfahren ermitteln. Das komplizierte Anrechnungsverfahren der Körperschaftsteuer entfällt allerdings.

Ebenso sind die Anleiherenditen nach Steuern im Rechner **„Rendite nach Steuern“** ermittelbar.

So rechnen Sie richtig:

- Verkaufserlös abzüglich Kaufpreis der Anleihe ergibt einen Kursgewinn bzw. Kursverlust.
- Sie müssen nun die Zinsen aus den eingelösten Zinsscheinbögen notieren.
- Zu zahlende oder zu empfangende Stückzinsen beim Kauf oder Verkauf sind ebenfalls zu erfassen.
- Der Gesamtbetrag ist auf Jahresbasis umzurechnen (bzw. Zeitdauer entsprechend in der Zinsformel berücksichtigen) und in Beziehung zum eingesetzten Kapital zu setzen.
- Sie erhalten dann die Jahresrendite.

Siehe auch:
→ Aktienkauf und -verkauf → Festverzinsliche Wertpapiere

Annuitätenmethode

Der Geldrückfluß einer Investition

Mit Hilfe der Annuitätenmethode läßt sich ermitteln, wie hoch die durchschnittlichen jährlichen Nettorückflüsse eines Investitionsprojektes während der gesamten Laufzeit sein müssen.

Der Annuitätenmethode liegen durchschnittliche jährliche Einnahmen und Ausgaben zugrunde. Dadurch ergibt sich eine gleichbleibende Differenz, ein fiktiver Durchschnittswert.

So rechnen Sie richtig:

Die Annuität eines Investitionsvorhabens wird ermittelt, indem der Kapitalwert mit dem Kapitalwiedergewinnungsfaktor oder dem Annuitätenfaktor multipliziert wird. Der Kapitalwiedergewinnungsfaktor k beinhaltet die Summe der jährlichen Abschreibungen und Zinsen bei einem Kapitaleinsatz von 1 DM in n Jahren und wird wie folgt ermittelt:

Kapitalwiedergewinnungsfaktor $$k = \frac{(1+p)^n \cdot p}{(1+p)^n - 1}$$

oder: Annuitätenfaktor

$$i = \frac{q^n(q-1)}{q^n - 1} \quad \text{mit } q = 1 + \frac{p}{100}$$

Der Kapitalwiedergewinnungsfaktor und auch der Annuitätenfaktor lauten beispielsweise bei n = 5 Jahren und p = 10 %.

$$i = k = \frac{1{,}1^5 \cdot 0{,}1}{1{,}1^5 - 1}$$

$i = k = 0{,}2637975$

Die Annuität ist der jährliche Rückfluß des eingesetzten Kapitals. Bei einer Investition wird sie durch Multiplikation des Kapitalwerts K_o mit dem Wiedergewinnungsfaktor k oder mit dem Annuitätenfaktor i ermittelt:

$r = K_o \cdot k$ oder $r = K_o \cdot i$
i = Annuitätenfaktor
r = Annuität = jährliche Zins- und Tilgungsrate

Wäre in unserem Beispiel von n = 5 Jahren und p = 10 % ein Kapitaleinsatz von 700000 DM zu berücksichtigen, dann ergäbe sich eine Annuität:

$r = 700000 \cdot 0{,}2637975$
$r = 184658{,}25$ DM

Beispiel: Dauer des Kapitalrückflusses

Nach wieviel Jahren ist das investierte Kapital zurückgeflossen? Wenn der jährliche Kapitalrückfluß 184658,25 DM und der Kapitaleinsatz 700000 DM betragen, dann gilt:

$700000 : 184658{,}25 = 3{,}79$

Der Kapitaleinsatz von 700000 DM ist somit nach 3,79 Jahren zurückgeflossen (→ **Kapitalrückflußrechnung**).

Beispiel: Niedrigeres p führt zu längerem Kapitalrückfluß

Wie hoch sind Kapitalwiedergewinnungsfaktor, jährliche Annuität und Dauer des Kapitalrückflusses, wenn im vorigen Beispiel p statt 10% lediglich 6% betragen würde?

Kapitalwiedergewinnungs- oder Annuitätenfaktor

$$k = \frac{(1+0{,}06)^5 * 0{,}06}{(1+0{,}06)^5 - 1} = \frac{1{,}338225 * 0{,}06}{1{,}338225 - 1} = \frac{0{,}0802936}{0{,}338225} = 0{,}2373967$$

r = Annuität
$r = 700000 * 0{,}2373967 = 166177{,}69$ DM

Dauer des Kapitalrückflusses: $70000 : 166177{,}69 = 4{,}21$

Der Kapitaleinsatz von 700000 DM ist somit erst nach 4,21 Jahren zurückgeflossen.

Die Annuitätenmethode hat Ähnlichkeit mit der Barwertmethode, wird aber im Gegensatz zu dieser in der Praxis nur selten angewandt (→ **Barwertmethode**).

Siehe auch:
→ Interne Zinsfußmethode
→ Investitionsrechnung
→ Wirtschaftlichkeitsrechnung

Barwertmethode

Prüfen Sie, ob sich die Investition lohnt

Bei der Barwertmethode – auch Diskontierungs- oder Kapitalwertmethode genannt – werden Einnahmen und Ausgaben auf einen bestimmten Zeitpunkt, meist auf den Gegenwartswert, auf- oder abgezinst. Sie zählt wie auch die Interne Zinsfuß- und die Annuitätenmethode zu den dynamischen Investitionsrechnungen (→ Investitionsrechnung). Die dynamischen Methoden berücksichtigen im Gegensatz zu den statischen Rechnungen den zeitlichen Ablauf des Investitionsprozesses. Einnahmen und Ausgaben, die zu verschiedenen Zeitpunkten anfallen, werden mit Hilfe der → Zinseszinsrechnung auf den Entscheidungszeitpunkt, in der Regel den Beginn der Investition, abgezinst.

Diese Begriffe müssen Sie kennen

- **Zeitwert**
  Ausgaben, Einnahmen, Kosten, Erlöse, Aufwendungen und Erträge fallen zu bestimmten unterschiedlichen Zeitpunkten an. Es handelt sich um nominelle Werte.
- **Barwert**
  Der Barwert ergibt sich, wenn die zu verschiedenen Zeitpunkten anfallenden nominellen Werte, z. B. Einnahmen und Ausgaben, durch Auf- oder Abzinsung auf einen ganz bestimmten Zeitwert gebracht werden. Sie werden im Regelfall auf den Gegenwartswert abgezinst.

Beispiel: Aufzinsung

Ein Zeitwert kann auf einen bestimmten späteren Zeitpunkt aufgezinst werden. Der Aufzinsungsfaktor wird auch bei Zinseszinsrechnungen angewandt. Er lautet:

$q^n = \left(1 + \frac{p}{100}\right)^n$ wobei: p = Zinsfuß und n = Jahre

Werden heute für drei Jahre 10 000 DM mit 5%iger Verzinsung angelegt, wie hoch ist dann der Wert nach dem dritten Jahr?

Das Kapital = 10 000 DM wird mit q^n multipliziert:

$10\,000 \text{ DM} \cdot (1+0{,}05)^3$
$10\,000 \text{ DM} \cdot 1{,}157625 = 11\,576{,}25 \text{ DM}$

Beispiel: Abzinsung

Der Barwert eines in Zukunft fälligen Wertes wird durch Abzinsung ermittelt. Der Zeitwert muß mit dem Abzinsungsfaktor multipliziert werden. Er lautet:

$$\frac{1}{q^n} = \frac{1}{\left(1+\frac{p}{100}\right)^n}$$

Wird ein Betrag von 6000 DM in vier Jahren fällig, welchem gegenwärtigen Wert (Barwert) entspricht er, bei einem Zinssatz von 6 %?

$$6000 \text{ DM} \cdot \frac{1}{(1+0{,}06)^4}$$

$$6000 \text{ DM} \cdot 0{,}7920937 = 4752{,}56 \text{ DM}$$

Auf dieser Seite unten finden Sie ein kleines Basic-Programm zur Berechnung des Barwerts[1].

Alle Ein- und Auszahlungen, die mit dem Investitionsprojekt in Verbindung stehen, sind zu erfassen. Der gesamte Kapitaleinsatz zu Beginn der Investitionstätigkeit ist in den Ausgaben enthalten. Während also der Anschaffungswert unter den Ausgaben zu berücksichtigen ist, wird der zu erwartende Liquidationserlös bei den Einnahmen erfaßt.

Die Ein- und Auszahlungsströme werden bei der Barwertmethode mit einem gegebenen Kalkulationszinsfuß auf den Beginn der Investition abgezinst. Der kalkulatorische Zinsfuß liegt über dem Marktzinsfuß, da er ebenfalls eine Risikoprämie beinhaltet. Der Kapitalwert einer Investition ergibt sich als Differenz zwischen der Summe der Barwerte aller Einzahlungen und der Summe der Barwerte aller Auszahlungen dieser Investition.

Das Investitionsobjekt erfüllt die erwünschte Verzinsung, wenn sich ein Kapitalwert von mindestens Null ergibt.

---

[1] **Basic-Programm zur Berechnung des Barwerts**

```
10 PRINT „BERECHNUNG DES BARWERTS"
20 INPUT „Wert";KO
30 INPUT „Abzinsungssatz";P
40 INPUT „Jahre";N
50 LET B=KO/(1+P/100) ^ [→"Dächlein"...100) ^ N]N
60 PRINT „Der Barwert beträgt DM:";B
70 END
```

Druckbild

```
RUN
Wert?                 40000
Abzinsungssatz?           7
Jahre?                    4
Der Barwert
beträgt DM:         30515,8
```

(Sie können in diesem Programm auch beliebige andere Werte eingeben.)

Der Kapitalwert eines Investitionsprojektes ergibt sich damit allgemein:

Kapitalwert	=	Überschuß der jeweiligen Perioden auf die Periode 0 abzinsen (Periode 0 = Gegenwart)	+	Liquidations- oder Restwert der Anlage auf die Periode 0 abzinsen	– Anschaffungswert der Anlage in der Periode 0

Die Formel lautet:

$$C_0 = \sum_{t=0}^{w} Ü_t \cdot \frac{1}{q^n} + L \cdot \frac{1}{q^n} - a_0$$

Barwert = Ertragswert + Liquidationswert – Anschaffungswert

Beispiel: Ein Investitionsprojekt durchrechnen

Eine Anlage wird für 120 000 DM angeschafft. Es wird mit einer Nutzungsdauer von 5 Jahren gerechnet. Ein Liquidationserlös wird nicht berücksichtigt. Das Unternehmen rechnet mit einem Kalkulationszinsfuß von 7 %. Die erwarteten Einnahmen und Ausgaben sind aus der folgenden Tabelle zu entnehmen:

Periode	0	1	2	3	4	5
Anschaffung	120 000					
Einnahmen		30 000	60 000	70 000	80 000	30 000
Ausgaben		20 000	10 000	10 000	10 000	10 000
Überschüsse		10 000	50 000	60 000	40 000	20 000
Liquidationserlös						---

$$C_o = \frac{10\,000}{1{,}07} + \frac{50\,000}{1{,}07^2} + \frac{60\,000}{1{,}07^3} + \frac{40\,000}{1{,}07^4} + \frac{20\,000}{1{,}07^5}$$

$$C_o = 9\,345{,}79 + 43\,671{,}93 + 48\,977{,}87 + 30\,515{,}8 + 14\,259{,}72$$

$$C_o = 146\,771{,}11 \text{ DM}$$

Wann lohnt sich die Investition?

Die Barwertmethode ermöglicht verschiedene Aussagen zu einem Investitionsvorhaben.

- Wenn *Kapitalwert = Kapitaleinsatz* ist, also die abgezinsten Überschüsse dem Anschaffungswert des Aggregats entsprechen, dann wird die erwünschte Verzinsung erreicht.
- Gilt *Kapitalwert > Kapitaleinsatz,* dann ist der durch die Maschine erwirtschaftete Gewinn größer als der der Rechnung zugrunde gelegte Kalkulationszinsfuß. Dies war auch im vorliegenden Beispiel der Fall, wo die erwirtschafteten Überschüsse (Einnahmen abzüglich Ausgaben) größer waren als der Anschaffungswert des Aggregats. Das Investitionsvorhaben ist vorteilhaft. Es entsteht ein Investitionsgewinn.
- Ergibt sich ein negativer Kapitalwert, also *Kapitalwert < Kapitaleinsatz,* dann sind die abgezinsten Überschüsse kleiner als die Anschaffungskosten des Aggregats. Der Kapitaleinsatz unter Berücksichtigung des Kalkulationszinsfußes wird nicht erwirtschaftet. Es entsteht ein Investitionsverlust. Das Vorhaben wird nicht durchgeführt.

Praxis-Tip

Je größer der Kapitalwert ist, desto höher ist die tatsächliche Kapitalverzinsung. Stehen verschiedene Investitionsvorhaben zur Auswahl, dann müssen sie für einen Vergleich in den verschiedenen Kriterien übereinstimmen (Höhe des Kapitaleinsatzes, Dauer der Investitionsperioden, Länge der Nutzungsdauer des Aggregats), wenn nach dem Merkmal Kapitalwert entschieden werden soll. Die Höhe des Kalkulationszinsfußes spielt auch eine Rolle im Hinblick auf die tatsächliche Investitionsentscheidung.
Die Schwäche der Barwertmethode liegt darin, daß sie keine klare Aussage über die tatsächliche Höhe der Rentabilität ermöglicht. Der Vergleich alternativer Investitionsprojekte ist deshalb oft schwierig.

Siehe auch:
→ Annuitätenmethode
→ Interne Zinsfußmethode
→ Wirtschaftlichkeitsrechnung

Bezugsrecht

Was ist das Bezugsrecht wert?

Das Grundkapital einer Aktiengesellschaft kann durch die Ausgabe neuer (= junger) Aktien erhöht werden. Bei großen Aktiengesellschaften übernimmt ein Kreditinstitut bzw. ein Emissionskonsortium die Abwicklung. Da die jungen Aktien künftig an den offenen und stillen Reserven der Gesellschaft teilhaben und dividendenberechtigt sind, verlieren die alten Aktien durch die Kapitalerhöhung an Wert. Altaktionäre werden über das Bezugsrecht entschädigt. Die AG bietet den bisherigen Aktionären die jungen Aktien zu einem bevorzugten Kurs an. Der Erlös aus dem Verkauf der jungen Aktien zum Vorzugskurs stellt den Vermögenszuwachs der AG aus der Kapitalerhöhung dar.

Das *Bezugsverhältnis* ergibt sich aus der Relation von bisherigem Grundkapital und zusätzlichem Kapital. Der einzelne Aktionär ist entsprechend seiner Zahl alter Aktien zum Bezug junger Aktien berechtigt.

Beispiel: **Ermitteln des Bezugsrechtsverhältnisses**

Eine Aktiengesellschaft erhöht ihr Grundkapital von 80 Mio DM um 20 Mio DM auf 100 Mio DM.

Bezugsverhältnis: 80 : 20 = 4 : 1
Ein Bezugsverhältnis von 4 : 1 bedeutet, daß man für 4 alte Aktien eine neue Aktie beziehen kann.

Verschiedene Faktoren beeinflussen den Wert des Bezugsrechts

Wie hoch der Bezugsrechtswert sein wird, hängt vom

- Bezugsverhältnis (Verhältnis alte zu junge Aktien),
- Börsenkurs der alten Aktien und
- Ausgabekurs der jungen Aktien ab.

Die folgende Aufgabe zeigt die Berechnung des Bezugsrechtswertes nach der Mischungsrechnung und der Formel.

Beispiel: **Berechnen des Bezugrechtswertes mit der Mischungsrechnung**

Eine Aktiengesellschaft erhöht ihr in 50 DM gestückeltes Grundkapital von 400 Mio auf 560 Mio DM. Der Börsenkurs der alten Aktien ist 320 DM/Stück. Welcher rechnerische Wert ergibt sich für das Bezugsrecht, wenn der Ausgabekurs der jungen Aktien 250 DM/Stück beträgt?

Bezugsverhältnis = bisheriges Kapital : Kapitalerhöhung
Bezugsverhältnis = 400 : 160 = 40 : 16 = 5 : 2

5 alte Aktien à 320 DM	1600 DM	Kurswert
2 junge Aktien à 250 DM	500 DM	Kurswert
7 Aktien nach der Kapitalerhöhung	2100 DM	
1 Aktie nach der Kapitalerhöhung	300 DM	

Wert des Bezugsrechts = Kurs der alten Aktien − Durchschnittskurs nach der Kapitalerhöhung
Wert des Bezugsrechts = 320 DM − 300 DM = 20 DM

Beispiel: **Berechnen des Bezugsrechtswertes mit der Formel**

Die Formel zur Ermittlung des rechnerischen Wertes des Bezugsrechts wird hier abgeleitet. Für die Rechnung können Sie auch die bereits abgeleitete Formel anwenden.

Die einzelnen Größen werden wie folgt definiert:

K_a = Kurs der alten Aktien
m = Anzahl der alten Aktien
K_n = Kurs der neuen Aktien
n = Anzahl der neuen Aktien
K_m = Mischkurs
B = Wert des Bezugsrechts

$B = K_a - K_m$

K_m entspricht dem gewogenen arithmetischen Mittel

$$B = K_a - \frac{m\,K_a + n\,K_n}{m + n}$$

K_a kommt auf den Bruchstrich

$$B = \frac{K_a(m + n) - (m\,K_a + n\,K_n)}{m + n}$$

$$B = \frac{m\,K_a + n\,K_a - m\,K_a - n\,K_n}{m + n}$$

$$B = \frac{n\,K_a - n\,K_n}{m + n}$$

n wird ausgeklammert

$$B = \frac{n\,(K_a - K_n)}{m + n}$$

Zähler und Nenner werden durch n gekürzt:

$$B = \frac{K_a - K_n}{\frac{m}{n} + 1}$$

$$\text{Bezugsrecht} = \frac{\text{Kurs der alten Aktien} - \text{Kurs der neuen Aktien}}{\text{Bezugsverhältnis} + 1}$$

Mit dieser Formel läßt sich rasch der rechnerische Wert des Bezugsrechts der vorherigen Aufgabe ermitteln.
Der Kurs der jungen Aktien in Höhe von 250 DM ist im Zähler vom Kurs der alten Aktien abzuziehen. Im Nenner des Bruches steht das Bezugsverhältnis von 5 alten Aktien für 2 junge Aktien +1.

$$\text{Bezugsrecht} = \frac{320 - 250}{5/2 + 1}$$

$$\text{Bezugsrecht} = \frac{70}{3{,}5} = 20 \text{ DM}$$

Auch bei einem niedrigeren Ausgabekurs der jungen Aktie von z. B. 200 DM bleibt der Rechenweg gleich. Der Wert des Bezugsrechts wird teurer.

$$B = \frac{320 - 200}{5/2 + 1}$$

$$B = \frac{120}{3{,}5}$$

$$B = 34{,}29 \text{ DM}$$

Ein niedriger Wert des Bezugsrechts ergibt sich, wenn der Ausgabekurs der jungen Aktien sehr hoch ist, z. B. 300 DM im bereits besprochenen Beispiel.

$$B = \frac{320 - 300}{5/2 + 1}$$

$$B = \frac{20}{3{,}5}$$

$$B = 5{,}71 \text{ DM}$$

Dividendenvor- oder -nachteil

Kapitalerhöhungen werden vielfach während eines Geschäftsjahres durchgeführt. Erhalten die alten Aktien die Dividende für das gesamte Jahr und die neuen Aktien erst ab dem Zeitpunkt der Kapitalerhöhung, dann haben die neuen Aktien einen *Dividendennachteil* (D_N).

Die neuen Aktien können aber auch gegenüber den alten Aktien einen *Dividendenvorteil* (D_V) besitzen, wenn ihre Dividende z. B. höher ist als die der alten Aktien.

Die Bezugsrechtsformel bleibt zwar gültig, der Dividendennachteil wird aber vom Kurs der alten Aktien abgezogen. Ein Dividendenvorteil wird entsprechend zum Kurs der alten Aktie addiert.

Die Formel für die Berechnung des rechnerischen Wertes bei Dividendennachteil lautet:

$$\text{Bezugsrecht} = \frac{\text{Kurs alte Aktien} - \text{Kurs neue Aktien} - \text{Dividendennachteil}}{\text{Bezugsverhältnis} + 1}$$

Die Formel für die Berechnung des rechnerischen Wertes des Bezugsrechts bei Dividendenvorteil:

$$\text{Bezugsrecht} = \frac{\text{Kurs alte Aktien} - \text{Kurs neue Aktien} + \text{Dividendenvorteil}}{\text{Bezugsverhältnis} + 1}$$

Beispiel: **Ermitteln des Bezugsrechtswertes bei Dividendenvor- oder -nachteil**

Eine Aktiengesellschaft erhöht ihr Grundkapital von 300 Mio DM auf 400 Mio DM. Der Börsenkurs der alten Aktien (Nominalbetrag 50 DM) beträgt 225 DM. Der Ausgabekurs der jungen Aktien wurde auf 125 DM festgesetzt.

a) Wie hoch ist das Bezugsrecht, wenn für alte Aktien 8 DM und für neue Aktien 6 DM Dividende gezahlt werden?

Dividendennachteil der neuen Aktien

$$B = \frac{225 - 125 - 2}{3/1 + 1} \qquad B = \frac{98}{4} \qquad B = 24{,}50 \text{ DM}$$

b) Wie hoch wäre das Bezugsrecht, wenn für neue Aktien 10 DM Dividende (Vorzugsaktien) und für alte 8 DM Dividende gezahlt würden?

Dividendenvorteil der neuen Aktien

$$B = \frac{225 - 125 + 2}{3/1 + 1} \qquad B = \frac{102}{4} \qquad B = 25{,}50 \text{ DM}$$

Siehe auch:
→ Aktienkauf und -verkauf → Aktienrendite

Break-even-point-Analyse

Wann kommen Sie in die Gewinnzone?

Die Break-even-point-Analyse ist eine Darstellung der Beziehungen zwischen Kosten, Erlösen und Beschäftigung (→ Kosten und Beschäftigung). Am Break-even-point sind Erlöse und Kosten gleich, es entsteht weder ein Gewinn noch ein Verlust. Der Schnittpunkt zwischen der Erlös- und der Gesamtkostengerade wird auch als Gewinn- bzw. Nutzenschwelle, toter Punkt oder Kostenausgleichspunkt bezeichnet. Das Unternehmen befindet sich vor diesem Punkt im Verlustbereich, danach in der Gewinnzone. Die Break-even-point-Analyse ist ein wichtiges Instrument des Controlling. Sie ist eine Methode der Entscheidungsfindung in der Erfolgsplanung und in der Erfolgskontrolle.

Die Berechnung des Break-even-points soll anhand von Beispielen gezeigt werden.

In Beispiel zwei wird von der realistischen Annahme ausgegangen, daß ab einer bestimmten Kapazitätsauslastung verschiedene Kostenarten überproportional zunehmen. Es gibt auch hier einen optimalen Kostenpunkt und eine Ausbringungsmenge mit maximalem Gewinn.

Beispiel: **Ermitteln des Break-even-points bei linearem Gesamtkostenverlauf**

① Ein Industriebetrieb kann bei voller Auslastung seiner Kapazität in einem Monat 45000 Stück eines bestimmten Produktes fertigen. Die hergestellten Stücke werden zu einem Stückpreis von 4,50 DM verkauft. Folgende Daten über die Kostenentwicklung sind bekannt:

m	K_f	K_v	K	k	UE	G/V
0	50000	0				
5000	50000	10000				
10000	50000	20000				
15000	50000	30000				
20000	50000	40000				
25000	50000	50000				
30000	50000					
35000	50000					
40000	50000					

Nr. 8 Break-even-point-Analyse

m = Menge	
K_f = fixe Gesamtkosten	k = Stückkosten
K_v = variable Gesamtkosten	UE = Gesamterlöse
K = Gesamtkosten	G/V = Gewinn/Verlust

a) Vervollständigen Sie die Tabelle bis zu einer Ausbringungsmenge von 25 000 Stück und ermitteln Sie den Break-even-point! Der Break-even-point (Nutzenschwelle) liegt bei wieviel Stück?

b) Wie hoch sind die variablen Stückkosten (k_v)?

c) Sie können jetzt die noch fehlenden Werte für die Mengen 30 000, 35 000 und 40 000 errechnen und in die obige Tabelle eintragen.

d) Stellen Sie in zwei untereinanderliegenden Koordinatensystemen dar:

- Gesamtkosten und Gesamterlöse
  waagrechte Achse: Ausbringung in Stück (10 000 Stück = 4 cm = 8 Karo)
  senkrechte Achse: Gesamtkosten und Gesamterlöse (10 000 DM = 0,5 cm = 1 Karo)
- gesamte Stückkosten, variable Stückkosten und Stückerlöse
  waagrechte Achse: wie oben
  senkrechte Achse: Stückkosten, variable Stückkosten und Stückerlöse (1 DM = 0,5 cm = 1 Karo)

e) Berechnen Sie:

- Wieviel Stück werden bei einem Beschäftigungsgrad von 75 % hergestellt?
- Wie hoch ist der Gewinn in DM und Prozent des Umsatzerlöses für einen Beschäftigungsgrad von 75 %?

f) Bei welcher Ausbringungsmenge hat der Betrieb die niedrigsten Stückkosten und den höchsten Gewinn?

g) Ermitteln Sie rechnerisch (mit Formel) die Nutzenschwelle, wenn aus Konkurrenzgründen der Verkaufspreis für die hergestellten Erzeugnisse von 4,50 DM auf 4,– DM gesenkt werden muß!

So rechnen Sie richtig:

zu a)

m	K_f	K_v	K	k	UE	G/V
0	50 000	0	50 000	0	0	− 50 000
5 000	50 000	10 000	60 000	12,00	22 500	− 37 500
10 000	50 000	20 000	70 000	7,00	45 000	− 25 000
15 000	50 000	30 000	80 000	5,33	67 500	− 12 500
20 000	50 000	40 000	90 000	4,50	90 000	0
25 000	50 000	50 000	100 000	4,00	112 500	+ 12 500
30 000	50 000	60 000	110 000	3,66	135 000	+ 25 000
35 000	50 000	70 000	120 000	3,43	157 500	+ 37 500
40 000	50 000	80 000	130 000	3,25	180 000	+ 50 000

Break-even-point (Nutzenschwelle) liegt bei 20 000 Stück

zu b) variablen Stückkosten k_v = 2,00 DM

zu c) siehe Tabelle oben

zu d)

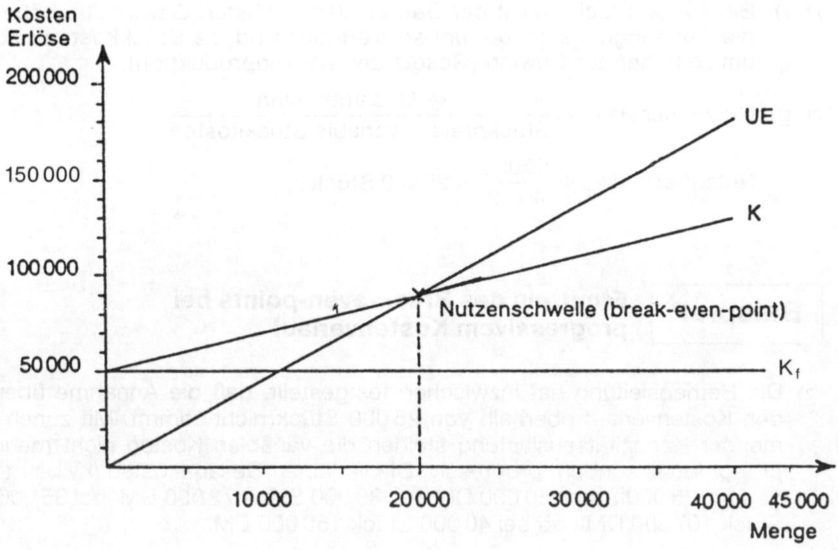

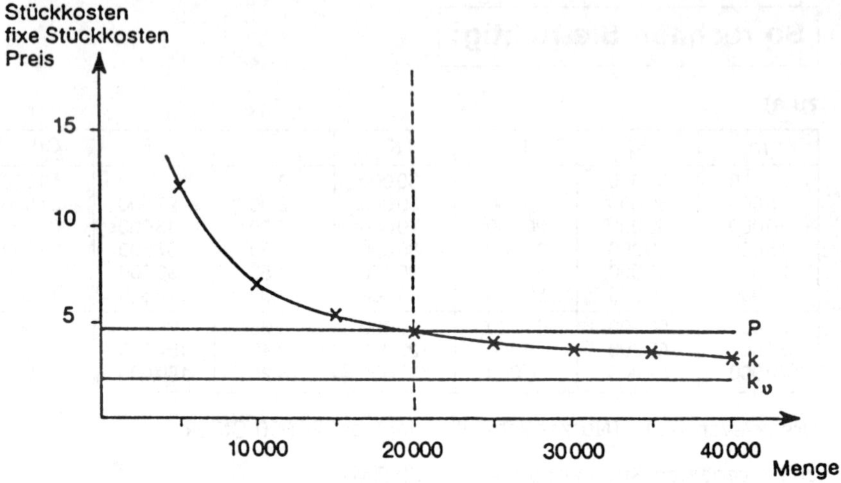

zu e) 33750 Stück

Gewinn in DM 34375
Gewinn in % des Umsatzerlöses 22,63

zu f) Bei 45000 Stück erzielt der Betrieb den höchsten Gewinn. Je höher die Ausbringungsmenge, um so niedriger sind die Stückkosten und um so höher der Gewinn (Gesetz der Massenproduktion).

zu g) $\text{Nutzenschwelle} = \frac{\text{fixe Gesamtkosten}}{\text{Stückpreis} - \text{variable Stückkosten}}$

$\text{Nutzenschwelle} = \frac{50000}{4 - 2} = 25000 \text{ Stück}$

Beispiel: Ermitteln des Break-even-points bei progressivem Kostenverlauf

② Die Betriebsleitung hat inzwischen festgestellt, daß die Annahme über den Kostenverlauf oberhalb von 25000 Stück nicht stimmt. Mit zunehmender Kapazitätsauslastung steigen die variablen Kosten nicht mehr proportional, sondern progressiv. Die variablen Gesamtkosten (K_v betragen bei 25000 Stück 50000 DM, bei 30000 Stück 72000 DM, bei 35000 Stück 107500 DM und bei 40000 Stück 150000 DM.

a) Tragen Sie die gewonnenen Ergebnisse in das Koordinatensystem von ① d) ein.

b) Bei welchen Produktionsmengen haben Sie laut obiger Tabelle den optimalen Kostenpunkt und den maximalen Gewinn?

So rechnen Sie richtig:

m	K_f	K_v	K	k_v	k	UE	G/V
25000	50000	50000	100000	2,–	4,–	112500	+12500
30000	50000	72000	122000	2,40	4,07	135000	+13000
35000	50000	107500	157500	3,07	4,50	157500	0
40000	50000	150000	200000	3,75	5,00	180000	−20000

Nutzengrenze liegt bei 35000 Stück.

zu a)

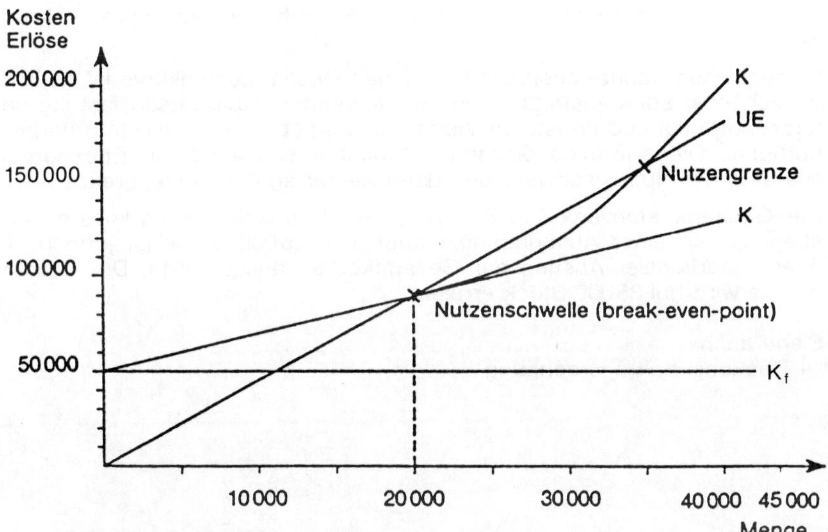

zu b) Optimaler Kostenpunkt bei 25000 Stück
Maximaler Gewinn bei 30000 Stück

Bei optimalem Kostenpunkt oder maximalem Gewinn produzieren

Der Betriebsleiter hat Zweifel, ob er den *optimalen Kostenpunkt* oder den *maximalen Gewinn* anstreben soll.

Das Unternehmen arbeitet beim optimalen Kostenpunkt mit den niedrigsten Stückkosten. Der optimale Kostenpunkt liegt bei 25000 Stück, und die Kosten je Stück belaufen sich auf 4,00 DM.

Der maximale Gewinn wird bei einer höheren Ausbringungsmenge, nämlich 30000 Stück, erreicht, und die Stückkosten betragen hier 4,07 DM. Die Stückkosten liegen hier zwar höher als beim optimalen Kostenpunkt, da aber der Verkaufspreis mit 4,50 DM noch höher liegt, wird ein größerer Gewinn als beim optimalen Kostenpunkt erreicht. Bei einer Ausbringungsmenge von 25000 Stück wird ein Gesamtgewinn von 12500 DM erzielt, beim Punkt des maximalen Gewinns (30000 Stück) dagegen 13000 DM.

Besondere Merkmale der Kostenkurven

Der lineare und der gekrümmte (s-förmige) Gesamtkostenverlauf weisen bestimmte Merkmale auf.

Die lineare Gesamtkostenkurve schneidet im Break-even-point die Gesamterlösgerade. Wird ein linearer Verlauf der Gesamtkostenkurve angenommen, dann liegt der maximale Gewinn des Betriebes an der Kapazitätsgrenze.

Wesentliches Kennzeichen der s-förmigen Gesamtkostenkurve ist es, daß sie zunächst stark ansteigt, dann mit steigender Kapazitätsauslastung unterproportional und im letzten Viertel der betrieblichen Kapazität überproportional. Die s-förmige Gesamtkostenkurve schneidet die Erlösgerade zuerst in der Nutzenschwelle und dann wieder an der Nutzengrenze.

Der Gesamtkostenverlauf in Beispiel 2 weist zunächst einen linearen Anstieg auf, ab einer Ausbringungsmenge von 25000 Stück ist jedoch ein überproportionaler Anstieg der Gesamtkosten festzustellen. Die Nutzengrenze wird bei 35000 Stück erreicht.

Siehe auch:
→ Deckungsbeitragsrechnung

Cash-flow

Errechnen Sie die Selbstfinanzierungskraft Ihres Unternehmens

Der Cash-flow (engl. „Geldfluß") ist eine Kennziffer zur Beurteilung der finanziellen Struktur und mit Einschränkungen auch der Ertragslage eines Unternehmens. Er wird als Hilfsgröße zur Abschätzung der Selbstfinanzierungskraft eines Unternehmens genutzt. Der bilanzmäßig ausgewiesene Gewinn wird beim Cash-flow um Abschreibungen und Zuführungen zu den Rücklagen und Rückstellungen erweitert.

Die Cash-Flow-Analyse zeigt, in welchem Umfang die Einnahmen aus der Umsatztätigkeit die betriebsbedingten Auszahlungen übertreffen. Der vom Unternehmen in der Wirtschaftsperiode selbst erarbeitete Finanzmittelzufluß steht für Investitionen, Schuldentilgung, Gewinnausschüttungen und Stärkung der Liquidität zur Verfügung.

Statische und dynamische Liquiditätsanalyse

Die *statische* Liquiditätsanalyse ist zeitpunktbezogen. Die Beurteilung der finanziellen Situation eines Unternehmens erfolgt durch Kennzahlen, die eine Gegenüberstellung von Bilanzpositionen, insbesondere Eigenkapital und Fremdkapital, vornehmen. Der Verschuldungskoeffizient, die Anlagendeckung sowie Liquidität I, II und III sind die wichtigsten *Bilanzkennzahlen,* die alle aus der Bilanz des jeweiligen Stichtages abgeleitet werden können (→ **Kennzahlen**).

Die *dynamische* Liquiditätsanalyse dagegen ist zeitraumbezogen, wobei sie als Rückschaurechnung oder Vorschaurechnung konzipiert sein kann. Die *Kapitalflußrechnung* – auch Finanzflußrechnung genannt – zeigt den finanzwirtschaftlichen Kreislauf im Unternehmen nach den Kriterien der Mittelbildung (= Kapitalherkunft), der Mittelverwendung (= Kapitalverwendung) und der Zu- bzw. Abnahme von Geld und Geldanlagen. Die *Cash-flow-Analyse* als dynamische Liquiditätsanalyse ermittelt, wieviel Geld das Unternehmen in der Periode erwirtschaftet hat.

Cash-flow in der engeren und der weiteren Abgrenzung

Der Cash-flow soll den aus der Umsatztätigkeit erwirtschafteten Überschuß der Einnahmen über die Ausgaben, den „Nettogeldzugang", feststellen. Er weist den Überschuß der betriebsbedingten Einzahlungen über die betriebsbedingten Auszahlungen aus. Die Selbstfinanzierungskraft ist auch ein wichtiges Kriterium der Kreditwürdigkeit eines Unternehmens.

Eine genaue Cash-flow-Rechnung müßte eigentlich jede Einzahlung und Auszahlung im Unternehmen darauf prüfen, ob sie mit der laufenden Betriebstätigkeit in Zusammenhang steht. Zahlungen in Verbindung mit Darlehensaufnahmen oder -rückzahlungen wären ebenso wie außerordentliche Aufwendungen und Erträge nicht zu erfassen. Da diese Methode zwar genauer, aber viel arbeitsaufwendiger und von einem externen Finanzanalytiker nicht nachzuvollziehen ist, geht man von den Zahlen des Jahresabschlusses aus.

Während es bei der theoretischen Konzeption des Cash-flow wenig Schwierigkeiten gibt, besteht keine Einigkeit im Berechnungsschema dieser Kennzahl. Meinungsverschiedenheiten bestehen auch über den Umfang der Berichtigungen des Gewinns.

Der Cash-flow *im engeren Sinne* erweitert den Gewinn um bestimmte liquiditätsunwirksame Erfolgselemente:

Bilanzgewinn (ohne Gewinnvortrag, aber zuzüglich Verlustvortrag)
\+ Abschreibungen auf Sachanlagen
\+ Wertberichtigungen auf Umlaufvermögen
\+ Zuführungen zu den Rücklagen (abzüglich Rücklagenauflösungen)
\+ Zuführungen zu den langfristigen Rückstellungen (abzüglich Auflösungen)

= Cash-flow

Strittig ist auch die Frage, inwieweit der eventuelle Ersatzbedarf bei den Abschreibungen zu berücksichtigen ist. Der *erweiterte* Cash-flow umfaßt zusätzlich noch:

\+ Außerordentliche Aufwendungen
\+ Periodenfremde Aufwendungen
– Außerordentliche Erträge
– Periodenfremde Erträge

Die Wirtschaftspraxis unterscheidet vielfach zwischen *Brutto-Cash-flow* und *Netto-Cash-flow,* je nachdem, ob die Gewinn- und Vermögensteuern in die Berechnung einbezogen werden oder nicht. Der Brutto-Cash-flow ist der wertmäßig höhere, da er die Gewinn- und Vermögensteuern beinhaltet.

Cash-flow als Maßstab für die Finanzkraft

Die finanzwirtschaftliche Kennzahl Cash-flow informiert über den Umfang der erfolgten Innenfinanzierung in einer Periode. Es wird sichtbar, über welche Summe das Unternehmen im Beobachtungszeitraum für Investitionen, Schuldentilgung, Gewinnausschüttung und Erhöhung der liquiden Mittel insgesamt verfügen konnte.

Wenn der Gewinn zum Cash-flow erweitert wird, dann werden auch die Abschreibungen auf das Anlagevermögen einbezogen. Das in den Sachanlagen investierte Kapital unterliegt der Abnutzung. Das Unternehmen erhält über den Umsatzprozeß den Gegenwert zurück. Dieser Geldzugang kann ebenfalls für die Tilgung von Schulden und Verbindlichkeiten verwendet werden. Der Finanzierungsüberschuß kann in Beziehung zu den Verbindlichkeiten gesetzt werden.

Die Gegenüberstellung von Verbindlichkeiten zu Cash-flow informiert, wie viele Perioden zur Schuldentilgung erforderlich sind.

$$\text{Cash-flow-Kennziffer} = \frac{\text{langfristiges Fremdkapital}}{\text{Cash-flow}}$$

Je größer die Ertragschancen eines Unternehmens sind, um so günstiger sind die Voraussetzungen für einen höheren Verschuldungsgrad. Unternehmen mit hohen Gewinnen können am besten ihre langfristigen Verpflichtungen tilgen.

Die Relation von Cash-flow zu Eigenkapital zeigt, wie viele Mittel, ausgedrückt in Prozent, unter Berücksichtigung der Investitions- und Tilgungsbedürfnisse für die Gewinnausschüttung in Frage kommen:

$$\frac{\text{Cash-flow} \cdot 100}{\text{Eigenkapital}}$$

Cash-flow als Erfolgsindikator

Der Cash-flow informiert über die in einem Geschäftsjahr intern erwirtschafteten finanziellen Mittel, die dem Unternehmen für die Zahlung von Dividende, Tilgung von Schulden und die Investitionstätigkeit zur Verfügung stehen. Der einbehaltene Cash-flow, also der um die jährliche Gewinnausschüttung verminderte, ist der für die Investitionstätigkeit verfügbare Betrag.

Zur Beurteilung der Ertragskraft einer Unternehmung ist die Verfolgung der Entwicklung des Gewinns vor und nach Steuern über mehrere Jahre hinweg sinnvoll.

Da der Cash-flow außer dem Gewinn auch die Abschreibungen auf das Anlagevermögen enthält, werden die unterschiedlichen Auswirkungen der Investitionstätigkeit auf den Gewinn der einzelnen Jahre erfaßt. Der Cash-flow eignet sich daher für einen mehrjährigen Vergleich der Ertragslage besser als der bloße Bilanzgewinn. Dies gilt vor allem dann, wenn der Gutachter nur die Daten des nach handels- oder steuerrechtlichen Gesichtspunkten erstellten Jahresabschlusses verfügbar hat.

Nr. 9	Cash-flow

Der Finanzanalyst erhält weitere Hinweise durch folgende Kennzahl:

$$\frac{\text{Cash-flow} \cdot 100}{\text{Umsatz}}$$

Der Cash-flow mißt auch die Ertragskraft einer Aktie genauer als der Gewinn pro Aktie.

$$\text{Cash-flow pro Aktie} = \frac{\text{Cash-flow}}{\text{Grundkapital}}$$

Das **Kurs/Gewinn-Verhältnis (KGV)** oder price/earning-ratio zeigt, wie eine Aktie an der Börse bewertet wird, da der Aktienkurs durch den Gewinn pro Aktie dividiert wird. Hier läßt sich auch der Gewinn zum Cash-flow erweitern.

Der Cash-flow hat in der Finanzanalyse und bei Börsenbewertung von Aktiengesellschaften große Bedeutung, da er die Ertragskraft eines Unternehmens in einer bestimmten Periode deutlicher zeigt als der Gewinn. Breite Anwendung findet die Formel von der Deutschen Vereinigung für Finanzanalyse und Anlageberatung (DVFA). Der im Geschäftsbericht von Aktiengesellschaften ausgewiesene Jahresüberschuß bzw. -fehlbetrag wird im sogenannten DVFA-Ergebnis weitgehend um außerordentliche und aperiodische Einflüsse bereinigt.

Praxis-Tip

Sie sollten aber beachten, daß auch der Cash-flow nicht den wirklichen Gewinn zeigt. Die Aussagefähigkeit des Cash-flow hinsichtlich der Ertragskraft wird durch folgende Faktoren eingeschränkt:

- Bilanzpolitische Bewertungsmaßnahmen, die den Wert des Umlaufvermögens beeinflussen, können durch ihn nicht sichtbar gemacht werden.
- Auch eine Bildung stiller Reserven im Anlagevermögen ist möglich, z. B. die Verrechnung der Anschaffungskosten geringwertiger Wirtschaftsgüter als Aufwand.
- Der Cash-flow berücksichtigt auch die Entstehung und Auflösung kurzfristiger Rückstellungen nicht.

Siehe auch:

→ Kennzahlen
→ Indexzahlen
→ Abschreibungen

Deckungsbeitragsrechnung

Nur mit direkt zurechenbaren Kosten rechnen

Deckungsbeitrag ist die Summe, die ein Kostenträger, z. B. ein Erzeugnis, ein Auftrag, ein Verkaufsbezirk oder ein Kunde zur Deckung der fixen Kosten (bzw. zur Gewinnerzielung) leistet. Deckungsbeitragsrechnung als Kalkulationsverfahren bedeutet, daß der Kostenträger nur mit den direkt zurechenbaren Kosten belastet wird, während die Fixkosten en bloc in das Betriebsergebnis übernommen werden.

Vollkostenrechnung und Teilkostenrechnung

Die *Vollkostenrechnung* ist unverzichtbar, weil *langfristig* alle Kosten und zusätzlich ein Gewinn durch die abgesetzten Leistungen erwirtschaftet werden müssen. Für die Preisbildung am Markt müssen alle normalerweise anfallenden Kosten in der Kostenrechnung berücksichtigt werden. Auch diese Aufgabe erfüllt die Vollkostenrechnung am besten.

Die gesamten in einer Abrechnungsperiode angefallenen Kosten werden in der Vollkostenrechnung auf die in diesem Zeitraum erstellten Erzeugnisse und Leistungen umgelegt. Kostentheoretiker und -praktiker erkannten schon frühzeitig die Bedeutung und Problematik der „richtigen Verteilung" der *Gemeinkosten* auf die verschiedenen Kostenträger. Die tiefe Untergliederung des Betriebs in Kostenstellen und das Erstellen großer Betriebsabrechnungsbögen waren notwendig, um die Umlage der Kostenarten über den Umweg der Kostenstellen auf die Kostenträger zu ermöglichen (→ **Industrielle Kalkulation → Zuschlagssätze**).

Jeder Kostenträger wird in der Vollkostenrechnung mit Hilfe von Verteilungsschlüsseln mit einem Teil der nicht direkt zurechenbaren Kosten, den Gemeinkosten, belastet. Da die Aufteilung der Gemeinkosten auf die einzelnen Produkte, auch bei der größten Sorgfalt, einen Verstoß gegen das Kostenverursachungsprinzip bedeutet, ist die exakte Bestimmung der Vollkosten eines Einzelprodukts im Mehrproduktbetrieb nicht möglich.

Außerdem kommt es bei *sinkender Beschäftigung*, meist eine Folge von Absatzschwierigkeiten, zu steigenden Selbstkosten, denn die beschäftigungsunabhängigen fixen Kosten werden auch bei schlechter Kapazitätsauslastung auf die Kostenträger umgelegt. Die Vollkostenrechnung berücksichtigt nicht, daß die fixen Kosten in jedem Fall anfallen, unabhängig, ob die Produktionsanlagen ausgelastet sind oder nicht.

Während ein Unternehmen langfristig nicht auf die volle Deckung aller Kosten verzichten kann, sind in bestimmten Situationen andere Überlegungen angebracht. Die *Teilkostenrechnung* verrechnet nur einen Teil der Kosten, die variablen oder direkt zurechenbaren Kosten. Die verschiedenen Verfahren der Teilkostenrechnung wollen eine verursachungsgerechte Verrechnung der Kosten auf die Kostenstellen und/oder Kostenträger. Kostenträgerrechnungen auf Teilkostenbasis haben meist einen retrograden Aufbau. Vom Erlös werden einzelne „Kostenblöcke" subtrahiert und Differenzsummen ausgewiesen.

Die Teilkostenrechnung ist ein geeignetes Instrument der Unternehmenssteuerung bei Unterbeschäftigung. Sie liefert auch die notwendigen rechnerischen Unterlagen für die Preispolitik. Ferner bietet die Teilkostenrechnung eine Entscheidungsgrundlage für die richtige Sortimentsgestaltung und für die Gewinnoptimierung. Sie kann aber nicht die Höhe der Herstellkosten ermitteln. Letztere werden für die Aktivierung der Bestände an unfertigen und fertigen Erzeugnissen sowie der innerbetrieblichen Leistungen in der Handels- und Steuerbilanz benötigt.

Praxis-Tip

Als Unternehmer stehen Sie nicht vor der Alternative Voll- oder Teilkostenrechnung. Die vielfältigen Fragen können nur richtig beantwortet werden, wenn Sie gleichzeitig Voll- und Teilkostenrechnungen anwenden. Die Buchhaltung liefert für beide Rechnungen die Daten.

Kostenrechnungssysteme

Die *Istkostenrechnung* ist ein vergangenheitsbezogenes Kostenrechnungssystem, das leicht zu handhaben ist. Die ausgewiesenen Kosten sind tatsächlich angefallen. Ziel ist die Kostenüberwälzung auf die Kostenträger und die Ermittlung des Ergebnisses der Abrechnungsperiode. Geeignet ist die Istkostenrechnung, die als Voll- oder Teilkostenrechnung geführt werden kann, zur Nachkalkulation.

Eine *Kostenkontrolle* ist mit ihr nur schwer durchzuführen, da die Istkosten gewissen Zufallsschwankungen unterliegen, z. B. Preissteigerungen bei Rohstoffen. Die Materialabrechnung erfolgt bei der Istkostenrechnung mit gewogenen Ist-Preisen. Eine genaue Vergleichbarkeit der Wirtschaftlichkeit einer Kostenstelle über mehrere Perioden ist nicht möglich.

Die *Normalkostenrechnung* schaltet schwankende Preise für Stoffe und Leistungen durch innerbetriebliche Festpreise und -löhne aus. Differenzen zwischen Soll und Ist sind dann auf einen unterschiedlichen mengenmäßigen Verbrauch zurückzuführen, auf den der Kostenstellenleiter Einfluß hat.

Die *Plankostenrechnung* plant die Kosten analytisch im voraus (→ **Zuschlagssätze**). Die *starre* Plankostenrechnung ermittelt die Plankosten jeder Kostenstelle aufgrund einer vorher festgelegten Planbeschäftigung. Abweichungen zwischen Plan- und Istkosten sind auf Verbrauchs- und/oder Beschäftigungsabweichungen zurückzuführen. Die *flexible* Plankostenrechnung behebt diesen Mangel, indem die geplanten Kosten systematisch in fixe und proportionale aufgeteilt und die Auswirkungen von Beschäftigungsschwankungen auf die proportionalen Kosten ermittelt werden. Die flexible Plankostenrechnung gibt also für alternativ mögliche Beschäftigungsgrade die Plankosten an. Die Betriebsleitung kann für mehrere wahrscheinliche Beschäftigungsgrade (z. B. 60 %, 70 %) die Plankosten ermitteln und für jede Kostenstelle das Budget vorgeben.

Die unterschiedliche Reaktion der einzelnen Kostenarten auf alternative Beschäftigungsgrade wird mit Variatoren erfaßt. Ein Variator 7 bedeutet, daß die proportionalen Kosten um 7 % steigen bzw. fallen, wenn die Beschäftigung sich um 10 % verändert.

Ist-, Normal- und Plankostenrechnung können als Voll- oder Teilkostenrechnung aufgebaut werden, entscheidend ist der verfolgte Zweck. Die Fortentwicklung und Modernisierung des betrieblichen Rechnungswesens besteht in der gleichzeitigen Erstellung verschiedener Kostenrechnungssysteme. *Sonderrechnungen* werden für besondere Fragestellungen angefertigt.

Deckungsbeitragsrechnung in der Form des Direct Costing

Die verschiedenen Arten der Teilkostenrechnung gehen auf die von Eugen Schmalenbach in den dreißiger Jahren entwickelte Kostenspaltung in variable und fixe Kosten zurück. Schmalenbach ging in seiner Grenzkostenrechnung noch von einem gekrümmten Gesamtkostenverlauf aus. Seine Gedanken bilden die Grundlage für das aus den USA kommende Direct Costing. Die variablen Kosten haben aber beim Direct Costing einen proportionalen Verlauf.

Das *Direct Costing* ist eine Teilkostenrechnungsart, die die Unterscheidung in *beschäftigungsfixe* und *beschäftigungsproportionale* Kosten in den Mittelpunkt stellt. Das Direct Costing zeigt die Zusammenhänge zwischen Kosten und Beschäftigungsgrad. Während die fixen Kosten, echte Bereitschaftskosten, in ihrer Höhe vom Umsatzprozeß unabhängig sind, verändern sich die variablen Kosten mit der Zunahme der Produktion (→ **Kosten und Beschäftigung**). Kostenarten, die sich aus fixen und variablen Bestandteilen zusammensetzen, werden entsprechend aufgeteilt.

Kostenarten und Beschäftigungsgrad

fixe Kostenarten

- kalkulatorische Abschreibungen auf Gebäude, Betriebs- und Geschäftsausstattung, Transporteinrichtungen, Anlagen und Maschinen
- kalkulatorische Zinsen

- kalkulatorischer Unternehmerlohn
- kalkulatorische Wagnisse
- Gehälter und gesetzliche Sozialkosten
- Anlagen- und Raummiete
- Grundsteuer
- Versicherungsprämien und Gebühren

größtenteils fixe Kostenarten
- Entwicklungs- und Versuchskosten
- Werbekosten
- Reisekosten
- Beratungskosten
- Heizungskosten
- Beleuchtungskosten
- Reinigungskosten
- freiwillige Sozialkosten

fixe und variable Kostenarten
- Hilfslöhne
- Sachkosten der Räume
- Instandhaltungsmaterial
- Gewerbesteuer

größtenteils variable Kostenarten
- Brenn- und Treibstoffe
- Büromaterial, Postkosten
- Fertigungslöhne einschließlich gesetzliche Sozialkosten
- Finanzspesen

variable Kostenarten
- Fertigungsmaterial
- Hilfsstoffe
- Verpackungsmaterial
- Sondereinzelkosten der Fertigung
- Ausgangsfrachten
- Sondereinzelkosten des Vertriebs
- Abschreibung nach Leistungseinheiten
- Fertigungsstücklizenzen

Kostenanalyse nur über Kostenstellen möglich

Die Kostenträger werden nur mit den proportionalen Kosten belastet, auf eine Umlage der fixen Kosten wird verzichtet. Letzteres läßt sich aber in der Praxis nicht ohne Schwierigkeiten durchführen. Variable oder beschäftigungsabhängige Kosten sind Einzelkosten und Teile der Gemeinkosten. Um die variablen Gemeinkosten zu ermitteln, ist eine ausgebaute Kostenarten-, Kostenstellen- und Kostenträgerrechnung notwendig. Die Bildung von

Kostenstellen ist von großer Bedeutung, weil die Zusammenhänge zwischen Kostenentwicklung und Beschäftigungsgradveränderungen in der Kostenstelle am deutlichsten in Erscheinung treten. Für die Kostenanalyse ist es wichtig, daß die Kostenstellen nicht zu groß sind. Eine Kostenstelle des Fertigungsbereichs sollte beispielsweise nur solche Fertigungsmaschinen umfassen, die die gleiche oder eine ähnliche Kostenstruktur haben, so daß das Verhalten bei schwankendem Beschäftigungsgrad leichter überprüft werden kann.

Fixe Kosten werden vom Deckungsbeitrag aller Kostenträger abgezogen

Der *Deckungsbeitrag* ergibt sich, wenn vom *Erlös* die *proportionalen Kosten* subtrahiert werden.

Verkaufserlöse der Abrechnungsperiode	... DM
– Summe der variablen Kosten	... DM
= Deckungsbeitrag	... DM
– Summe der fixen Kosten	... DM
= Gewinn bzw. Verlust	... DM

Aus der Summe der in der Abrechnungsperiode erwirtschafteten Dekkungsbeiträge aller Kostenträger wird der *Block der fixen Kosten* abgezogen. Eine positive Differenz bedeutet einen Betriebsgewinn.

Vom Nettoerlös zum Deckungsbeitrag eines Kostenträgers

Das Direct Costing läßt sich auf einen bestimmen Zeitraum, eine Abrechnungsperiode, anwenden oder auf den einzelnen Kostenträger. Vom Nettoerlös des betreffenden Produkts sind Einzelkosten und variable Gemeinkosten zu subtrahieren, um den *Deckungsbeitrag des Kostenträgers* zu ermitteln.

Nettoerlös
– Fertigungsmaterial
– Fertigungslohn
– variable Fertigungsgemeinkosten
– Sondereinzelkosten der Fertigung
– variable Verwaltungsgemeinkosten
– variable Vertriebsgemeinkosten
= Deckungsbeitrag

Eine Zurechnung von Fixkosten auf die einzelnen Kostenträger wird im allgemeinen nicht durchgeführt, da dies nur über einen Schlüssel und Bezugsgrößen mit der bekannten Problematik erfolgen könnte.

Unternehmenssteuerung mit Direct Costing

Das Direct Costing stellt der kurzfristigen Unternehmensplanung wichtige Kostendaten zur Verfügung. Es erleichtert unternehmerische Entscheidungen im Verkauf im Hinblick auf die *Preisuntergrenze* eines Produkts. Das Direct Costing liefert ferner die kalkulatorischen Voraussetzungen für eine Differenzierung der Verkaufspreise und ermöglicht *kurzfristige Erfolgsanalysen.*

Der **Break-even-point** kann auch über die Formel für den Stückdeckungsbeitrag ermittelt werden. Im Break-even-point schneidet die Erlösgerade die Kostengerade (→ **Break-even-point-Analyse**). Diese Ausbringungsmenge kann durch folgende Formel errechnet werden:

$$m = \frac{K}{db}$$

m = Ausbringungsmenge (Stück)
K = gesamte fixe Kosten
db = Deckungsbeitrag pro Stück

Beispiel: **Ermitteln des Break-even-point mit der Stückdeckungsbeitragsformel**

Ab welcher Ausbringungsmenge erzielt ein Einproduktbetrieb Gewinn, wenn die fixen Kosten 70000 DM betragen und der Deckungsbeitrag pro Stück 20 DM?

$$m = \frac{70000}{20} = 3500 \text{ Stück}$$

Ertragsstarke Produkte mit der Deckungsbeitragsrechnung erkennen und fördern

Ein Industriebetrieb fertigt die Produkte A, B und C. Die Betriebsbuchhaltung liefert nach Vollkostenrechnung folgende Zahlen für den abgelaufenen Monat:

Beispiel: **Kalkulation auf Vollkostenbasis**

Die Abbildungen entsprechen einem Blatt eines Tabellenkalkulationsprogramms. So würde Ihre Kalkulation auf dem PC aussehen.

	A	B	C	D	E	F
0	Kalkulation der Produkte A, B und C auf Vollkostenbasis					
1						
2			Produkt A	Produkt B	Produkt C	Summe
3						
4	Fertigungsmaterial		100000.00	250000.00	150000.00	500000.00
5	+ Materialgemeink. 10 %		10000.00	25000.00	15000.00	50000.00
6	Materialkosten		110000.00	275000.00	165000.00	550000.00
7	Fertigungslöhne		100000.00	300000.00	200000.00	600000.00
8	+ Fertiggemeink. 150 %		150000.00	450000.00	300000.00	900000.00
9	Herstellkosten		360000.00	1025000.00	665000.00	2050000.00
10	+ Verwaltungs- u. Ver-					
11	triebsgemeink. 20 %		72000.00	205000.00	133000.00	410000.00
12	Selbstkosten		432000.00	1230000.00	798000.00	2460000.00
13	Verkaufserlöse		510000.00	1380000.00	770000.00	2660000.00
14	Betriebsergebnis		78000.00	150000.00	–28000.00	200000.00

Die Unternehmensleitung würde aufgrund der vorliegenden Daten auf der Basis der *Vollkostenrechnung* möglicherweise die Fertigung des Produkts C einstellen, da es einen Betriebsverlust von 28 000 DM verursacht. Die Kosten verringern sich dann um 798 000 DM, die Erlöse fallen dagegen nur um 770 000 DM. Das Betriebsergebnis steigt um 28 000 DM auf 228 000 DM. So einleuchtend diese Argumentation auch scheint, sie ist trotzdem falsch, da die fixen Kosten nicht berücksichtigt werden.

Praxis-Tip

Die Selbstkosten werden bei der Vollkostenrechnung zur Beurteilung von Entscheidungen herangezogen. Es kommt häufig zu Fehlentscheidungen, weil Produkte mit Verlust aus dem Fertigungsprogramm gestrichen oder Zusatzaufträge, die unter den Selbstkosten liegen, abgelehnt werden.

Beispiel: Kalkulation auf Teilkostenbasis

Die *Teilkostenrechnung* kommt zu einem anderen Ergebnis, da sie die Kostenarten in variable und fixe Kosten unterteilt. Nehmen wir an, daß in unserem Beispiel die Einzelkosten in Höhe von 1100000 DM variable Kosten und die Gemeinkosten von 1360000 DM zu 90% fixe Kosten sind, dann läßt sich eine detaillierte Rechnung für die drei Produkte aufstellen.

	A	B	C	D	E	F
0	*Einzelkosten* sind:					
1						
2			Produkt A	Produkt B	Produkt C	Summe
3						
4	Fertigungsmaterial		100000.00	250000.00	150000.00	500000.00
5	+ Fertigungslöhne		100000.00	300000.00	200000.00	600000.00
6	Einzelkosten insges.		200000.00	550000.00	350000.00	1100000.00
7						
8						
9	*Gemeinkosten* sind:					
10						
11	Materialgemeinkost.		10000.00	25000.00	15000.00	50000.00
12	+ Fertiggemeink.		150000.00	450000.00	300000.00	900000.00
13	+ Verwaltungs- u. Ver-					
14	triebsgemeink.		72000.00	205000.00	133000.00	410000.00
15	Gemeinkosten insges.		232000.00	680000.00	448000.00	1360000.00
16						
17	Gemeinkosten 90 %					
18	= *Fixkosten*		208800.00	612000.00	403200.00	1224000.00
19						
20	Einzelkosten		200000.00	550000.00	350000.00	1100000.00
21	+ 10 % Gemeinkosten		23200.00	68000.00	44800.00	136000.00
22	= *variable Kosten*		223200.00	618000.00	394800.00	1236000.00

Das Produkt, das den höchsten Deckungsbeitrag erwirtschaftet, sollte im Mehrproduktbetrieb am stärksten gefördert werden. Die Deckungsbeitragsrechnung wird aussagefähiger, wenn man den Teil der fixen Kosten gesondert berücksichtigt, der sich einzelnen Produktgruppen bzw. Produkten verursachungsgerecht zurechnen läßt. Werden die erzeugnisfixen Kosten vom *Deckungsbeitrag I* subtrahiert, dann erhält man den *Deckungsbeitrag II*. Erzeugnisfixe Kosten des Produkts A könnten beispielsweise die fixen Kosten einer Maschinenanlage sein, die nur zur Fertigung des Erzeugnisses A verwendet werden.

Deckungsbeitragsrechnung im Mehrproduktunternehmen

So rechnen Sie richtig:

Gesamterlös (E)
– variable Kosten (K_v)

Deckungsbeitrag I
– erzeugnisfixe Kosten (K_f)

Deckungsbeitrag II
– unternehmensfixe Kosten (K_f)

Unternehmensgewinn bzw. -verlust

Die fixen Kosten in Höhe von 1 224 000 DM in unserem Musterbeispiel lassen sich zu 775 000 DM verursachungsgerecht auf die Erzeugnisse A, B und C zurechnen. Die nicht verursachungsgerecht zurechenbaren fixen Kosten, die *unternehmensfixen* Kosten, werden als Block oder Summe der Deckungsbeiträge II subtrahiert und über das Betriebsergebnis verrechnet.

Deckungsbeiträge I und II der Produkte A, B und C

	Produkt A	Produkt B	Produkt C	Summe
Verkaufserlöse	510000,00	1380000,00	770000,00	2660000,00
– variable Kosten	223200,00	618000,00	394800,00	1236000,00
Deckungsbeitrag I	286800,00	762000,00	375200,00	1424000,00
– erzeugnisfixe Kosten	120800,00	379000,00	275200,00	775000,00
Deckungsbeitrag II	166000,00	388000,00	100000,00	649000,00
unternehmensfixe Kosten				449000,00
Betriebsgewinn				200000,00

Produktrangliste auf der Basis von Umsatzerlösen

	Produkt A	Produkt B	Produkt C
Verkaufserlöse	510000,00	1380000,00	770000,00
Deckungsbeitrag II	166000,00	383000,00	100000,00
Deckungsbeitrag II in % d. Verkaufserlöse	32,55	27,75	12,99
Rangfolge	①	②	③

Scheidet das *Produkt C* aus der Fertigung aus, dann vermindern sich die variablen Kosten um 394800 DM (350000 DM Einzelkosten, 44800 DM Gemeinkosten). Da 90% der Gemeinkosten des Produkts C von 448000 DM aber fixe Kosten sind, müssen diese 403200 DM ebenfalls die beiden anderen Erzeugnisse tragen. Das sind die Auswirkungen auf die Ertragslage:

	A	B	C	D	E	F
0	Teilkostenrechnung: Kalkulation der Produkte A + B					
1						
2			Produkt A	Produkt B	Summe	
3						
4	Verkaufserlöse		510000.00	1380000.00	1890000.00	
5	– variable Kosten		223200.00	618000.00	841200.00	
6						
7	Deckungsbeitrag		286800.00	762000.00	1048800.00	
8	– fixe Kosten				1224000.00	
9						
10	*Betriebsverlust*				*–175200.00*	
11						

Die Produkte A und B können die fixen Kosten nicht mehr decken, die Folge ist ein Betriebsverlust in Höhe von 175200 DM[1].

Wenn das Produkt C *nicht* aus der Fertigung ausscheidet, dann ergibt sich nach der Deckungsbeitragsrechnung folgende Darstellung:

12						
13						
14	*Teilkostenrechnung: Kalkulation der Produkte A, B und C*					
15						
16			Produkt A	Produkt B	Produkt C	Summe
18	Verkaufserlöse		510000.00	1380000.00	770000.00	2660000.00
19	– variable Kosten		223200.00	618000.00	394800.00	1236000.00
20						
21	Deckungsbeitrag		286800.00	762000.00	375200.00	1424000.00
22	– fixe Kosten					1224000.00
23						
24	Betriebsgewinn					200000.00
25						
26						

[1] Würde das Produkt C allerdings langfristig aus der Fertigung ausscheiden, dann entfielen auch die erzeugnisfixen Kosten des Produkts C in Höhe von 275200 DM. Das Unternehmen könnte dann einen Betriebsgewinn von 100000 DM ausweisen. Dieser wäre aber nur halb so hoch wie in dem Fall, daß C weiter gefertigt wird.

Anteil der einzelnen Deckungsbeiträge am Gesamtdeckungsbeitrag

	Produkt A	Produkt B	Produkt C	Summe
absoluter Deckungsbeitrag	286800.00	762000.00	375200.00	1424000.00
%-Anteil	20.14	53.51	26.35	100.00
Rangfolge	③	①	②	

Die Verkaufserlöse des Produkts C liegen um 375 200 DM über den variablen Kosten, d. h., in dieser Höhe trägt dieses Erzeugnis zum Abbau der fixen Kosten bei.

Die Deckungsbeiträge zeigen die Verkaufserfolge der Produkte. Je genauer sich die variablen Kosten ermitteln lassen, desto aussagefähiger ist diese Rechnung. Das Produkt B ist mit 762 000 DM besonders erfolgreich und liegt vor C (375 200 DM) und A (286 800 DM).

Deckungsbeiträge ermitteln auch die rentabelsten Produkte

Wenn die Deckungsbeiträge der einzelnen Produkte in Prozent am Gesamtdeckungsbeitrag angegeben werden, dann nehmen ertragstarke Erzeugnisse mit hohen Umsätzen die ersten Plätze ein. Die Rangfolge der Produkte ändert sich aber, wenn man nach dem Kriterium Deckungsbeiträge *in Prozent der Verkaufserlöse (Nettoumsatzerlöse)* auflistet.

Das Produkt A ist in unserem Demonstrationsfall mit einem geringeren Anteil am Gesamtumsatz als das Produkt B beteiligt, erwirtschaftet aber überdurchschnittlich hohe Deckungsbeiträge. Die Rangfolge gibt jetzt die *rentabelsten* Erzeugnisse an. Die *Produktrangliste* auf der Basis *von Umsatzerlösen* (S. 69) zeigt diesen Sachverhalt für unser Beispiel.

Praxis-Tip

Produkte, die nur mit einem geringen Anteil am Gesamtumsatz beteiligt sind, können trotzdem überdurchschnittliche Deckungsbeiträge erzielen. Die Ertragslage des Unternehmens wird verbessert, wenn der Verkauf dieser Erzeugnisse intensiviert wird.

Relative Deckungsbeiträge bei Engpaß-Produktion

Bei Engpässen in der Fertigung muß anders über die Sortimentsgestaltung entschieden werden. Die Fertigungszeiten der verschiedenen Produkte im Engpaßbereich sind dann ebenfalls zu berücksichtigen. Die Produktrangliste erfolgt nach *relativen* Deckungsbeiträgen, d. h., die unterschiedlichen Fertigungszeiten, z. B. im Engpaßbereich Montage, werden auf die absoluten Deckungsbeiträge pro Stück angerechnet.

Beispiel: **Preisuntergrenze**

Die Frage der *Preisuntergrenze* für ein Produkt hat in der Praxis für den Verkauf große Bedeutung. Die absolute *kurzfristige* Preisuntergrenze für ein Erzeugnis ist erreicht, wenn der Stückpreis gerade noch die variablen Kosten pro Stück deckt. Wenn vom Produkt A in unserem Musterbeispiel 2000 Stück verkauft werden, dann ergibt sich folgender Stückpreis:

$$\text{Nettoverkaufspreis von Produkt A} = \frac{510\,000}{2000} = 255{,}00 \text{ DM}$$

Die kurzfristige Preisuntergrenze pro Stück errechnet sich aus der Division der variablen Kosten durch die Stückzahl. Für das Produkt A gilt dann:

$$\text{Kurzfristige Preisuntergrenze Produkt A} = \frac{223\,200}{2000} = 111{,}60 \text{ DM}$$

Ist die Finanzlage eines Unternehmens angespannt, dann liegt die absolute kurzfristige Preisuntergrenze höher. Man muß die ausgabenwirksamen Teile der erzeugnisfixen Kosten zu den variablen Kosten addieren, andernfalls gefährdet man zusätzlich die Liquidität.

Die *langfristige* Preisuntergrenze ist ein Preis, der kostendeckende Erlöse ermöglicht. Im Beispiel müssen bei Produkt A außer den variablen Kosten auch noch die erzeugnisfixen Kosten erwirtschaftet werden.

$$\text{Langfristige Preisuntergrenze Produkt A} = \frac{223\,200 + 120\,800}{2000} = 172{,}00 \text{ DM}$$

Deckungsbeitragsrechnung mit relativen Einzelkosten

Die Deckungsbeitragsrechnung auf der Basis relativer Einzelkosten von Paul Riebel nimmt eine Zuordnung der Kosten zu einer *Hierarchie von Bezugsgrößen* vor.

Ein einzelnes Produkt, eine Produktgruppe, eine Kostenstelle, mehrere Kostenstellen oder Abteilungen sind solche wichtige Bezugsgrößen. Die Begriffe Einzelkosten und Gemeinkosten erhalten einen neuen Sinn, da sie nicht nur in Verbindung zu einem Kostenträger gesehen werden. Forschungs- und Entwicklungskosten für Pharmazeutika eines Unternehmens sind beispielsweise für das einzelne Arzneimittel Gemeinkosten, während sie für alle Arzneimittel des Unternehmens Einzelkosten sind.

Deckungsbeitragsrechnung für ein Produkt

Bruttoumsatz	... DM
– Rabatte	... DM
– Vertriebseinzelkosten (z. B. Provisionen, Frachten)	... DM
= Nettoumsatz	... DM
– Fertigungsmaterial	... DM
– variable Fertigungslöhne	... DM
= Deckungsbeitrag I	... DM

Deckungsbeitragsrechnung für die Produktgruppe

Summe der Deckungsbeiträge I aller Einzelprodukte	... DM
– alle der Produktgruppe direkt zurechenbaren Kosten	... DM
= Deckungsbeitrag II	... DM

Das Rechnen mit Deckungsbeiträgen ermöglicht auf den verschiedenen Hierarchieebenen eine genaue und aussagefähige Kostenkontrolle.

Deckungsbeitrag ist die Summe, die ein Erzeugnis, ein Auftrag, ein Verkaufsbezirk usw. zur Deckung der fixen Kosten (bzw. zur Gewinnerzielung) leistet. Deckungsbeitragsrechnung als Kalkulationsverfahren bedeutet, daß der Kostenträger nur mit den direkt zurechenbaren Kosten belastet wird, während die Fixkosten en bloc in das Betriebsergebnis übernommen werden.

Erlöse
– direkt zurechenbares Fertigungsmaterial
– direkt zurechenbare Fertigungslöhne
– Sondereinzelkosten der Fertigung
– Sondereinzelkosten des Vertriebs
= Deckungsbeitrag

Die Differenz zwischen den Erlösen und den direkt zurechenbaren Kosten, der Deckungsbeitrag, zeigt, welchen Beitrag ein Erzeugnis zur Abdeckung der fixen Kosten leistet. Die Beobachtung der Entwicklung der Deckungsbeiträge ist für die Unternehmensleitung eine wichtige Preis- und Kostenkontrolle der einzelnen Produkte. Deckungsbeiträge bieten ferner Rückschlüsse über einzelne Absatzräume. Sie erleichtern Absatz- und Produktionsentscheidungen, da mit Hilfe der Deckungsbeiträge ein klarer Vergleich im Hinblick auf die Förderungswürdigkeit der einzelnen Produkte möglich ist. Ein weiterer Vorteil besteht darin, daß sich Deckungsbeiträge leicht und rasch errechnen lassen, so daß die Unternehmensleitung über ein aktuelles Führungsinstrument verfügt.

Deckungsbeitragsrechnung im Handel

Die fixen Kosten bleiben auch bei schlechter Auftragslage bestehen. Da bei rückläufigen Auftragseingängen der Warenumsatz geringer wird, die fixen Gemeinkosten aber unverändert bleiben, muß nach der Vollkostenrechnung mit einem höheren Handlungskostenzuschlag (HKZ) gerechnet werden, was wiederum zu höheren Preisen führt (→ **Handelskalkulation**). Höhere Verkaufspreise sind in dieser Situation aber absatzpolitisch ungeeignet.

Die Teilkostenrechnung versetzt Handelsunternehmen jetzt in die Lage, auf den erzielbaren Marktpreis hin flexibel zu reagieren. Man geht von der Überlegung aus, daß der Verkaufspreis einer Ware mindestens die Waren- und Bezugskosten sowie Sondereinzelkosten decken muß. Liegen die Verkaufspreise höher als die variablen Kosten, dann wird auf alle Fälle noch ein Teil der fixen Kosten gedeckt.

Praxis-Tip

Solange ein Artikel in einem Sortiment einen Deckungsbeitrag erzielt, trägt er zur Deckung der Fixkosten bei. Sie sollten als Kaufmann aber auch wissen, inwieweit die verschiedenen Waren oder Warengruppen zur Deckung der Fixkosten beitragen.

Die Deckungsbeitragsrechnung kann im Handel sowohl nach dem Verfahren des Direct Costing oder auf Einzelkostenbasis durchgeführt werden.

Die Deckungsbeitragsrechnung als *Einzelkostenrechnung* bildet dann eine Bezugsgrößenhierarchie:

- Artikel
- Warengruppe
- Sortimentsgruppe
- Betrieb
- Unternehmung

Wird die Bezugsgröße Artikel gewählt, dann ermittelt man den Deckungsbeitrag wie folgt:

Nettoumsatz
– Wareneinzelkosten
– Rabatte
– Skonto
– Provision für Verkäufer
– Zugaben
– Provision für Vermittler
= *Deckungsbeitrag des Artikels*

Die Deckungsbeitragsrechnungen für eine Warengruppe oder eine Sortimentsgruppe sind ähnlich aufgebaut. Die Einzelkosten jeder Stufe sind entsprechend zuzurechnen.

Grenzplankostenrechnung

Die flexible Plankostenrechnung auf Vollkostenbasis hat sich als wirkungsvoll zur Kostenkontrolle erwiesen; sie liefert aber keine optimalen Werte im Hinblick auf die Verfahrensauswahl und die Verkaufssteuerung. Der Grund liegt darin, daß die fixen Kosten in der flexiblen Plankostenrechnung berücksichtigt werden. Für kurzfristige Entscheidungen sind sie aber unbedeutend, da sie unabhängig von der Beschäftigung anfallen und kurzfristig nicht zu beeinflussen sind. Kurzfristige Entscheidungen sind im Hinblick auf Grenzerlöse und Grenzkosten zu treffen. Als Grenzkosten bezeichnet man die bei Mehrproduktion um ein Stück anfallenden Kosten.

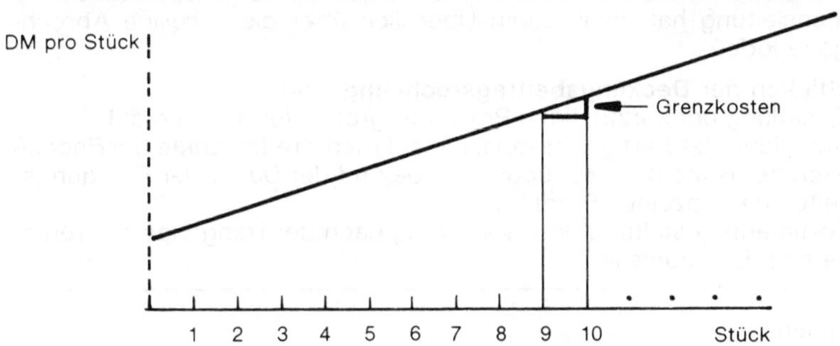

Die durch einen zusätzlichen Auftrag verursachten Kosten sind den entstandenen Erlösen gegenüberzustellen. Ergibt sich bei Subtraktion der zusätzlichen Erlöse von den zusätzlichen Kosten eine positive Differenz, dann entsteht ein Deckungsbeitrag.

Die gesamten Deckungsbeiträge sollen nicht nur den Block der Fixkosten abdecken, sondern auch einen Gewinn ermöglichen. Die Deckungsbeitragsrechnung erleichtert Programm- und Sortimentsentscheidungen; sie liefert aber keine Kriterien für die Verteilung der fixen Kosten.

Die Grenzplankostenrechnung ist ein zukunftsorientiertes Kostenrechnungssystem, das Planwerte erfaßt und verrechnet, wobei fixe Kosten nicht registriert werden. Die Grenzplankostenrechnung umfaßt neben der Grenzkostenrechnung die *Kostenplanung*. Letztere bildete neben der richtigen späteren Erfassung der Istwerte die Grundlage für die künftige Kostenkontrolle. Die Plankosten (= Sollkosten) werden in der Grenzplankostenrechnung analytisch ermittelt. Die analytische Kostenplanung untersucht jede Kostenart in allen Kostenstellen. Diese Vorgehensweise kann die fixen und variablen Kostenbestandteile ziemlich genau trennen. Dabei gilt der allgemeine Grundsatz, daß mit Zunahme der Fristigkeit, d. h. mit Verlängerung des Betrachtungszeitraumes, immer mehr fixe Kosten variabel werden. In etwa jährlichen Abständen ist eine Überprüfung der analytischen Kostenplanung notwendig, da beispielsweise Investitionen das Kostengefüge verändern können.

Praxis-Tip

Die **Vollkostenrechnung** erfaßt alle anfallenden Kosten und verteilt sie auf die jeweiligen Kostenträger. Bestandsveränderungen und aktivierungspflichtige Eigenleistungen werden ebenfalls erfaßt. Die gesamte Unternehmensleistung einer Abrechnungsperiode wird im Gesamtkostenverfahren ermittelt und das Betriebsergebnis festgestellt. Die Unternehmensleitung hat damit einen Überblick über die jeweilige Abrechnungsperiode.

Die Stärken der **Deckungsbeitragsrechnung** sind:
- Ermittlung der kurzfristigen Preisuntergrenze für den Verkauf
- Aufteilung der Fertigungskapazität auf mehrere Produkte bei Engpaß nach der Höhe der Deckungsbeiträge und der Dauer der Fertigungszeiten der einzelnen Produkte
- Sortimentsgestaltung und -steuerung nach der Rangfolge der rentabelsten Erzeugnisse.

Siehe auch:
→ Äquivalenzziffernkalkulation
→ Differenzkalkulation
→ Divisionskalkulation
→ Vorkalkulation

Devisenarbitrage

Kursunterschiede gewinnbringend nutzen

Devisenarbitrage ist die Ausnutzung von Kursdifferenzen zwischen Fremdwährungsnotierungen an verschiedenen Börsenplätzen am gleichen Tag.

Kursunterschiede

Banken, die am Devisenhandel teilnehmen, rechnen untereinander zum amtlichen Mittelkurs ab. Sie berechnen aber ihren Kunden bei Kaufaufträgen den (höheren) Briefkurs und bei Verkaufsaufträgen den (niedrigeren) Geldkurs. Geldkurse und Briefkurse der einzelnen Währungen haben jeweils einen bestimmten festen Abstand zum amtlichen Mittelkurs des Tages (→ **Devisenrechnung**).

Seit 1973 sind die Wechselkurse gegenüber dem US-$ und fast allen nicht zur EG gehörenden Ländern frei. Starke Schwankungen der Devisenkurse sind bei diesen Währungen an den internationalen Finanzmärkten festzustellen. Devisenangebot und -nachfrage bestimmen die Devisenkurse. Kapitalbewegungen, ausgelöst durch unterschiedliche Motivationen, verstärken die Kursrisiken.

Arbitrage

Der Kursvergleich zwischen einzelnen Börsenplätzen kann lohnend sein, insbesondere bei größeren Geschäften. Man unterscheidet *Devisenarbitrage* und *Effektenarbitrage,* je nachdem, ob Kursunterschiede am gleichen Tag zwischen verschiedenen Devisenbörsen oder Wertpapierbörsen ausgenutzt werden.

Ausgleichsarbitrage

Importeure oder Kreditinstitute werden Devisen zur Zahlung ausländischer Verbindlichkeiten dort kaufen, wo sie am günstigsten sind. Andererseits werden Exporteure oder Devisenhändler ihre Forderungen an dem Börsenplatz einlösen, der für Devisen den besten DM-Gegenwert bietet. Ausgleichsarbitrage bedeutet also, die Devisenkurse verschiedener Börsenplätze nutzen, um eine bestehende Schuld am billigsten abzutragen bzw. eine Forderung am günstigsten in DM umzutauschen.

Die direkte Arbitrage beschränkt sich auf den Vergleich der Devisennotierung an zwei Börsenplätzen. Das Kreditinstitut oder der Händler vergleicht den Geldkurs am eigenen Platz mit dem Briefkurs der Auslandsbörse bzw. den Briefkurs am eigenen Platz mit dem Geldkurs der Auslandsbörse wie im folgenden Beispiel.

Beispiel: **Errechnen der Ausgleichsarbitrage**

Ein deutsches Kreditinstitut muß eine Schuld von 1 000 000 sfrs begleichen.

Frankfurt notiert:	112,820	113,020 Brief
Zürich notiert:	88,290	88,420 Brief

a) Welcher Kurs ist günstiger?
b) Wie hoch ist der Gegenwert in DM, und wieviel DM könnte das Kreditinstitut durch die richtige Wahl des Börsenplatzes einsparen?

zu a) Frankfurt notierte für Auszahlung Zürich 113,020 (100 sfrs = 113,020 DM)
Zürich notierte für Auszahlung Frankfurt 88,420 (100 DM = 88,420 sfrs)

$$\frac{88{,}29 \text{ sfrs} = 100 \text{ DM}}{100 \quad \text{sfrs} = \quad x \text{ DM}} \quad x = \frac{100 \times 100}{88{,}29} = 113{,}2631$$

Der Kurs in Frankfurt ist mit 113,02 DM günstiger.

zu b)	100 sfrs kosten in Zürich	113,2631 DM
	100 sfrs kosten in Frankfurt	113,0200 DM
	Kursdifferenz für 100 sfrs	0,2431 DM
	Kursdifferenz für 1 000 000 sfrs	2431 DM

1 000 000 sfrs zum Kurs von 113,02 bedeuten einen Gewinn von 2431 DM.
Der Gegenwert in DM beträgt 1 130 200 DM.

Die indirekte Arbitrage bedient sich zur Durchführung eines Währungsgeschäftes der Notierungen eines dritten oder sogar vierten Börsenplatzes. Der Devisenhändler bzw. das Kreditinstitut muß dann mehr als zwei Währungsunterschiede vergleichen und ausnutzen. Die Nutzung der Devisenarbitrage ist allerdings nur sinnvoll, wenn die beim Kauf und Verkauf entstehenden Spesen (Telefon- und Telegrammkosten, Maklergebühren und Provisionen) nicht höher sind als die Arbitrage.

Differenzarbitrage

Die spekulative Ausnutzung der Kursunterschiede durch gleichzeitigen An- und Verkauf an verschiedenen Plätzen im In- und Ausland wird als Differenzarbitrage bezeichnet. Die Devisenbeträge werden, um einen möglichst hohen Gewinn zu erzielen, an einem Börsenplatz mit niedrigem Kurs gekauft und gleichzeitig an einem höher notierenden Platz verkauft. Die Devisenarbitrage bewirkt einen Ausgleich der Kursbewegungen zwischen den verschiedenen nationalen und ausländischen Börsenplätzen. Eine weitgehende Freizügigkeit im internationalen Zahlungsverkehr ist aber Voraussetzung.

Siehe auch:
→ Sortenrechnung

Devisenrechnung

Auch mit kleinen Spannen Geld verdienen

Angebot und Nachfrage bestimmen die Devisenkurse. Amtlich bestellte Kursmakler ermitteln täglich an den Devisenbörsen die Mittelkurse für die gängigen Währungen. Die Ankaufs- und Verkaufskurse für Devisen weichen nur wenig vom Mittelkurs ab. Die Banken berechnen im Devisengeschäft den Kunden aber zusätzlich Gebühren und Spesen.

Devisenkurse

Ausländische Banknoten und Münzen werden als *Sorten* bezeichnet (→ **Sortenrechnung**).

Devisen sind ausländisches Buchgeld:
- Guthaben bei ausländischen Banken
- im Ausland zahlbare Schecks und Wechsel

Devisenangebot und Devisennachfrage bestimmen an den einzelnen Börsenplätzen im In- und Ausland die Devisenkurse.

Das *Devisenangebot* kommt zustande aus:
- Warenexporten
- Erbringung von Dienstleistungen für das Ausland, z. B. Transporte, Versicherungsleistungen
- Kapitalimporte, z. B. Ausländer erwerben deutsche Aktien

Devisennachfrage wird verursacht durch:
- Warenimporte
- Inanspruchnahme von ausländischen Dienstleistungen, z. B. Zahlungen von Zinsen und Dividenden an ausländische Kapitalbesitzer, Reisen ins Ausland
- Kapitalexporte, z. B. Erwerb einer ausländischen Tochtergesellschaft

Die *DM-Kassa-Mittelkurse* der gängigen Währungen werden täglich an den Devisenbörsen von amtlich bestellten Kursmaklern ermittelt. Die Geschäftsbanken kaufen von den Nichtbanken Devisen zum Geldkurs und verkaufen Devisen an Nichtbanken zum Briefkurs.

Die amtlichen Geldkurse (= Ankaufskurse) und die amtlichen Briefkurse (= Verkaufskurse) der verschiedenen Währungen haben jeweils einen bestimmten festen Abstand zum offiziellen Mittelkurs.

Banken wickeln in der Regel die Devisengeschäfte mit ihrer Nichtbankenkundschaft zu den amtlichen Geld- und Briefkursen des betreffenden Tages ab. Die Devisengeschäfte einzelner Kunden, meist die von Großkunden, werden zu günstigeren, individuell ausgehandelten Sätzen abgerechnet.

Devisenkurse an der Frankfurter Devisenbörse

19.02.1997		Geld	Brief	Abstand des Geld- u. Briefkurses vom Mittelkurs in DM
Belgien	100 bfrs	4,8350	4,8550	0,010
Dänemark	100 dkr	26,146	26,266	0,060
Finnland	100 Fmk	33,450	33,610	0,080
Frankreich	100 FF	29,541	29,661	0,060
Großbritannien	1 Pfund	2,7316	2,7456	0,007
Irland	1 Ir Pfund	2,6560	2,6700	0,007
Italien	1000 Lit	1,0009	1,0089	0,004
Japan	100 Y	1,3644	1,3674	0,0015
Kanada	1 kan $	1,2457	1,2537	0,004
Niederlande	100 hfl	88,952	89,172	0,110
Norwegen	100 nkr	24,970	25,090	0,060
Österreich	100 S	14,189	14,229	0,020
Portugal	100 Esc	0,9913	0,9973	0,003
Schweden	100 skr	22,680	22,800	0,060
Schweiz	100 sfr	114,44	114,64	0,100
Spanien	100 Ptas	1,1754	1,1834	0,004
USA	1 $	1,6894	1,6974	0,004

Die Bundesrepublik Deutschland wendet wie die meisten Staaten die *Preisnotierung* an, d. h., der Preis für 1 Einheit, 100 oder 1000 Einheiten der ausländischen Währung wird in DM angegeben.

Mengennotierung, die in Großbritannien angewandt wird, bedeutet, daß die Menge der ausländischen Währung auf 1 Einheit der inländischen Währung bezogen wird.

Devisenankäufe und -verkäufe zwischen Banken, die über den amtlichen Makler erfolgen, werden zum amtlichen Mittelkurs abgerechnet. Der gespannte Geldkurs und der gespannte Briefkurs liegen in der Mitte zwischen amtlichem Mittelkurs und Geldkurs bzw. Briefkurs. Das folgende Beispiel zeigt Ihnen die Kurse am Beispiel des französischen Francs; Kassa-Geldkurs und Kassa-Briefkurs sind aus obiger Tabelle entnommen.

Geldkurs	29,541	Ankauf von französischen Francs durch die Banken von Nichtbankkunden
Gespannter Geldkurs	29,571	Ankauf von französischen Francs von Banken

Amtlicher Mittelkurs	29,601	Devisengeschäfte der Banken über den amtlichen Makler
Gespannter Briefkurs	29,631	Verkauf von französischen Francs an Banken
Briefkurs	29,661	Verkauf von französischen Francs durch die Banken an Nichtbankkunden

Deshalb berechnen Banken bei Devisengeschäften zusätzlich Maklergebühr, Provision und Abwicklungsgebühr. Die Spannen zwischen Geld- und Briefkurs reichen häufig nicht aus, um die Selbstkosten der Banken zu dekken.

- Die *Maklergebühr (Courtage)* wird für an der Börse gehandelte Devisen berechnet und beträgt ¼ ‰ vom Kurswert, mindestens jedoch 1 DM.
- Als Aufwandsentschädigung berechnet die Bank eine *Bankprovision* in Höhe von ¾ ‰ des Kurswerts.
- Die *Abwicklungsgebühr* kann für kleine Beträge berechnet werden; sie ist nach der Höhe des Devisengeschäfts gestaffelt.

Keine Gebühren und Spesen fallen im *Sortenhandel* an. Die Banken decken hier ihre Kosten aus den wesentlich größeren Spannen zwischen Kauf und Verkauf von ausländischen Banknoten und Münzen. Der Sortengeldkurs, der Ankaufskurs für ausländisches Geld, ergibt sich aus dem Devisengeldkurs abzüglich eines Abschlags. Der Sortenbriefkurs liegt entsprechend höher als der Devisenbriefkurs.

Abrechnung von Reisezahlungsmitteln

Reiseschecks (Travellerschecks), ausgestellt von in- und ausländischen Banken, lauten auf DM und auf fremde Währungen. Sie können im In- und Ausland bei Banken und vielen Hotels eingelöst werden. Reiseschecks sind sicherer als Bargeld, da bei der Aushändigung der Bankkunde seine Unterschrift abgibt. Er muß bei der Einlösung im Ausland die Unterschrift wiederholen und sich legitimieren.

Das folgende Beispiel zeigt den Ankauf von ausländischen Reiseschecks durch eine deutsche Bank. Der Verkauf von Reiseschecks an Deutsche und ihre Einlösung im Ausland wird analog abgewickelt.

Beispiel: **Verkauf von Reiseschecks**

Eine Schwedin verkauft bei einer Bank in Heidelberg Reiseschecks für 7500 skr zum Geldkurs von 20,209 DM, 1% Provision und $^1/_4$‰ Courtage (mindestens 1 DM). Wie hoch ist der Auszahlungsbetrag in DM?

Bankabrechnung	
7500 skr Reisescheck zum Kurs von 20,209	1515,68 DM
– 1% Provision	15,16 DM
– $^{1}/_{4}$‰ Courtage (eigentlich 38 Pfennige)	1,00 DM
Auszahlung	1499,52 DM

Reiseschecks werden meistens zu einem Scheckankaufkurs abgerechnet, der um die halbe Spanne zwischen Geldkurs und Briefkurs unter dem amtlichen Devisen-Geldkurs liegt.

Wie hoch ist der Auszahlungsbetrag in DM, wenn der Devisen-Geldkurs 20,209 DM und der Devisen-Briefkurs 20,329 DM betragen und nur eine Einlösungsprovision von $^{1}/_{2}$% anfällt?

So rechnen Sie richtig:

Sie müssen jetzt zuerst den Scheckankaufkurs ermitteln.

Devisen-Briefkurs	20,329 DM
– Devisen-Geldkurs	20,209 DM
Spanne Briefkurs/Geldkurs	0,120 DM
1/2 Spanne Briefkurs/Geldkurs	0,060 DM
Devisen-Geldkurs	20,209 DM
– 1/2 Spanne Briefkurs/Geldkurs	0,060 DM
Scheckankaufkurs	20,149 DM

Der Auszahlungsbetrag der vorigen Aufgabe errechnet sich dann wie folgt:

Bankabrechnung	
7500 skr zum Kurs von 20,149 DM	1511,18 DM
– 0,5% Provision	7,56 DM
Auszahlung	1503,62 DM

Rechnen mit einer Schuld in ausländischer Währung

Die Importeure benötigen Devisen, um Zahlungen in fremder Währung an die ausländischen Lieferanten zu leisten. Dies kann in Form von Überweisungen und Schecks sowie als Zahlung in Verbindung mit Dokumenteninkasso und Dokumentenakkreditiv geschehen.

Die Zahlungen ins Ausland werden zum Devisen-Briefkurs in DM umgerechnet. Die deutsche Bank belastet das Konto des Auftraggebers außerdem mit Courtage, Abwicklungsgebühr und gegebenenfalls noch weiteren Kosten. Die Auszahlungen werden je nach der Dringlichkeit schriftlich oder per Telex abgewickelt.

Beispiel:

Die Firma Anton Ziesel in Kempten hatte am 7. Dezember an ein Unternehmen in St. Gallen 75600 sfrs sofort zu zahlen und beauftragt die Hausbank, diesen Betrag telegrafisch zu überweisen. Die Bank berechnet ¼ ‰ Courtage, ⅛ % Provision und 5 DM Telegrammgebühr.

Der Devisenkurs lautet: Devisen-Geldkurs 112,820
Devisen-Briefkurs 113,020

Mit welchem Betrag wird das Kontokorrentkonto der Firma Ziesel belastet?

75 600 sfrs à 113,020	85 443,12 DM
+ Courtage ¼ ‰	21,36 DM
+ Provision ⅛ %	106,80 DM
+ Telegrammgebühr	5,00 DM
= Lastschrift	85 576,28 DM

Wenn ein Unternehmen viele Geschäfte mit einem bestimmten Land tätigt, dann ist die Errichtung eines Währungskontos sinnvoll.

Beispiel: **Eröffnen eines Währungskontos**

Ein Kehler Importeur unterhält bei einer Geschäftsbank in Offenburg ein Kontokorrentkonto und eröffnet ein Währungskonto für französische Francs (FF). Der Importeur tätigt folgende Francs-Käufe zugunsten seines Währungskontos:
16000,00 DM Devisen-Briefkurs 29,470
50000,00 DM Devisen-Briefkurs 29,390
7044,80 DM Devisen-Briefkurs 29,410
26962,56 DM Devisen-Briefkurs 29,400

Wie hoch sind die gesamten Eingänge auf dem Währungskonto, und mit welchem Betrag wurde das DM-Kontokorrentkonto insgesamt belastet, wenn jeweils ¼ ‰ Courtage anfiel?

$$\text{Auslandswährung} = \frac{\text{DM} \cdot 100}{\text{Kurs}}$$

$$\text{Auslandswährung} = \frac{16\,000 \cdot 100}{29{,}470} = \quad 54\,292{,}50 \text{ FF}$$

$$\text{Auslandswährung} = \frac{50\,000 \cdot 100}{29{,}390} = \quad 170\,125{,}89 \text{ FF}$$

$$\text{Auslandswährung} = \frac{7044{,}8 \cdot 100}{29{,}410} = \quad 23\,953{,}76 \text{ FF}$$

$$\text{Auslandswährung} = \frac{26\,962{,}56 \cdot 100}{29{,}400} = \quad 91\,709{,}39 \text{ FF}$$

340 081,54 FF

FF-Wert	DM-Gegenwert	Courtage ¼ ‰ in DM	Belastung Kontokorrentkonto
54 292,50	16 000,00	4,00	16 004,00
170 125,89	50 000,00	12,50	50 012,50
23 953,76	7 044,80	1,76	7 046,56
91 709,39	26 962,56	6,74	26 969,30
340 081,54	100 007,36	25,00	100 032,36

Der Importeur kann jetzt Überweisungen aus seinem Währungskonto tätigen.

Beispiel: Überweisungen aus dem Währungskonto

41 539,90 FF werden aus dem Währungskonto an einen Lieferanten in Chambéry überwiesen. Die deutsche Bank belastet das DM-Kontokorrentkonto mit 1,5 ‰ Abwicklungsgebühr (zugrunde gelegter Kurs 29,410) und 5 DM Auslagen. Das Währungskonto wird mit einer Abwicklungsgebühr der französischen Bank von 2 ‰ des Überweisungsbetrages belastet.

41 539,90 FF zum Kurs 29,410	12 216,88 DM
Kosten in DM:	
Abwicklungsgebühr 1,5 ‰ von 12 216,88 DM	18,33 DM
+ Auslagen	5,00 DM
insgesamt	23,33 DM
Kosten in FF:	
Abwicklungsgebühr 2 ‰ von 41 539,90 FF	83,08 FF

Sie erhalten den Saldo des FF-Währungskontos, wenn Sie die Abwicklungsgebühr in Höhe von FF 83,08 von FF 340 081,54 abziehen.

Bei Überweisungen aus dem Ausland, die in der Regel auf ein Exportgeschäft zurückzuführen sind, verkauft der Bankkunde Devisen an die Bank, die zum niedrigeren Devisen-Geldkurs abgerechnet werden.

Abrechnung von Schecks und Wechseln in ausländischer Währung

Die Abrechnung von *Auslandswechseln* erfolgt in Anlehnung an die täglich ermittelten amtlichen Devisenkurse. Da die Wechselsumme aber erst später fällig wird, ist der Kurswert in DM ein Zukunftswert.

Auslandswechsel müssen wie Inlandswechsel diskontiert werden (→ **Diskontrechnung**). Für die Ermittlung des Barwerts muß Diskont für die Zeit zwischen Ankaufstag bzw. Verkaufstag und Verfalltag abgezogen werden.

Es ist gleichgültig, ob die Wechselsumme zuerst in DM umgerechnet und dann der Diskont abgezogen oder der Diskont in Fremdwährung abgezogen und dann in DM umgerechnet wird.

Die Wechselsumme wird im folgenden Beispiel zuerst in DM umgerechnet und dann diskontiert.

Beispiel: **Ausländische Wechsel gutschreiben lassen**

Die Firma Schmitz & Bauer KG, Mönchengladbach, erhält am 17. September von ihrem belgischen Kunden Jan Kuyper in Mechelen einen Wechsel über 500 000 bfrs, zahlbar in zwei Monaten. Welchen Betrag erhält die Firma von der Hausbank gutgeschrieben?

Die Bedingungen der Bank lauten:
Kurs 4,782
Abrechnungssatz für Wechsel zum Diskont 6 %
Provision 1/8 %
Courtage 1/2 ‰
sonstige Auslagen 7 DM

500 000 bfrs, fällig am 17. 11., zu 4,782		23 910,00 DM
– Diskont 60 Tage, 6 %	239,10 DM	
– 1/8 % Provision	29,89 DM	
– 1/2 ‰ Courtage	11,96 DM	
– Auslagen	7,00 DM	287,95 DM
Wert 17. 9.		23 622,05 DM

Der Devisen-Kassakurs für telegrafische Auszahlungen ist die Ausgangsbasis für die Abrechnung von *Auslandsschecks*. Es erfolgt aber eine Kurskorrektur, da Schecks bis zu ihrer Einlösung länger unterwegs sind als Zahlungsanweisungen. Viele Banken rechnen zum *Sichtkurs*, d. h. einem um eine halbe Kursspanne unter dem Geldkurs liegenden Satz, ab.

Auslandsschecks können aber auch wie Auslandswechsel *diskontiert* werden. 5 Mindesttage werden für Schecks aus europäischen Ländern (einschließlich Mittelmeerländer), 10 für Nordamerika und 25 für andere Länder berechnet.

Der hereingenommene Scheck wird im nächsten Beispiel zu unterschiedlichen Konditionen abgerechnet, so daß Sie deutlich die Auswirkungen auf die Höhe der Gutschrift ersehen können.

Beispiel: Abrechnung ausländischer Schecks zu unterschiedlichen Konditionen

Eine Geschäftsbank in Koblenz nimmt am 18. 7. von einer Exportfirma einen Scheck über 8420 hfl auf die Algemene Bank Nederland zur Gutschrift herein. Die Bank berechnet ¼ ‰ Courtage, ⅛ % Abwicklungsgebühr und 5 % Diskont. Der Devisen-Geldkurs beträgt 88,545 und der Devisen-Briefkurs 88,765.

a) Wie hoch ist die Gutschrift, wenn die Bank einen Diskont abzieht?

b) Wieviel DM beträgt die Gutschrift, wenn die Bank einen Scheckankaufskurs (Sichtkurs) anwendet, der eine halbe Spanne unter dem Devisen-Geldkurs liegt?

c) Welcher Betrag ergibt sich, wenn der Scheckankaufskurs 1 % unter dem Devisen-Geldkurs liegt?

zu a)	8420 hfl zu 88,545		7455,49 DM
	– Diskont 5 Tage, 5 %		5,18 DM
	– ¼ ‰ Courtage	1,86 DM	
	– ⅛ % Abwicklungsgebühr	9,32 DM	11,18 DM
	Gutschrift, Wert 18. 7.		7439,13 DM
zu b)	Devisen-Briefkurs		88,765 DM
	Devisen-Geldkurs		88,545 DM
	Spanne Brief- und Geldkurs		0,220 DM
	½ Spanne Brief- und Geldkurs		0,110 DM
	Devisen-Geldkurs		88,545 DM
	– ½ Spanne Brief- und Geldkurs		0,110 DM
	Sichtkurs		88,435 DM
	8420 hfl zu 88,435		7446,230 DM
	– ¼ ‰ Courtage	1,86 DM	
	– ⅛ % Abwicklungsgebühr	9,31 DM	11,170 DM
	Gutschrift, Wert 18. 7.		7435,060 DM
zu c)	Devisen-Geldkurs		88,545 DM
	– 1 %		0,885 DM
	Sichtkurs		87,660 DM
	8420 hfl zu 87,660		7380,97 DM
	– ¼ ‰ Courtage	1,85 DM	
	– ⅛ % Abwicklungsgebühr	9,23 DM	11,08 DM
	Gutschrift, Wert 18. 7.		7369,89 DM

Ausgleichsdevisen

Ein Exporteur kann bei einem Zielverkauf an einen Auslandskunden die Finanzierung durch einen Wechsel absichern. Ausgleichsdevisen entstehen, wenn Forderungen in ausländischer Währung durch später fällige Wechsel abgelöst werden.

Der gegenwärtige Schuldbetrag entspricht dem Barwert des Auslandswechsels, den der Exporteur beim Verkauf an die Hausbank erhält. Der Betrag der Ausgleichstratte ist der Grundwert (100 %), die ursprüngliche Schuldsumme stellt den verminderten Wert dar. Die Berechnung der Ausgleichstratte entspricht der des deutschen Ausgleichswechsels (→ **Prolongationswechsel**).

Die Wechselsumme in ausländischer Währung ist um den Diskont, die Wechselsteuer, die Provision und die Spesen höher als die ursprüngliche Schuldsumme.

Für Auslandswechsel wird nur die halbe Wechselsteuer berechnet. Die Wechselsteuer für Wechsel in ausländischer Währung beträgt 0,075 DM je angefangene 100 DM und ist auf volle 10 Pfennig aufzurunden.

Währungspolitische Zusammenarbeit in Europa

Das *Europäische Währungssystem (EWS)* garantiert eine gewisse währungspolitische Zusammenarbeit der in der EG zusammengeschlossenen Staaten. Die einzelnen europäischen Währungen haben im EWS eine feste Kursrelation zueinander. Die Bandbreite der Schwankungen der Devisenkurse beträgt ± 2,25 % um die offizielle Parität. Es gibt feste obere und untere Interventionspunkte, zu denen die jeweiligen nationalen Notenbanken intervenieren müssen. Die am Außenhandel beteiligten Kreise laufen damit im Leistungsaustausch mit den EG-Ländern ein wesentlich geringeres Kursrisiko als mit Drittländern (→ **Devisenarbitrage**). Die Wechselkurse zum Dollar und den nicht zur EG gehörenden Ländern sind *frei*.

Devisentermingeschäfte und Devisenoptionen

Wechselkursschwankungen sind für Exporteure, Importeure und Investoren mit beachtlichen Risiken verbunden, die mit Devisentermingeschäften und Devisenoptionen ausgeschaltet werden können.

Devisen werden per Kassa oder auf Termin gehandelt. Die Lieferung bzw. Bezahlung der Valuta muß beim *Kassageschäft* (= Komptantgeschäft) zwei Arbeitstage nach Geschäftsabschluß erfolgen.

Ein *Termingeschäft* beinhaltet die Verpflichtung, einen bestimmten Währungsbetrag zu einem im voraus ausgehandelten Kurs an einem vereinbarten späteren Tag zu liefern oder zu beziehen. Wechselkursschwankungen, die während der Laufzeit des Terminvertrages erfolgen, haben keine Auswirkungen mehr. Das Wechselkursrisiko ist damit eliminiert.

International tätige Geschäftsbanken wickeln Devisentermingeschäfte mit allen gängigen Währungen für ihre Kunden ab. Die Absicherungsmöglichkeiten im kurzfristigen Bereich stehen im Vordergrund. Die übliche Vertragsdauer beträgt ein, zwei, drei, sechs oder zwölf Monate. Für die Hauptwährungen $ und Pfund sind auch Abschlüsse bis zu fünf Jahren möglich.

Der professionelle Devisenhandel notiert die *Terminkurse* (Terminpreise) nicht wie die Kassakurse. Terminpreise werden als Auf- oder Abschläge zum Kassakurs angegeben. Die Differenz wird auch als Swapsatz bezeichnet.

  Kassakurs
– Abschlag (bzw. + Aufschlag)
= Terminkurs

Wenn der Kassakurs über dem Terminkurs liegt, dann spricht man von einem Abschlag = *Deport.* Liegt der Kassakurs dagegen unter dem Terminkurs, dann entsteht ein Aufschlag = *Report.*

Beispiel: **Kassakurse und Swapsätze (Abschlag)**

$/DM

Kassa	1,5711	1,5791
1 Monat	68	65
3 Monate	181	175
6 Monate	350	341

Im Gegensatz zum Devisentermingeschäft erwirbt der Käufer beim *Devisenoptionsgeschäft* das Recht, aber nicht die Verpflichtung, einen bestimmten Betrag in einer fremden Währung bis zum Fälligkeitstag zu kaufen oder zu verkaufen. Der Käufer kann also entscheiden, ob er die im Vertrag festgelegte Summe überhaupt kaufen bzw. verkaufen will. Der Bankkunde kann so schnell auf Entwicklungen am Devisenmarkt reagieren. Der Verkäufer, die Bank, hat dagegen keine Wahlmöglichkeit. Die Bank erhält für das Stillhalten eine Prämie.

Differenzkalkulation

Reicht der Gewinn aus?

Häufig kann ein Groß- oder Einzelhändler den Verkaufspreis seiner Waren nicht frei kalkulieren. Sei es, daß er aus Konkurrenzgründen einen bestimmten Verkaufspreis nicht überschreiten kann, oder die Hersteller empfehlen für ihre Markenartikel Richtpreise, die in Wirklichkeit für den Einzelhändler Verkaufshöchstpreise sind. Der Gewinn kann dann mit Hilfe der Differenzkalkulation (Gewinnkalkulation) als Differenz von Barverkaufspreis und Selbstkosten ermittelt werden.

Beispiel: **Kalkulieren des Gewinns im Handel**

Einem Möbelgeschäft wird eine Kücheneinrichtung für 8800 DM netto angeboten. Es werden 5 % Lieferrabatt und bei Barzahlung 2 % Skonto gewährt. Die Transportkosten betragen 190 DM. Ein Konkurrenzgeschäft in der Stadt verkauft die gleicheKücheneinrichtung für 13680 DM einschließlich 15 % MwSt, 5 % Kundenskonto und 3 % Kundenrabatt. Lohnt es sich, die Kücheneinrichtung in das Sortiment aufzunehmen, wenn mit 27 % HKZ gerechnet wird und die Konditionen der Konkurrenz nicht unterschritten werden dürfen?

Kalkulationsschema der Differenzkalkulation im Handel

Rechnungspreis		DM	
− MwSt a. H.		DM	
oder			
Einkaufspreis		8800,00 DM	
− Liefererrabatt 5 % v. H.		440,00 DM	
Zieleinkaufspreis		8360,00 DM	
− Liefererskonto 2 % v. H.		167,20 DM	
Bareinkaufspreis		8192,80 DM	
+ Bezugskosten		190,00 DM	
Einstandspreis		8382,80 DM	
+ Handlungskostenzuschlag HKZ 27 % v. H.		2263,36 DM	
Selbstkosten		10646,16 DM	↓ Differenz
+ Gewinnzuschlag v. H.	3,87 %	411,84 DM	←
Barverkaufspreis		11058,00 DM	↑
+ Kundenskonto 5 % v. H.		582,00 DM	
Zielverkaufspreis		11640,00 DM	
+ Kundenrabatt 3 % v. H.		360,00 DM	
Verkaufspreis (netto)		12000,00 DM	
+ MwSt 15 % a. H.		1800,00 DM	
Verkaufspreis (brutto)		13800,00 DM	

Nr. 13 Differenzkalkulation

Einkaufspreis (netto) und Verkaufspreis (netto) beinhalten keine Mehrwertsteuer (Umsatzsteuer). Die Mehrwertsteuer ist grundsätzlich ein durchlaufender Posten und wird in der Kalkulation nicht erfaßt (→ **Handelskalkulation**). Der Einzelhandel bildet eine Ausnahme, da er an den Endverbraucher liefert, der die Möglichkeit des Vorsteuerabzuges nicht hat. Der Ladenpreis im Einzelhandel ist der Bruttoverkaufspreis.

Beispiel: Differenzkalkulation in der Industrie

Eine Maschinenfabrik bietet aus Konkurrenzgründen eine Maschine für 11500 DM brutto an. Der tatsächlich angefallene Gewinn in DM und Prozent ist in einer Differenzkalkulation zu ermitteln.

Folgende Werte liegen der Nachkalkulation zugrunde:
Fertigungsmaterial 2400 DM; Materialgemeinkostenzuschlagsatz (MGKZ) 25 %; Fertigungslöhne 1000 DM; Fertigungsgemeinkostenzuschlagsatz (FGKZ) 200 %; Verwaltungsgemeinkostenzuschlagsatz (VwGKZ) 20 %; Vertriebsgemeinkostenzuschlagsatz (VGKZ) 16⅔ %; Vertreterprovision 3 %; Kundenrabatt 10 %; Mehrwertsteuer 15 %.

Fertigungsmaterial		2400,00 DM
+ Materialgemeinkosten 25 %		600,00 DM
Gesamte Materialkosten		3000,00 DM
+ Fertigungslöhne		1000,00 DM
+ Fertigungsgemeinkosten 200 %		2000,00 DM
Herstellkosten		6000,00 DM
+ Verwaltungskosten 20 %		1200,00 DM
+ Vertriebskosten 16⅔ %		1000,00 DM
Selbstkosten		8200,00 DM
Gewinn 4,27 %		350,00 DM
Barverkaufspreis		8550,00 DM
+ Kundenskonto 2 %		180,00 DM
+ Vertreterprovision 3 %		270,00 DM
Zielverkaufspreis		9000,00 DM
+ Kundenrabatt 10 %		1000,00 DM
Verkaufspreis (netto)		10000,00 DM
+ MwSt 15 %		1500,00 DM
Verkaufspreis (brutto)		11500,00 DM

Hinweis:
100 % = 8200 DM → 350 DM = 4,26 %

Siehe auch:
→ Divisionskalkulation
→ Industrielle Kalkulation
→ Einkaufskalkulation
→ Vorkalkulation

Diskontrechnung

Kredit per Wechsel

Bankkunden können einen Wechsel zum Diskont oder zur Gutschrift bei Verfall bei ihrer Bank einreichen. Dies bedeutet für das Kreditinstitut die Einräumung eines kurzfristigen Kredits, der Diskontkredit genannt wird. Solche Wechselgeschäfte von Banken werden mit Hilfe der Diskontrechnung abgerechnet.

Diskont

Ein Wechselinhaber, der vor dem Verfalltag seines Wechsels Geld benötigt, kann den Wechsel an seine Hausbank verkaufen (= Diskontierung). Da die Bank den Wechselbetrag erst am Verfalltag erhält, räumt sie dem Wechselinhaber bei der Diskontierung einen kurzfristigen Kredit, einen Wechseldiskontkredit, ein, für den sie Diskont (= Zins für vorzeitige Zahlung) verlangt.

Die Bank zieht den Diskont im voraus von der Wechselsumme ab und schreibt den Barwert des Wechsels dem Konto des Kunden „gut". Im Kreditgeschäft wird in Verhandlungen zwischen Bank und Kunden eine bestimmte Wechseldiskontkredithöhe vereinbart, d. h. bis zu dieser Höhe darf der Kunde Wechsel diskontieren lassen. Die Konditionen sind wichtiger Bestandteil der Verhandlungen, z. B. Diskontsatz der Bundesbank plus 2 % für bundesbankfähige Wechsel, Diskontsatz plus 3 % für sonstige Wechsel, Mindestdiskont je Wechsel 5 DM.

Barwert

Der am Verfalltag fällige Wechsel lautet auf einen bestimmten Betrag (Nennwert). Wird der Wechsel zur Diskontierung eingereicht, dann ist für die Zeit zwischen Ankaufstag und Verfalltag Diskont zu berechnen. Der um den Diskont verminderte Nennwert heißt Barwert.

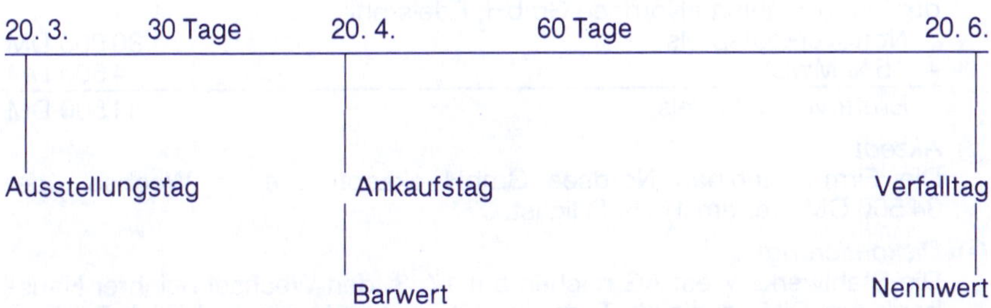

Der Barwert des Wechsels ergibt sich durch Abzug von Diskont und Gebühren von der Wechselsumme.

Diskontieren eines Wechsels

Der Wechsel kann als Zahlungsmittel und als Kreditmittel verwendet werden. Wenn der Kunde einen Wechsel des Lieferanten akzeptiert, dann muß er am Verfalltag den Wechsel einlösen. Er erhält für die Laufzeit des Wechsels einen Kredit und kann in dieser Zeit die eingekauften Waren verkaufen. Die Wechselschuld wird aus dem Verkauferlös bezahlt.

Der Lieferant kann in der Zwischenzeit den Wechsel an eine Bank verkaufen. Eine Wechselforderung ist im Falle des Nichtbezahlens schneller einzuklagen als eine Buchforderung. Die verschiedenen Schritte von der Ausstellung bis zur Einlösung des Wechsels sind in der folgenden Übersicht dargestellt.

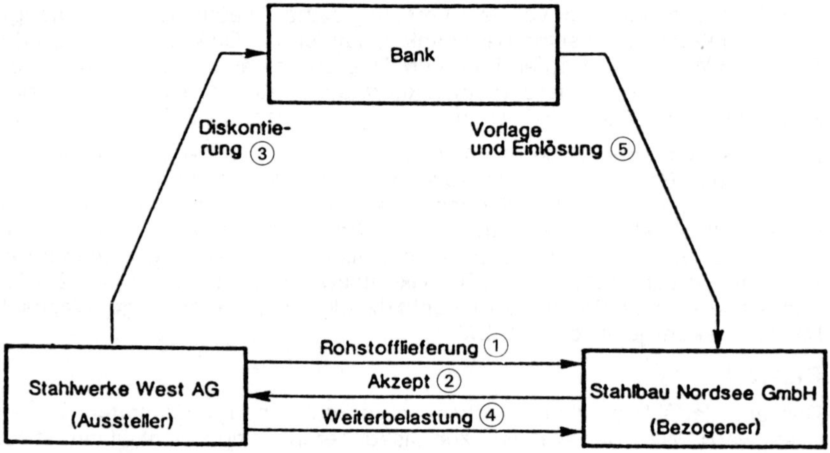

① *Rohstofflieferung*
Die Stahlwerke West AG lieferten am 14. 3. ihrem langjährigen Kunden, der Firma Stahlbau Nordsee GmbH, Edelstahl:

Nettoverkaufspreis	30 000 DM
+ 15% MwSt	4 500 DM
Bruttoverkaufspreis	34 500 DM

② *Akzept*
Die Firma Stahlbau Nordsee GmbH akzeptiert einen Wechsel über 34 500 DM, der am 17. 5. fällig ist.

③ *Diskontierung*
Die Stahlwerke West AG reichen am 17. 3. den Wechsel bei ihrer Hausbank zum Diskont ein (60 Tage, Abrechnungssatz der Bank 6%). Der Barwert des Wechsels wird auf dem Konto der Stahlwerke West gutgeschrieben.

Abrechnung der Bank:

Nennwert des Wechsels	34 500 DM
– Diskont (60 Tage, 6%)	345 DM
Barwert	34 155 DM

Berechnung des Diskonts:

$$Z = \frac{\text{Zinszahl}}{\text{Zinsdivisor}} \qquad Z = \frac{\frac{34\,500}{100} \cdot 60}{60} = 345$$

④ *Weiterbelastung*
Die Stahlwerke West AG belasten die Stahlbau Nordsee GmbH mit Diskont und 10 DM Auslagen:

Diskont	345,00 DM
+ Spesen	10,00 DM
+ MwSt	1,50 DM
Belastung	356,50 DM

Die Verrechnung von Spesen zwischen Unternehmen unterliegt der MwSt. Eine Ausnahme bilden Banken, da ihre Leistungen grundsätzlich von der MwSt befreit sind.

⑤ *Vorlage und Einlösung*
Am 17. 5. wird der Wechsel über 34 500 DM der Stahlbau Nordsee GmbH von der Bank zur Einlösung vorgelegt bzw. vom Konto abgebucht.

Das folgende Beispiel zeigt einen anderen Fall einer Diskontierung, wobei mit 6,5 % ein unbequemer Zinsdivisor zu berücksichtigen ist (→ **Kaufmännische Zinsrechnung**).

Beispiel: Gutschrift für einen Wechsel

Bei einer Bank wird ein Wechsel zu folgenden Konditionen eingereicht:

Wechselbetrag	12 420 DM	Abrechnungssatz	6,5 %
Verkaufstag	14. 05.	Auslagen	3,25 DM
Verfalltag	25. 06.		

Welchen Betrag schreibt die Bank gut?

$$\text{Diskont} = \frac{\text{Zinszahl}}{\text{Zinsdivisor}}$$

$$\text{Zinsdivisor} = \frac{360}{\text{Zinsfuß}}$$

$$\text{Zinsdivisor} = \frac{360}{6{,}5} = 55{,}385$$

$$6{,}5\,\%\ \text{Diskont} = \frac{\frac{12\,420}{100} \cdot 41}{55{,}385} = 91{,}94\ \text{DM}$$

Wechselbetrag		12420,00 DM
– Diskont 6,5 % (41 Tage)	91,94 DM	
– Auslagen	3,25 DM	95,19 DM
Gutschrift der Bank, Wert 14. 5.		12324,81 DM

Berechnung der Mindestdiskontzahl

Banken wollen auch bei Wechseln mit geringen Beträgen und/oder sehr kurzen Laufzeiten einen gewissen Ertrag erzielen, da die Abrechnung jedes Wechsels einen bestimmten Arbeitsaufwand erfordert. Die Kreditinstitute stellen deshalb für jeden Wechsel einen Mindestbetrag in Rechnung, den Mindestdiskont.

Die Zinszahlen in der Diskontabrechnung müssen deshalb wenigstens so groß sein wie die dem Mindestdiskont entsprechende *Mindestdiskontzahl.*

Die Mindestdiskontzahl läßt sich aus der kaufmännischen Zinsformel ableiten, die auch in der Diskontrechnung angewandt wird:

$$\text{Zinsen (Diskont)} = \frac{\text{Zinszahl (Diskontzahl)}}{\text{Zinsdivisor}}$$

Diese Formel gilt entsprechend für den Mindestdiskont:

$$\text{Mindestdiskont} = \frac{\text{Mindestdiskontzahl}}{\text{Zinsdivisor}}$$

Als Mindestdiskontzahl ergibt sich:

Mindestdiskontzahl = Mindestdiskont · Zinsdivisor

Angenommen, die Bank berechne einen Mindestbetrag von 4 DM pro hereingenommenen Wechsel und der Abrechnungssatz betrage 6 %, dann lautet die Mindestdiskontzahl folglich 4 · 60 = 240. Der Zinsdivisor von 6 % ist bekanntlich 60 (nämlich 360 : 6).

Die folgenden Beispiele sind zur Übung gedacht.

Der Mindestdiskont für abzurechnende Wechsel betrage 5 DM (4 DM). Wie hoch ist die Mindestdiskontzahl bei den Abrechnungssätzen 4 %, 5 %, 6 % und 7 %?

So rechnen Sie richtig:

Abrechnungssatz	Zinsdivisor	Mindestzinszahl bei einem Mindestdiskont von 5 DM	Mindestzinszahl bei einem Mindestdiskont von 4 DM
4%	90	90 · 5 = 450	90 · 4 = 360
5%	72	72 · 5 = 360	72 · 4 = 288
6%	60	60 · 5 = 300	60 · 4 = 240
7%	51,428	51,428 · 5 ≈ 258	51,428 · 4 ≈ 206

Diskontieren mehrerer Wechsel

Die Diskontierung mehrerer Wechsel erfolgt nach einem Abrechnungsschema, das dem der summarischen Zinsrechnung entspricht (→ **Kaufmännische Zinsrechnung**).

Beispiel:

Ein Unternehmen diskontiert bei der Bank am 11. 12. drei Wechsel:
6000 DM fällig am 19. 12.
800 DM fällig am 3. 2.
2500 DM fällig am 10. 3.
Auf den letzten Wechsel entfallen 2,50 DM Auslagen.
Welcher Betrag wird dem Konto am Verkaufstag gutgeschrieben, wenn der Abrechnungssatz der Bank 7,5 % beträgt?

11. 12.

Beträge	Verfall	Tage	Diskontzahlen
6000,00 DM	19. 12.	8	480
800,00 DM	3. 02.	52	416
2500,00 DM	10. 03.	89	2225
9300,00 DM			3121 : 48 = 65,02 DM
– 65,02 DM			
– 2,50 DM			
9232,48 DM			

9232,48 DM werden gutgeschrieben.

So rechnen Sie richtig:

① Beträge und Verfall anschreiben
② Tage zwischen Einzahlungstag und Verfall ermitteln
③ Diskontzahlen berechnen (1 % der Wechselsumme x Tage)
④ Diskontzahlen addieren
⑤ Berechnung des Diskonts: Diskontzahlen / Zinsdivisor
⑥ Wechselbeträge addieren
⑦ Diskont und Auslagen sind vom Gesamtbetrag zu subtrahieren

Mit der Höhe des Diskontsatzes bestimmt die Bundesbank das Kreditvolumen der Banken

Banken können die von der Kundschaft hereingenommenen Handelswechsel an die Bundesbank weiter verkaufen. Diese rechnet zum Diskontsatz ab. Die Deutsche Bundesbank kann das Kreditvolumen der Banken durch eine Erhöhung oder Senkung des Diskontsatzes beeinflussen. Eine Erhöhung des Diskontsatzes bedeutet für die Geschäftsbanken eine Verteuerung der Refinanzierung. Eine Herabsetzung des Diskontsatzes führt entsprechend zu einer billigeren Refinanzierung. Die Banken geben die günstigeren oder schlechteren Konditionen ganz oder nur teilweise an ihre Kunden weiter.

Die Bundesbank kann aber auch durch eine Erweiterung oder Begrenzung der Rediskont-Kontingente die Kreditpolitik der Geschäftsbanken beeinflussen. Rediskont-Kontingente sind das Volumen, bis zu dem sich die einzelne Bank bei der Zentralbank refinanzieren darf.

Nach dem Gesetz über die Deutsche Bundesbank vom 26. 7. 1957 dürfen nach § 19 Abs. 1 die Landeszentralbanken nur Wechsel ankaufen, die bestimmte Voraussetzungen erfüllen.

Bundesbankfähige Wechsel

Bundesbankfähige Wechsel sind Wechsel mit folgenden Qualifikationsmerkmalen:

- gute Handelswechsel, d. h., ein Handelsgeschäft muß zugrunde liegen
- vom Tage des Ankaufs an in spätestens drei Monaten fällig
- Unterschriften von drei zahlungsfähigen Verpflichteten
- an einem Bankplatz zahlbar, d. h. an einem Ort, an dem die Landeszentralbank eine Niederlassung hat.

Geschäftsbanken rechnen deshalb Nebenplatzwechsel, Wechsel, die nicht an einem Bankplatz zahlbar sind, zu ungünstigeren Konditionen ab. Bei

Wechselabrechnungen ist auch die Mindestdiskontzahl zu ermitteln, wenn in einer Aufgabe ein Mindestdiskont genannt ist.

Beispiel: **Diskontieren bundesbankfähiger Wechsel und Diskontieren von Nebenplatzwechseln**

Eine Bank in Freiburg kaufte am 30. 10. folgende Abschnitte an:
1220 DM, fällig am 7. 11. in Villingen
5400 DM, fällig am 16. 11. in Buggingen (N)
3200 DM, fällig am 12. 12. in Mannheim
7800 DM, fällig am 30. 12. in Badenweiler (N)
16000 DM, fällig am 30. 1. in Frankfurt

Folgende Bedingungen zwischen Bank und einreichendem Industrieunternehmen wurden vereinbart:
Wechsel unter 5000 DM: Diskontsatz +4 %
Wechsel von über 5000 DM bis 20000 DM: Diskontsatz +3 %
Wechsel über 20000 DM: Diskontsatz +2 %
Der Mindestdiskont je Wechsel beträgt 5 DM.
Für Nebenplatzwechsel (N) wird eine zusätzliche Gebühr von 4 DM je Wechsel erhoben.
Wie hoch ist der Barwert der fünf Wechsel, wenn der Diskontsatz 6 % beträgt?

30. 10.

Beträge	Zahlungsort	Verfall	Tage	# 10 %	# 9 %	Gebühren
1220,00 DM	Villingen	7. 11.	7	(85) 180		
5400,00 DM	Buggingen	16. 11.	16		864	4,00
3200,00 DM	Mannheim	12. 12.	42	1344		
7800,00 DM	Badenweiler	30. 12.	60		4680	4,00
16000,00 DM	Frankfurt	30. 1.	90		14400	
33620,00 DM				1524	19944	8,00

42,33 DM 10 % Diskont (1524 : 36 = 42,33)
498,60 DM 9 % Diskont (19944 : 40 = 498,60)
8,00 DM Gebühren

33071,07 DM Barwert

$$\text{Mindestdiskont } 10\,\% : 5 = \frac{\text{Mindestdiskontzahl}}{36}; \text{ Mindestdiskont} = 180$$

$$\text{Mindestdiskont } 9\,\% : 5 = \frac{\text{Mindestdiskontzahl}}{40}; \text{ Mindestdiskontzahl} = 200$$

Praxis-Tip

Mit Hilfe des Wechseldiskontkredites können Sie sich flüssige Mittel zu günstigen Konditionen beschaffen.
Der Zinssatz, zu dem die Geschäftsbanken Wechsel ihrer Kundschaft ankaufen, ist meistens fest an den Diskontsatz gekoppelt. Er liegt einen bestimmten Satz über dem Diskontsatz, z. B. Diskontsatz +3 %. Die Zinsspanne der Bank bleibt auch bei Diskontsatzänderungen durch die Deutsche Bundesbank unverändert.

Zahlt ein Kunde mit Wechsel, dann entsteht für den Verkäufer ein Zinsverlust. Er erhält nämlich das Geld erst am Verfalltag bzw. beim Verkauf des Wechsels an die Bank nur den um den Diskont verminderten Barwert auf seinem Konto gutgeschrieben.

Der *Verkäufer* kann seinen *Kunden mit dem Diskont belasten.* Dies wäre eine nachträgliche Erlöserhöhung oder ein Zuschlag zum Verkaufspreis und unterliegt nach §17 Umsatzsteuergesetz (UStG) der Umsatzsteuer. Bei der Weiterwälzung des Diskont vom Verkäufer auf den Kunden ist auf den Diskont die Umsatzsteuer zuzuschlagen.

Beispiel: **Kunde wird mit Diskont belastet**

Diskont	400,00 DM
+ 15 % MwSt	60,00 DM
Forderung (Belastung)	460,00 DM

Siehe auch:
→ Prolongationswechsel
→ Terminrechnung

Divisionskalkulation

Nur ein Produkt kalkulieren

Alle Kosten eines Betriebes oder eines Betriebsteils werden in der Divisionskalkulation summarisch erfaßt und durch die hergestellte Menge dividiert. Die Kostenarten werden zusammengefaßt und auf die Betriebsleistung bezogen, da nur ein Produkt hergestellt wird.

Einstufige Divisionskalkulation

Die einstufige Divisionskalkulation setzt einheitliche Massenfertigung und Konstanz aller Bestände an unfertigen Erzeugnissen voraus. Eine Gliederung der Kostenarten in Einzel- und Gemeinkosten ist nicht erforderlich. Alle in einer bestimmten Zeiteinheit angefallenen Kosten werden durch die erzeugte Menge dividiert, wie die Formel und das folgende Beispiel zeigen.

$$\text{Selbstkosten je Mengeneinheit (Leistungseinheit)} = \frac{\text{Gesamtkosten (eines Zeitabschnittes)}}{\text{Herstellmenge (des Zeitabschnittes)}}$$

So rechnen Sie richtig:

In einem Betrieb mit einheitlicher Massenfertigung sind in einem Monat folgende Kosten angefallen:

Rohstoffe	103 600 DM
Hilfsstoffe	25 200 DM
Betriebsstoffe	18 700 DM
Löhne und Gehälter	92 850 DM
Abschreibungen	34 200 DM
Zinsen	22 700 DM
Steuern	28 900 DM
Verwaltungskosten	43 800 DM
Vertriebskosten	29 500 DM

Wie hoch sind die Herstellkosten und die Selbstkosten für 100 Stück, wenn der Betrieb im Berichtszeitraum 200 000 Teile fertigte?

Sie müssen zunächst die gesamten Herstellkosten ermitteln, wobei Verwaltungskosten und Vertriebskosten unberücksichtigt bleiben.

$$\text{Herstellkosten für 100 Stück} = \frac{326\,150}{200\,000} \cdot 100 = 163{,}08 \text{ DM}$$

Die gesamten Selbstkosten erhalten Sie, indem Sie zu den Herstellkosten noch die Verwaltungskosten von 43800 DM und die Vertriebskosten von 29500 DM addieren.

$$\text{Selbstkosten für 100 Stück} = \frac{399\,450}{2000} = 199{,}73 \text{ DM}$$

Kuppelproduktion

Kuppelproduktion liegt vor, wenn aus einem Einsatzstoff ein Hauptprodukt und zwangsläufig ein oder mehrere Nebenprodukte entstehen. In der Stahlindustrie ist Erz Ausgangsprodukt für das Hauptprodukt Stahl bzw. Eisen. Schlacke und Teer sind Nebenprodukte.

Die Erlöse für die Nebenprodukte (bzw. Abfallstoffe) werden in der *Restwertrechnung* von den gesamten Produktionskosten abgezogen. Die verbleibenden Kosten werden auf das Hauptprodukt umgelegt.

Beispiel: Restwertrechnung

Beträgt das Produktionsvolumen im vorliegenden Falle 250000 Teile und fallen bei der Fertigung Abfälle an, die anderweitig für z. B. 35000 DM verkauft werden können, dann sind diese von den Herstellkosten abzuziehen. Die Herstellkosten für 100 Stück errechnen sich wie folgt:

Herstellkosten	326150 DM
– Verkaufserlöse für Abfallprodukt	35000 DM
Restwert	291150 DM

$$\text{Herstellkosten für 100 Stück} = \frac{291\,150}{2500} = 116{,}46 \text{ DM}$$

Summarische einstufige Divisionskalkulation

Der Sachverhalt der summarischen einstufigen Divisionskalkulation, wobei der ganze Betrieb als eine Leistungsstelle aufgefaßt wird, läßt sich in folgender Kurzformel darstellen:

$$k = \frac{K}{m}$$

k = Selbstkosten je Mengeneinheit (Leistungseinheit)
K = Gesamtkosten eines Zeitabschnitts
m = Herstellmenge des Zeitabschnitts

Die summarische einstufige Divisionskalkulation wird zur differenzierten einstufigen Divisionskalkulation, wenn die gesamten Selbstkosten in einzelne Kostenbereiche aufgeteilt werden. Dieses Verfahren hat den Vorteil, daß eine bessere Kontrolle der Stückkostenentwicklung ermöglicht wird. Eine Gliederung der Gesamtkosten des Betriebs in die Bereiche Material, Fertigung, Verwaltung und Vertrieb wird sich meist empfehlen.

Die Stückkosten (k_1) des Materialbereichs sind von den Kosten des Materialbereichs (K_1) und der hergestellten Menge (m) abhängig.

$$k_1 = \frac{K_1}{m}$$

Die Stückkosten k_2 des Fertigungsbereichs K_2, die Stückkosten k_3 des Verwaltungsbereichs K_3 und die Stückkosten k_4 des Vertriebsbereichs K_4 werden entsprechend ermittelt.

Herstellkosten bzw. Selbstkosten je Stück ergeben sich dann wie folgt:

Herstellkosten je Stück $= k_1 + k_2$

Selbstkosten je Stück $= k_1 + k_2 + k_3 + k_4$

Mehrstufige Divisionskalkulation

Bei der einfachen Divisionskalkulation stehen die im Betrieb angefallenen Kosten in direkter Beziehung zur Leistung. Das Kostenverursachungsprinzip wird voll berücksichtigt, da die Summe der Kosten einer Periode durch die Zahl der in dieser Periode gefertigten Kostenträger dividiert wird.

Dieser eindeutige Zusammenhang ist dann nicht mehr gewährleistet, wenn ein Massenerzeugnis mehrere Fertigungsstufen durchläuft und in den einzelnen Fertigungsstufen Zwischenlager an unfertigen Erzeugnissen gebildet werden. Erhöhen sich die Bestände an unfertigen Erzeugnissen, dann sind die Stückkosten zu hoch, wenn an der Division der Gesamtkosten durch die fertigen Erzeugnisse festgehalten wird. Die Stückkosten wären nach dieser Berechnungsmethode zu niedrig, wenn sich die Bestände an unfertigen Erzeugnissen im Zeitraum vermindert hätten.

In der mehrstufigen Divisionskalkulation (Stufendivisionskalkulation) wird jede Fertigungsstufe separat nach dem Divisionsverfahren abgerechnet. Der Wert der unfertigen Erzeugnisse wird von Stufe zu Stufe genau ermittelt.

$$\text{Herstellkosten der Fertigungsstufe 1 je Mengeneinheit} = \frac{\text{Herstellkosten 1}}{\text{hergestelle Menge der Stufe 1}}$$

$$\text{Herstellkosten der Fertigungsstufe 2 je Mengeneinheit} = \frac{\text{Herstellkosten der von der Stufe 1 übernommenen Menge} + \text{Herstellkosten 2}}{\text{hergestellte Menge der Stufe 2}}$$

Nur die jeweils benötigten Zwischenprodukte werden in der folgenden Stufe weiter verrechnet wie das folgende Beispiel zeigt.

Beispiel: Herstellkosten je Produktionsstufe

Ein Betrieb eines Chemieunternehmens stellt ein Produkt in drei hintereinander gelagerten Fertigungsstufen her. In einer Rechnungsperiode sind folgende Mengen erzeugt und Kosten angefallen:

	Menge	Kosten
Produktionsstufe I	7000 t	560 000 DM
Produktionsstufe II	4000 t	380 000 DM
Produktionsstufe III	2800 t	140 000 DM

a) Wie hoch sind die Herstellkosten je t nach jeder Produktionsstufe?

b) Wie hoch sind die (rechnerischen) Einnahmen des Betriebs, wenn die nicht zur Weiterverarbeitung in den Produktionsstufen II und III angefallenen Zwischenprodukte zu den jeweiligen Herstellkosten an andere Betriebe im Unternehmen verkauft werden?

zu a) Herstellkosten der Fertigungsstufe I je t $= \frac{560\,000}{7000} = 80$ DM

Herstellkosten einschließlich Fertigungsstufe II je t $= \frac{4000 \cdot 80 + 380\,000}{4000} =$ 175 DM

Herstellkosten einschließlich Fertigungsstufe III je t $= \frac{2800 \cdot 175 + 140\,000}{2800} =$ 225 DM

Sie können die Herstellkosten am Ende der Fertigungsstufe II und III auch dadurch ermitteln, daß Sie die Herstellkosten je t der jeweiligen Fertigungsstufe ermitteln und die Vorkosten je t einfach addieren.

zu b) Fertigungsstufe I: 3000 · 80	240 000 DM
Fertigungsstufe II: 1200 · 175	210 000 DM
Insgesamt	450 000 DM

Massenherstellung eines Produktes ist bevorzugt der Fall bei Elektrizitäts-, Wasser-, Gas-, Zement- und Gipswerken. Sie ist aber auch möglich bei kleineren Brauereien und Mühlen sowie in der Chemischen Industrie.

Siehe auch:
→ Differenzkalkulation
→ Einkaufskalkulation
→ Handelskalkulation
→ Industrielle Kalkulation
→ Vorkalkulation
→ Äquivalenzziffernkalkulation

Effektivzins

Die tatsächliche Verzinsung

Der Zinssatz wird als Nominalzins angegeben. Er enthält keine Gebühren oder sonst anfallende Kosten für den Kredit. Der effektive Jahreszins berücksichtigt alle wertbestimmenden Größen und ist damit ein objektiver Maßstab. Er hilft bei der Entscheidungsfindung, wenn unter mehreren Alternativen auszuwählen ist, z. B. bei Kreditangeboten, bei Wertpapiergeschäften oder den alternativen Liefererskonto oder Lieferantenkredit.

Kreditangebote

Seit mehreren Jahren hat die Effektivzinsangabe Eingang in das Kreditgeschäft gefunden. Der Kreditsuchende kann mit Hilfe des effektiven Jahreszinssatzes die Preiswürdigkeit einzelner Kreditangebote vergleichen.

Der effektive Jahreszinssatz berücksichtigt unter Zugrundelegung der gesamten Laufzeit des Kredits:

- den ausgezahlten Betrag
- die Tilgungsleistungen
- den nominalen Zinssatz
- die Vermittlungskosten
- andere anfallende Kosten, z. B. Bearbeitungsgebühren.

Einbezogen sind damit außer den laufenden Kosten vor allem Zinszahlungen, auch die einmalig anfallenden Kosten. Insbesondere wird das Disagio erfaßt, also der Unterschied zwischen dem offiziellen Kreditbetrag und dem darunterliegenden Ausgabekurs. Der Effektivzinssatz ist in der Regel höher als der Nominalzinssatz.

Praxis-Tip

Der effektive Jahreszinssatz erlaubt einen zuverlässigen Preisvergleich, da alle denkbaren Konditionsvarianten berücksichtigt werden. Voraussetzung ist allerdings, daß die Konditionen während der gesamten Laufzeit des Kredits fest sind.

Beispiel: Das kostet ein Kredit

Ein Gewerbetreibender muß für einen Kredit von 75000 DM, der zu 98 % ausgezahlt wird, 10 % Zins entrichten. Außerdem ist eine einmalige Gebühr von 250 DM zu entrichten. Wie hoch ist die Effektivverzinsung bei einer Laufzeit von 5 Jahren?

Rückzahlungsbetrag	75000 DM
– Auszahlungsbetrag	73500 DM
Differenz (= Damnum)	1500 DM
anteiliges Damnum (verteilt auf 5 Jahre)	300 DM
jährliche Zinsen	7500 DM
Gebühr, anteilig auf 1 Jahr	50 DM
Gesamtbelastung eines Jahres	7850 DM

$$Z = \frac{K \cdot p \cdot t}{100 \cdot 360}$$

$$p = \frac{Z \cdot 100 \cdot 360}{K \cdot t}$$

$$p = \frac{7850 \cdot 100 \cdot 360}{73500 \cdot 360}$$

K = Kapital
t = Zeit
Z = Zins
p = Zinssatz

$p = 10{,}68\ \%$

Der Effektivzinssatz liegt damit um 0,68 % über dem nominalen Zinssatz.

Lieferantenkredit oder Bankkredit?

Der Effektivzinssatz spielt auch eine wichtige Rolle bei der Inanspruchnahme von *Skonto*.

Der Skontoabzug empfiehlt sich für ein Unternehmen stets, wenn es über genügend flüssige Mittel verfügt. Die Ausnutzung von Skonto ist meist aber auch dann lohnend, wenn die Finanzierung über einen Kontokorrentkredit erfolgt. Der Skontoertrag muß natürlich die Kreditkosten (einschließlich Bearbeitungsgebühr bzw. Bankprovision) übersteigen.

Beispiel: Skontoausnutzung fremdfinanziert

Eine Firma hat eine Rechnung über 21000 DM zu begleichen. Die Zahlungsbedingungen lauten: 30 Tage Ziel, bei Barzahlung innerhalb von 10 Tagen 2 % Skonto.

Lohnt sich der Skontoabzug, wenn die Bank für den erforderlichen Kredit einen Zinssatz von 10 % berechnet?

Bei dem Vergleich Lieferantenkredit (keine Inanspruchnahme von Skonto) oder Bankkredit ist zunächst zu beachten, daß die ersten 10 Tage keine Kosten anfallen. Der kostenpflichtige Kreditzeitraum beträgt also 20 Tage.

Der einzuräumende Kreditbetrag ergibt sich aus dem Rechnungsbetrag abzüglich Skonto:

Rechnungsbetrag	21 000 DM
– Skonto 2 %	420 DM
zu zahlender Betrag	20 580 DM

Der zu zahlende Bankzins ist für 20 580 DM für 20 Tage zu 10 % zu entrichten:

$$Z = \frac{K \cdot t \cdot p}{100 \cdot 360}$$

$$Z = \frac{20\,580 \cdot 20 \cdot 10}{100 \cdot 360} \qquad Z = 114{,}33 \text{ DM}$$

Der Skontoabzug lohnt sich natürlich, auch wenn er über einen Bankkredit finanziert wird. 114,33 DM Kreditkosten stehen Skontoerträge in Höhe von 420 DM gegenüber.

Der Skontoabzug läßt sich in einem Jahreszinssatz ausdrücken:

$$p = \frac{Z \cdot 100 \cdot 360}{K \cdot t}$$

$$p = \frac{420 \cdot 100 \cdot 360}{20\,580 \cdot 20} \qquad p = 36{,}73\ \%$$

Rentabilität von Wertpapieren

Die tatsächliche Verzinsung hat auch große Bedeutung im Wertpapiergeschäft.

Die Zinsen der festverzinslichen Wertpapiere und die Dividenden der Aktien werden vom Nenn- oder Nominalwert berechnet. Die *Nominalverzinsung* bezieht sich auf den Nennwert und nicht den Kaufpreis der Effekten (→ **Aktienkauf und -verkauf** → **Festverzinsliche Wertpapiere**).

Die tatsächliche Verzinsung oder *Effektivverzinsung* ergibt sich erst dann, wenn die jährlichen Zinsen oder Dividenden in Relation zum Anschaffungswert gesetzt werden (→ **Aktienrendite**).

Der Kapitalanleger kann mit Hilfe der Effektivverzinsung auch die Erträge von Aktien, Anleihen und Investmentzertifikaten miteinander vergleichen. Die Dividenden der Aktien (DM je Stück oder % vom Nennwert), die Zinsen von festverzinslichen Wertpapieren (angegeben in % vom Nennwert) und die Ausschüttungen von Investmentzertifikaten (DM je Anteil) werden auf den Kurswert bezogen.

Beispiel: Errechnen der Effektivverzinsung

Wie hoch ist die Effektivverzinsung

$$\text{Effektivverzinsung} = \frac{\text{Jahresertrag} \cdot 100}{\text{Kurswert}}$$

a) bei einer Aktie zu 1000 DM Nennwert, 12 % Dividende und einem Kurswert von 4000 DM

b) einem Börsenkurs einer Aktie (Nennwert 50 DM) von 140 DM/Stück und einer wahrscheinlichen Dividende von 6 DM je Aktie

c) bei einer 6 % Anleihe zu einem Kurs von 82 %

d) einer 8 % Anleihe und einem Börsenkurs von 120 %?

zu a) $\text{Effektivverzinsung} = \frac{120 \cdot 100}{4000} = 3\ \%$

zu b) $\text{Effektivverzinsung} = \frac{6 \cdot 100}{140} = 4{,}29\ \%$

zu c) $\text{Effektivverzinsung} = \frac{6 \cdot 100}{82} = 7{,}32\ \%$

zu d) $\text{Effektivverzinsung} = \frac{8 \cdot 100}{120} = 6\tfrac{2}{3}\ \%$

Praxis-Tip

Die Effektivverzinsung liegt unter der nominellen Verzinsung, wenn der Börsenkurs über 100 % beträgt (Fälle a, b und d). Entsprechend liegt sie höher bei einem Börsenkurs unter 100 % (Fall c).

Siehe auch:
→ Zinsrechnung

Einkaufskalkulation

Was kostet Ihr Einkauf?

Mit Hilfe der Einkaufskalkulation wird der Preis der eingekauften Waren berechnet. Sie müssen vom Rechnungs- bzw. Listenpreis ausgehen und Liefererrabatt und -skonto abziehen. Manchmal fallen auch Einkaufskosten an, z. B. Provisionen für einen Einkaufskommissionär, sie müssen addiert werden. Bezugskosten wie Fracht und Rollgeld sind ebenfalls hinzuzurechnen. Sie erhalten dann den Einstands- oder Bezugspreis.

So rechnen Sie richtig:

80 Kisten, brutto 1480 kg, werden zu einem Einkaufspreis von 120 DM für 100 kg bezogen. Die Tara für eine Kiste beträgt 1 kg. Wie hoch ist der Einstandspreis für 1 kg, wenn 5 % Rabatt, 2 % Skonto und 180 DM an Transportkosten anfallen?

Einkaufskalkulationsschema	
Einkaufspreis für 80 Kisten (1480 kg) 14,8 · 120	1776,00 DM
– Tara 80 kg	
Einkaufspreis für 1400 kg	1776,00 DM
– *Liefererrabatt 5 %*	88,80 DM
Zieleinkaufspreis	1687,20 DM
– *Liefererskonto 2 %*	33,74 DM
+ *Einkaufskosten*	0,00 DM
Bareinkaufspreis	1653,46 DM
+ *Transportkosten*	180,00 DM
Einstandspreis für 1400 kg	1833,46 DM
Einstandspreis für 1 kg (1833,46 : 1400)	1,31 DM

Die Verteilung der *Bezugskosten* bei Warensendungen mit unterschiedlichen Warenposten erfordert eine gesonderte Abrechnung.

Beispiel: Verteilung von Bezugskosten

Eine Münchner Firma bezieht eine Warensendung:
Ware I 450 kg zu einem Einkaufspreis von 15,00 DM je kg
Ware II 650 kg zu einem Einkaufspreis von 6,20 DM je kg
Die Mengenspesen der Sendung belaufen sich auf 380 DM und die Wertspesen auf 200 DM.

Wie hoch ist der Einstandspreis für 1 kg von Ware I und Ware II, wenn
a) die Mengenspesen nach dem Gewicht
b) die Wertspesen nach der Höhe der Rechnungsbeträge verteilt werden?

zu a) Mengenspesen

Ware I	450 kg
Ware II	650 kg
insgesamt	1100 kg
Mengenspesen für 1100 kg	380,00 DM
Mengenspesen für 1 kg (380 : 1100)	0,35 DM

zu b) Wertspesen

Ware I 450 kg · 15 DM/kg =	6 750 DM
Ware II 650 kg · 6,20 DM/kg =	4 030 DM
Rechnungsbeträge	10 780 DM
Wertspesen für den Rechnungsbetrag von 10 780 DM	200,00 DM
Anteil für 1 DM Rechnungsbetrag (200 : 10 780)	0,01855 DM

Ware 1

Mengenspesen (1 kg)		0,35 DM
Wertspesen (1 kg)	15 · 0,01855	0,28 DM
gesamte Transportkosten für 1 kg		0,63 DM
Einstandspreis für 1 kg: 15 DM + 0,63 DM =		15,63 DM

Ware II

Mengenspesen (1 kg)		0,35 DM
Wertspesen (1 kg)	6,20 · 0,01855	0,12 DM
gesamte Transportkosten für 1 kg		0,47 DM
Einstandspreis für 1 kg: 6,20 DM + 0,47 DM =		6,67 DM

Eine Verteilung der gesamten Bezugskosten nur nach dem Gewicht belastet relativ schwere Waren zu stark, im Beispiel wäre es Ware II. Erfolgt die Umlage nur nach dem Wert, wird die relativ teure Ware zu hoch kalkuliert, im Beispiel wäre es Ware I.

Praxis-Tip

Wenn Sie ganz genau rechnen wollen, dann müssen Sie die Mengenspesen, also die Transportkosten, nach dem Kriterium Gewicht auf die verschiedenen Waren umlegen. Die Wertspesen, z. B. Versicherungsgebühren, sollen nach der Höhe der Rechnungsbeträge auf die unterschiedlichen Waren verteilt werden.

Siehe auch:
→ Differenzkalkulation
→ Divisionskalkulation
→ Handelskalkulation
→ Industrielle Kalkulation
→ Vorkalkulation

Englische und amerikanische Maße

Umrechnen fremder Maß- und Gewichtseinheiten

Englische und amerikanische Längenmaße

Die Maß- und Gewichtssysteme Großbritanniens und der USA sind nicht nach dem Dezimalsystem aufgebaut. Großbritannien und die USA haben yards als Längenmaße.

Englische und amerikanische Längenmaße

1 yard (yd)	=	3 feet (ft)			
1 foot (ft)	=	12 inches (in)			
1 yard	=	36 inches	12 yards	≈	11 m
1 yard	=	91,44 cm			
1 inch	=	2,54 cm			

1 engl. mile	=	1760 yards	=	1609,34 m
1 US-mile	=	1,056 engl. miles	=	1699 m

Bei der Addition englischer Längenmaße und Gewichte wird einzeln aufaddiert und gegebenenfalls in die nächsthöhere Einheit umgewandelt. Entsprechend müßten Sie verfahren, wenn Sie die Gesamtlänge von drei Ballen Stoff aus England ermitteln wollten: yds 20.4.9, yds 49.2.7 und yds 60. – 2.

Gesamtlänge

yds	20.	4.	9	
yds	49.	2.	7	
yds	60.	–	2	
yds	129.	6.	18	← umwandeln in feet
yds	129.	7.	6	
		↑		umwandeln in yards
yds	131.	1.	6	

Die Gesamtlänge beträgt yds 131. 1. 6.

Wenn Sie englische Längenmaße in m umrechnen wollen, müssen Sie zuerst inches und feet in Dezimalzahlen von yards angeben.

Beispiel: yards in Meter umrechnen

Wieviel m sind yds 16.2.9?

- Umwandlung von 16.2.9 in yd-Dezimalen
  9 inches = 9 : 12 = 0,75 feet
  2,75 feet = 2,75 : 3 = 0,9167 yds
  16.2.9 = 16,9167
- Umrechnung in m
  16,9167 · 0,9144 = 15,47 m

Englische und amerikanische Gewichte

Englische Gewichte

1 ton (t)	=	20 hundredweights (cwts)	=	1016 kg
1 hundredweight	=	4 quaters (qrs)	=	50,8 kg
1 quater	=	28 pounds (lbs)	=	12,7 kg
1 pound	=	16 ounces (ozs)	=	0,454 kg bzw. 453,6 g
1 ounce	=	16 drams	=	28,35 g
	=	1 dram	=	2,36 g

Amerikanische Gewichte

1 ton (t)	=	20 centals (ctls)	=	907,18 kg
1 ctl	=	4 quarters (qrs)	=	45,359 kg
1 qr	=	25 pounds (lbs)	=	11,340 kg
1 lb	=	16 ounces	=	0,454 kg
1 oz	=	16 drams	=	28,35 g

1 central (ctl)	=	100 pounds (lbs)
1 ton (t)	=	2000 pounds

Die Flächenmaße sowie die Körper- und Hohlmaße weichen in Großbritannien und in den USA ebenfalls von unseren metrischen Maßen ab.

Festverzinsliche Wertpapiere

Eine Geldanlage mit wenig Risiko

Rentenwerte oder festverzinsliche Wertpapiere lauten über eine Geldschuld und bieten einen festen Ertrag. Die Tilgung oder Einlösung erfolgt oft zu genau festgelegten Zeitpunkten. Die meisten festverzinslichen börsennotierten Wertpapiere werden aber nicht an einem bestimmten Tag in einem Betrag zurückgezahlt, sondern in jährlichen Raten, wobei das Los entscheidet, welche Stücke zuerst ausgezahlt werden.

Zu den börsennotierten festverzinslichen Wertpapieren (Gläubigerpapiere), die Sie von einem Tag auf den anderen verkaufen können, zählen:

- *Anleihen* sind festverzinsliche, langfristige Schuldverschreibungen von Bund, Ländern, Gemeinden, Bundesbahn, Bundespost sowie von privaten Unternehmen.
- Die Anleihen von privaten Gesellschaften, insbesondere *Industrieobligationen*, werden durch die Verpfändung von Boden und Gebäuden oder Sicherungsübereignungen von langfristigen Wirtschaftsgütern abgesichert.
- *Pfandbriefe* werden von Realkreditinstituten, d. h. von privaten Hypothekenbanken und öffentlich-rechtlichen Grundkreditanstalten, ausgegeben. Die Realkreditinstitute finanzieren über die Ausgabe von Inhaberschuldverschreibungen die von ihnen gewährten grundbuchlich gesicherten Hypothekenkredite. Die ausgegebenen Pfandbriefe sind damit durch erstrangige Hypotheken abgesichert. Kommunaldarlehen sind durch die Leistungs- und Steuerkraft der jeweiligen öffentlichen Körperschaft gesichert.
- *Schiffspfandbriefe* sind Schuldverschreibungen, die von Schiffsbanken zur Finanzierung des Schiffsbaues ausgegeben werden.

Festverzinsliche Wertpapiere sind Urkunden über Vermögenswerte. Sie sind wie die Dividendenpapiere vertretbare Kapitalwertpapiere und damit Wertpapiere im engeren Sinne, die man als Effekten bezeichnet.

Effekten bestehen aus folgenden Bestandteilen:

- dem *Mantel* (Urkunde)
- dem *Zinsscheinbogen* bei Gläubigerpapieren bzw. dem *Dividendenschein* bei Teilhaberpapieren, wobei bei Fälligkeit der Zinsen oder der Dividende ein Abschnitt (Coupon) „abgetrennt" wird
- dem *Erneuerungsschein* (Talon), der zum Bezug eines neuen Bogens berechtigt.

Nr. 19 Festverzinsliche Wertpapiere

Die Verwahrung und Verwaltung der Effekten erfolgt durch die Banken. Sie werden nicht selbst durch diese Arbeiten belastet.

Festverzinsliche Wertpapiere lauten auf einen *Nominalwert*, einem auf dem Wertpapier aufgedruckten DM-Betrag, in der Regel 100 DM, 1000 DM oder 10 000 DM.

Der *Preis (Kurs)* einer Anleihe wird an der Börse von Angebot und Nachfrage bestimmt und auf den jeweiligen Nennwert bezogen. Immer dann, wenn die Anleihe über oder unter 100 notiert, hat das Papier einen anderen als den aufgedruckten Wert. Auch die Zinsrendite ist dann nicht identisch mit dem Nominalzinssatz des Wertpapiers.

Die Kursentwicklung der festverzinslichen Wertpapiere weist aber viel geringere Schwankungen als die der Aktien auf. Die Notenbankpolitik und die allgemeine Zinsentwicklung haben Rückwirkungen auf die Kurse der börsennotierten festverzinslichen Wertpapiere. Die Kurse fallen, wenn das allgemeine Zinsniveau ansteigt. Entsprechend führt ein Zinsrückgang zu einem Kursanstieg.

Der Kauf und Verkauf der festverzinslichen Wertpapiere erfolgt über die Banken und Sparkassen, da sie den Zugang zur Börse haben. Die Kreditinstitute berechnen für ihre Tätigkeit als Kommissionär *Provision.*

Courtage (Maklergebühr) ist für den Börsenmakler zu bezahlen. Sie ist vom Käufer und Verkäufer zu entrichten.

Spesensätze für An- und Verkauf

	Courtage (Maklergebühr)	Provision (Bankgebühr)
Öffentliche Anleihen Pfandbriefe Industrie obligationen	0,75 ‰ vom Nennwert	0,5 % vom Kurswert (bei Papieren unter 100 % vom Nennwert) Bei Kleinaufträgen fallen Mindestgebühren von 3 bis 5 DM, je nach Bankinstitut, an.

- Die Maklergebühr wird auf volle 5 Pfennige auf- oder abgerundet.
- Provisionen werden genau gerechnet.

Die Berechnung der verschiedenen Spesensätze soll an je einer Aufgabe zum Kauf und Verkauf von börsennotierten festverzinslichen Wertpapieren dargestellt werden. Sie müssen darauf achten, ob der *Zinsscheinbogen* mitgegeben wird und dies bei der Berechnung immer berücksichtigen.

Beispiel: Kauf von festverzinslichen Wertpapieren

Kauf von 10000,– DM 8%igen Bundesbahnanleihen von 1992
Zinstermine April/Oktober
zu 103,65 % am 15. 3.
Zinsscheinbogen wird mitgegeben

An Kosten fallen an:
0,75 ‰ Courtage
0,5 % Provision

8 % Bundesbahn-Anleihen 1992 April/Oktober

zu 103,65 % am 15. 3.				10365,00 DM
+ Stückzinsen / 8 % von 10000,– DM für 165 Tage				366,67 DM
+ 0,75 ‰	von 10000,– DM	Courtage	7,50 DM	
+ 0,5 %	von 10365,– DM		51,83 DM	59,33 DM
= Bankbelastung				10791,00 DM

Zinstermin April/Oktober bedeutet
30. 9. bis 15. 3. 165 Tage
180 Tage

Okt.	Nov.	Dez.	Jan.	Febr.	März	15. 3. / 30. 3.
Verkäuferanspruch						Käuferanspruch
165 Tage						15 Tage

Im vorliegenden Fall hat der Käufer der Bundesbahnanleihe den Zinsscheinbogen über die Monate Oktober bis einschließlich März, also für 180 Tage, mitgeliefert bekommen. Da der Verkauf am 15. März stattfand, hat der Käufer einen Anspruch für 15 Tage und der Verkäufer für 165 Tage. Der Käufer muß deshalb dem Verkäufer Stückzinsen für 165 Tage mit 8 % aus dem Betrag von 10000 DM entrichten.

Bleibt der Zinsscheinbogen beim Verkäufer, muß er im o. g. Beispiel dem Käufer für 15 Tage Stückzinsen ersetzen! Die Belastung für Stückzinsen entfällt nicht nur, der Kaufpreis vermindert sich dann um die Stückzinsen von 15 Tagen. Allerdings, Sie haben es bereits bemerkt, entfallen für den Käufer hier die 400 DM bei der Einlösung des Zinsscheinbogens.

Beispiel: Verkauf von festverzinslichen Wertpapieren

Verkauf von 10 000 DM 8% Anleihe der Bundesbahn von 1992.
Zinstermine April/Oktober, zu 99,5% am 30.6. Zinsscheinbogen wird mitgeliefert.

8 % Bundesbahn-Anleihe 1992 A / O, zu 99,5 %		9 950,00 DM
+ Stückzinsen (8 % von 10 000 DM für 90 Tage)		200,00 DM
./. Kosten 0,75 ‰ von 10 000 DM	7,50 DM	
0,5 % von 10 000 DM	50,00 DM	57,50 DM
= Gutschrift der Bank		10 092,50 DM

Der Käufer bekommt am 1. 10. die Zinsen für das Halbjahr vom 1. 4. bis zum 30. 9.

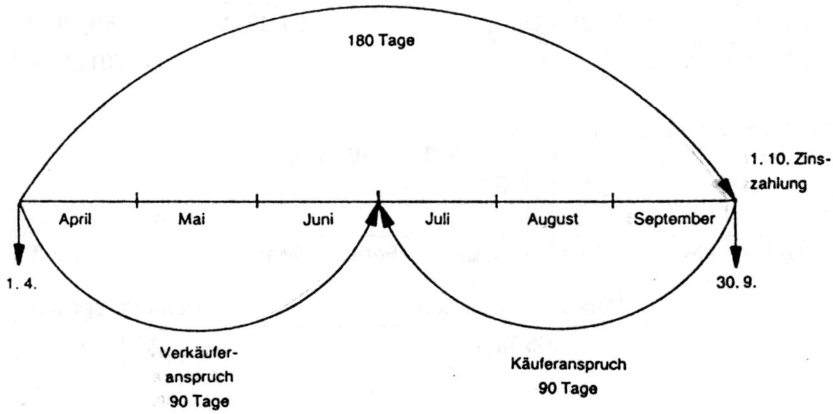

Der Käufer hat den Zinsschein beim Kauf erhalten. Er muß dem Verkäufer die Zinsen vom 1. 4. bis zum 30. 6. ersetzen.

Siehe auch:
→ Aktienkauf und -verkauf → Aktienrendite

Guthabenkonten

Errechnen Sie die Verzinsung Ihres Guthabens selbst

Hat der Kunde eines Kreditinstituts während der gesamten Abrechnungsperiode ein Guthaben, werden ihm beim Abschluß nur Habenzinsen und gegebenenfalls Umsatzprovision sowie Auslagen berechnet.

Einlagen oder *Guthaben* von Kunden bei Banken entstehen durch Bareinzahlungen oder Gutschriften von anderen Konten. Man unterscheidet:

- *Sichteinlagen* = Guthaben auf einem Bankkonto, über das der Kontoinhaber jederzeit verfügen kann.
- *Termineinlagen* = Geld, das einem Kreditinstitut für eine bestimmte Zeit zur Verfügung gestellt wird. Bank und Kunde vereinbaren bei den *Festgeldern* für eine bestimmte Laufzeit einen festen Zinssatz. *Kündigungsgelder* sind Einlagen mit einer vereinbarten Kündigungsfrist. Sie sind zunächst unbefristet, danach nehmen sie Festgeldcharakter an.
- *Spareinlagen* = Guthaben auf einem Sparkonto, zur Ansammlung und Anlage von Vermögen. 2000 DM können bei Spareinlagen mit gesetzlicher Kündigungsfrist ohne Kündigung innerhalb von 30 Zinstagen abgehoben werden. Die Höhe der Verzinsung hängt von der Art der Spareinlage und dem gegenwärtigen Zinsniveau ab.

Beim Guthabenkonto bleibt der Kunde des Kreditinstituts stets Gläubiger. Nur Habenzinsen sind zu berechnen.

So rechnen Sie richtig:

Das folgende Konto ist zum 30. 6. abzuschließen:

Soll			Haben		
Geschäftsvorgang	Valuta	Betrag	Geschäftsvorgang	Valuta	Betrag
Überweisung	15. 1	2000	Saldovortrag	31. 12.	4000
Scheck	20. 2.	200	Überweisung	20. 1.	500
Überweisung	20. 5.	1500	Einzahlung	10. 4.	1200

Die Bank berechnet 2% Habenzinsen, Umsatzprovision ⅙% von der größeren Seite, Spesen 7 DM.

① Beträge sind in der Zinsstaffel nach der Wertstellung (= Verfall) und nicht nach dem Buchungsdatum zu erfassen. Nach jeder Kontobewegung ist zu saldieren. Jeder Umsatz und jeder Saldo ist mit dem richtigen Vorzeichen zu versehen (Soll oder Haben).

② Tage sind von Saldo zu Saldo zu berechnen (Addition der Tage muß 180 ergeben, denn 31. 12. bis 30. 6. sind 180 Tage).

③ Zinszahlen sind zu berechnen und in die Soll- bzw. Habenspalte einzutragen.

④ Berechnung der Zinsen

$$\text{Zinsen} = \frac{\text{Zinszahlen}}{\text{Zinsdivisor}} = \frac{4800}{180} = 26{,}67$$

⑤ Umsatzprovision von der größeren Seite

Haben-Umsätze	Soll-Umsätze
500 DM	2000 DM
1200 DM	200 DM
	1500 DM
1700 DM	3700 DM

⅙% von 3700 DM ergibt 6,17 DM.

⑥ Das Guthaben ist mit Spesen und Umsatzprovision zu belasten.

Jede Einzahlung wird auf einem *Sparkonto* vom Tag der Wertstellung bis zum Jahresende (31. 12.) verzinst. Erfolgen Abhebungen, dann werden hierfür vom Tag der Wertstellung bis zum Jahresende in der Zinsstaffel Zinsen abgezogen. Zinssatzänderungen im Laufe eines Jahres werden ebenfalls über Korrekturen berücksichtigt.

Zinsstaffel:

Wert	S/H	Betrag ①	Tage ②	Zinszahlen ③	
				Soll	Haben
31. 12.	H	4000,00 DM	15		600
15. 1.	S	2000,00 DM			
	H	2000,00 DM	5		100
20. 1.	H	500,00 DM			
	H	2500,00 DM	30		750
20. 2.	S	200,00 DM			
	H	2300,00 DM	50		1150
10. 4.	H	1200,00 DM			
	H	3500,00 DM	40		1400
20. 5.	S	1500,00 DM			
30. 6.	H	2000,00 DM	40		800
			180		4800
	H	26,67 DM	Habenzinsen 2% aus Zinszahlen 4800 ④		
	H	2026,67 DM			
	S	./. 6,17 DM	Umsatzprovision ⑤⑥		
	H	2020,50 DM			
	S	./. 7,00 DM	Spesen ⑥		
	H	2013,50 DM			

Schuldkonten werden analog wie Guthabenkonten abgerechnet. Reine Schuldkonten, insbesondere Darlehenskonten, weisen während der gesamten Abrechnungsperiode nur Sollzahlen auf. Außer Sollzinsen sind gegebenenfalls Überziehungs-, Umsatz- und Kreditprovision zu berücksichtigen. Der Bankkunde erhält beim Kontokorrentkonto eine bestimmte Kreditlinie eingeräumt (→ **Kontokorrentrechnung**).

Beim Schuldkonto bleibt der Kunde des Kreditinstituts stets Schuldner. Nur Sollzinsen sind zu berechnen.

So rechnen Sie richtig:

① Beträge sind in der Zinsstaffel nach der Wertstellung zu erfassen.

② Tage sind von Saldo zu Saldo zu berechnen. (Kontrolle: Addieren der Tage muß bei einem Quartalsabschluß 90 Tage ergeben).

③ Errechnen der Sollzinszahlen

④ $\text{Zinsen} = \frac{\text{Summe der Zinszahlen}}{\text{Zinsdivisor}}$

⑤ Umsatzprovision ist meistens von der größeren Seite zu berechnen.

⑥ Die Kreditprovision oder Bereitstellungsprovision ist zu entrichten, wenn ein bereitgestellter (zugesagter) Kredit nicht oder nicht in vollem Umfang in Anspruch genommen wird.

Die Kreditprovision wird errechnet, indem von den Zinszahlen für den zugesagten Kredit die Zinszahlen für den beanspruchten Kredit abgezogen werden.

Beispiel:
Die Zinszahlen für einen zugesagten Kredit von 30000 DM

für 90 Tage sind: 300 · 90	27000
Zinszahlen für den beanspruchten Kredit	17119
Differenz	9881

Die Differenz von 9881 Zinszahlen ergibt sich also aus den Zinszahlen für den zugesagten Kredit abzüglich den Zinszahlen des tatsächlich beanspruchten Kredits.

Wäre eine Kreditprovision von 3% zu entrichten, dann wären die Zinszahlen von 9881 durch den Zinsdivisior von 3% (= 120) zu dividieren.

3% von 9881 = 9881 : 120 = 82,34 DM.

⑦ Zum Debetsaldo sind Sollzinsen, Umsatzprovision, Kreditprovision und Spesen zu addieren.

Handelskalkulation

So kalkuliert der Kaufmann

Der Kaufmann muß Bezugs- sowie Verkaufspreis kalkulieren. Die Handelskalkulation bietet ihm dafür zwei Instrumente. Mit der → Einkaufskalkulation kann er ermitteln, was ihn die Ware kostet, bis sie am Lager ist. Vom Einstandspreis ausgehend, ermittelt der Kaufmann die Selbstkosten durch Zurechnen der Handlungskosten. Den Verkaufspreis erhält er durch Berücksichtigung von Gewinnzuschlag, Kundenskonto und Kundenrabatt (Verkaufskalkulation).

So rechnen Sie richtig:

Kalkulationsschema im Handel

Einkaufspreis	... DM	Einkaufskalkulation
– Lieferrabatt v. H.	... DM	
Zieleinkaufspreis	... DM	
– Liefererskonto v. H.	... DM	
+ Einkaufskosten	... DM	
Bareinkaufspreis	... DM	
+ Bezugskosten	... DM	
Einstandspreis (Bezugspreis)	... DM	Verkaufskalkulation
+ Handlungskostenzuschlag (HKZ) v. H.	... DM	
Selbstkosten	... DM	
+ Gewinnzuschlag v. H.	... DM	
Barverkaufspreis	... DM	
+ Kundenskonto i. H.	... DM	
Zielverkaufspreis	... DM	
+ Kundenrabatt i. H.	... DM	
Verkaufspreis	... DM	

Handlungskosten

Sie erhalten durch die anteilige Zurechnung der Handlungskosten zum Einstandspreis die Selbstkosten der jeweiligen Ware. Allgemeine Handlungskosten, auch Betriebs- oder Geschäftskosten genannt, entstehen bei der Lagerung und dem Verkauf der Waren sowie in der Verwaltung.

Nr. 21 Handelskalkulation

Beispiele für Handlungskosten sind:

Personalkosten, Raumkosten, Steuern und Abgaben, Versicherungen, Finanzkosten, Werbe- und Reisekosten, Provisionen, Transport- und Verpackungskosten, Kosten des Fuhrparks sowie Abschreibungen.

Handlungskosten sind *Gemeinkosten*, da sie von allen oder mehreren Waren gemeinsam verursacht werden. Sie sind nicht unmittelbar für eine bestimmte Ware entstanden und können deshalb nicht wie die Einzelkosten, z. B. die Bezugskosten, einer bestimmten Ware direkt zugerechnet werden.

Jede Ware muß aber einen entsprechenden Anteil der Handlungskosten tragen. Bei der Kalkulation der einzelnen Waren werden die Handlungskosten mit Hilfe des Handlungskostenzuschlags auf den Einstandspreis der einzelnen Waren verrechnet.

Der Warenumsatz zu Einstandspreisen ist Grundlage für die Ermittlung des Zuschlags der allgemeinen Handlungskosten. Unter *Wareneinsatz* versteht man den Umsatz zu Einstandspreisen, unter Absatz den Umsatz zu Verkaufspreisen.

Sie können die Zusammenhänge zwischen Wareneinsatz und Absatz deutlich im folgenden Beispiel sehen.

Beispiel: Ermitteln des Handlungskostenzuschlags

Wareneinkauf

Anfangsbestand	100 000	Wareneinsatz	450 000
Zugänge	395 000	Endbest.	50 000
Bezugsk.	5 000		
	500 000		500 000

Warenverkauf

Wareneinsatz	450 000	Absatz	600 000
Rohgewinn	150 000		
	600 000		600 000

Die Summe der Handlungskosten setzt man zu dem Wareneinsatz des gleichen Zeitabschnitts ins Verhältnis und erhält einen Prozentsatz, den *Handlungskostenzuschlag (HKZ)*.

$$\text{Handlungskostenzuschlag} = \frac{\text{Handlungskosten} \cdot 100}{\text{Einstandspreis der verkauften Waren}}$$

Betragen die Handlungskosten 90 000 DM, dann ergibt sich unter Berücksichtigung des Wareneinsatzes von 450 000 DM ein Handlungskostenzuschlag von 20 %.

$$\text{Handlungskostenzuschlag (HKZ)} = \frac{90\,000 \cdot 100}{450\,000} = 20\ \%$$

Von den Selbstkosten zum Barverkaufspreis

Praxis-Tip

Der Gewinn ist der Reinverdienst des Kaufmanns. Der durchschnittlich kalkulierte Jahresgewinn sollte mindestens folgende Werte umfassen:

- Kapitalverzinsung (für das im Geschäft arbeitende Eigenkapital)
- Unternehmerlohn (Arbeitsleistung des Geschäftsinhabers)
- Wagniszuschlag (Risikoprämie)

Zu den Selbstkosten müssen Sie einen Gewinnzuschlag rechnen, um Ihren Verkaufspreis zu kalkulieren.
Doch Vorsicht: Mit dieser Form der Zuschlagskalkulation können Sie keine betriebswirtschaftlichen Entscheidungen treffen! Sie können z. B. nicht ermitteln, welche Artikel aus Ihrem Verkaufssortiment tatsächlich Gewinne oder Verluste verursachen. Das geht nur über eine Teilkostenrechnung (→ **Deckungsbeitragsrechnung**).

Beispiel: Kalkulieren des Gewinns

Herr S. besitzt ein Geschäft. Das Eigenkapital beträgt 200 000 DM und die Selbstkosten 892 000 DM. Herr S. schätzt den Wert seiner jährlichen Arbeitsleistung auf 70 000 DM. Wie hoch ist der betriebsnotwendige Gewinn und der Gewinnzuschlag, wenn der Sollumsatz der Forderungen 1 400 000 DM, die Kapitalverzinsung 6% und die Risikoprämie 1% des Sollumsatzes der Forderungen beträgt?

Kapitalverzinsung	2000 · 6	12 000 DM
Risikoprämie	1% von 1 400 000 DM	14 000 DM
Unternehmerlohn		70 000 DM
Betriebsnotwendiger Gewinn		96 000 DM

Werden die 96 000 DM betriebsnotwendiger Gewinn ins Verhältnis zu den Selbstkosten der verkauften Waren von 892 000 DM gesetzt, dann ergibt sich ein Gewinnzuschlag von 10,76%.

$$\text{Gewinnzuschlag} = \frac{\text{Gewinn} \cdot 100}{\text{Selbstkosten der verkauften Waren}}$$

$$\text{Gewinnzuschlag} = \frac{96\,000 \cdot 100}{892\,000} = 10{,}76\%$$

Vom Bar- zum Zielverkaufspreis

Der Kundenskonto wird dem Kunden vom Zielverkaufspreis aus gewährt. Sie müssen in der Kalkulation Skonto im Hundert vom Barverkaufspreis errechnen.

Beispiel:

Barverkaufspreis = 882 DM Zielverkaufspreis = 900 DM
davon 2 % Skonto = 18 DM

Barverkaufspreis 882 DM (98 %) + Skonto 18 DM (2 %) = Zielverkaufspreis 900 DM (100 %)

Vom Zielverkaufspreis zum Verkaufspreis

Der Kundenrabatt wird als Prozentsatz des Verkaufspreises errechnet, also eine im Hundertrechnung vom Zielverkaufspreis aus.

Der Bruttoverkaufspreis enthält die Mehrwertsteuer

Die Mehrwertsteuer ist bei jedem gewerblichen Umsatzakt fällig. Das Unternehmen kann aber von der angefallenen Umsatzsteuer die von seinen Lieferanten berechnete Steuer (Vorsteuer) abziehen und muß nur den Saldo als Zahllast an das Finanzamt abführen. Da die Mehrwertsteuer grundsätzlich ein *durchlaufender Posten* ist, wird sie in der Kalkulation nicht berücksichtigt. Die Konten Vorsteuer und Umsatzsteuer sind Aktiv- und Passivkonten und keine Erfolgskonten. Der Begriff Verkaufspreis wird deshalb ohne Zusatz in der Regel als Nettoverkaufspreis (ohne Umsatzsteuer) verstanden.

Der *Einzelhandel* stellt eine Ausnahme dar, da er, anders als der Großhandel und die Industrie, gewöhnlich an den Endverbraucher liefert. Der private Haushalt hat keine Möglichkeit zum Vorsteuerabzug, er muß die volle Steuerlast tragen. Der Ladenpreis im Einzelhandel ist ein Bruttoverkaufspreis, enthält also Umsatzsteuer von 15% bzw. 7%. Die Umsatzsteuer wird folglich in der Verkaufskalkulation des Einzelhandels mit angesetzt. Kalkulationszuschlag, Handelsspanne und Kalkulationsfaktor beinhalten im Einzelhandel die Umsatzsteuer.

Nur ein Zuschlagssatz

Eine Vereinfachung der Kalkulation ist dadurch möglich, daß die diversen Zuschlagssätze zu *einem einzigen Zuschlagssatz* zusammengefaßt werden. Die Sätze für Handlungskosten, Gewinn und Verkaufszuschläge bleiben auch meistens für einen längeren Zeitraum für alle Waren (oder doch einzelne Warengruppen) gleich. Gerade im Einzelhandel, wo viele Warenarten kalkuliert werden müssen, wird die vereinfachte Kalkulation angewendet.

<table>
<tr><td>Einstandspreis</td><td>Handlungskosten</td><td>Gewinn</td><td>Verkaufszuschläge</td><td rowspan="2">= Verkaufspreis</td></tr>
<tr><td>Einstandspreis</td><td colspan="3">Rohgewinn</td></tr>
</table>

Der Unterschied zwischen Einstandspreis (Bezugspreis) und Verkaufspreis ist der Rohgewinn. Der Rohgewinn, in % vom Einstandspreis ausgedrückt, heißt *Kalkulationszuschlag* oder Kalkulationssatz und ist ein Gesamtzuschlag für Handlungskosten, Gewinn und Erlösschmälerungen.

$$\text{Kalkulationszuschlag} = \frac{(\text{Verkaufspreis} - \text{Einstandspreis}) \cdot 100}{\text{Einstandspreis}}$$

Beispiel: **Berechnung von Verkaufspreis und Kalkulationszuschlag**

Kalkulation des Verkaufspreises

	Einstandspreis	384,00 DM
+	HKZ 16⅔ %	64,00 DM
	Selbstkosten	448,00 DM
+	Gewinnzuschlag 5 %	22,40 DM
	Barverkaufspreis	470,40 DM
+	Kundenskonto 2 %	9,60 DM
	Zielverkaufspreis	480,00 DM
+	Kundenrabatt 20 %	120,00 DM
	Verkaufspreis	600,00 DM

	Verkaufspreis	600,00 DM
–	Einstandspreis	384,00 DM
	Differenz (Rohgewinn)	216,00 DM

$$\text{Kalkulationszuschlag} = \frac{216 \cdot 100}{384} = 56{,}25\ \%$$

Handelsspanne

Der Rohgewinn, in % des Verkaufspreises ausgedrückt, heißt *Handelsspanne (HSp)*. Die Handelsspanne ist also der Unterschied zwischen Verkaufspreis und Einstandspreis, bezogen auf 100 DM des Verkaufspreises.

Die Formeln von Kalkulationszuschlag und Handelsspanne sind im Zähler des Bruches identisch. Beim Kalkulationszuschlag steht im Nenner der Einstandspreis und bei der Handelsspanne der Verkaufspreis. Der Prozentsatz der Handelsspanne ist damit stets kleiner als der des Kalkulationszuschlags.

$$\text{Handelsspanne} = \frac{(\text{Verkaufspreis} - \text{Einstandspreis}) \cdot 100}{\text{Verkaufspreis}}$$

Nr. 21 Handelskalkulation

Wenn in der vorhergehenden Aufgabe der Einstandspreis 384 DM betrug und der Verkaufspreis 600 DM, dann errechnet sich die Handelsspanne von 36 % wie folgt:

$$\text{Handelsspanne} = \frac{(600 - 384) \cdot 100}{600} = 36\ \%$$

Kalkulationsfaktor

Die Handelsbetriebe rechnen vielfach an Stelle des Kalkulationszuschlags mit dem Kalkulationsfaktor. Die Verwendung des Kalkulationsfaktors bedeutet eine weitere Vereinfachung der Kalkulation.

$$\text{Kalkulationsfaktor (KF)} = \frac{\text{Verkaufspreis}}{\text{Einstandspreis}}$$

Sie errechnen den Kalkulationsfaktor bei einem Einstandspreis von 384 DM und einem Verkaufspreis von 600 DM folgendermaßen:

$$\text{Kalkulationsfaktor (KF)} = \frac{600}{384} = 1{,}5625$$

Besonders der Einzelhandel mit seinen vielen Warenarten verwendet das vereinfachte Kalkulationsverfahren.

Siehe auch:

→ Deckungsbeitragsrechnung
→ Differenzkalkulation
→ Divisionskalkulation
→ Industrielle Kalkulation
→ Vorkalkulation
→ Einkaufskalkulatiion

Der Rechner **„Artikelkalkulation im Handel"**, den Sie über die Datei „Artikelkalkulation in Handel/Industrie" öffnen können, erleichtert das Errechnen des sog. Zielverkaufspreises. Zusätzlich berücksichtigt er Rabatte, die ebenfalls in den Zielverkaufspreis einfließen sollten. Bei Handelswaren verwendet man der Einfachheit halber oft pauschale Zuschläge. Diese sollten quartalsweise überprüft und den tatsächlichen Gegebenheiten angepaßt werden.

Beiliegend finden Sie auf der Diskette auch eine **„Kalkulation für den Dienstleistungsbereich"**. Auch wenn diese im Buch nicht ausdrücklich behandelt wurde, fällt es Ihnen sicherlich nicht schwer, eine Kalkulation in diesem Bereich nachzuvollziehen und einfach selbst einmal durchzuspielen.

Indexzahlen

Eine Zahl zeigt die gesamte Marktentwicklung

Indexzahlen sind Kennziffern, die Veränderungen bestimmter Größen zwischen verschiedenen Zeitpunkten aufzeigen. Ein Index umfaßt eine Vielzahl von Merkmalswerten, z. B. berücksichtigt ein Aktienindex die Kursinformationen vieler Aktien und informiert über die durchschnittliche zeitliche Kursentwicklung dieser Aktien. Indizes zeigen, wie sich komplexe statistische Erscheinungen verändern.

Meßzahlen und Indexzahlen

Während eine *Meßzahl* die Veränderungen nur einer einzelnen Größe aufzeigt, werden durch *Indexzahlen* mehrere Größen in die Analyse einbezogen. In der Statistik sind sie als gewogene arithemtische Mittel von Meßzahlen definiert (→ **Mittelwerte**). Waren, die einen größeren Anteil am Gesamtumsatz haben, müssen auch im Index stärker berücksichtigt werden als Waren mit einem geringeren Anteil am Gesamtumsatz.

Man unterscheidet:

- *Preisindizes,* sie zeigen Preisbewegungen auf.
- *Mengenindizes,* sie stellen die mengenmäßige Entwicklung dar.
- *Volumenindizes,* sie erfassen Veränderungen der Preise und der Mengen. Umsatz- und Kostenindizes werden beispielsweise von Preis- und Mengenänderungen beeinflußt.

Preisindex von Laspeyres

Der Preisindex von Laspeyres verwendet konstante Mengen, um den Einfluß störender Mengenänderungen auf die Preise auszuschalten. Die Mengen der Basisperiode werden für alle anderen Perioden übernommen. Die Zahlen einer längeren Indexreihe sind damit untereinander vergleichbar.

$$I_L = \frac{\Sigma p_1 \cdot q_o}{p_o \cdot q_o} \cdot 100$$

I_L = Index von Laspeyres
p_o = Preis des Gutes im Basisjahr
p_1 = Preis des Gutes im Berichtsjahr
q_o = Menge des Gutes im Basisjahr

Da die Gewichtung bei mehreren Berichtsjahren immer die gleiche bleibt, müssen die Zahlenwerte im Nenner nur einmal berechnet werden.

Der Preisindex ist ein gewichteter mittlerer Preis einer bestimmten Gütermenge des Basisjahres. Beachten Sie dazu folgendes Beispiel:

Beispiel:

	1985		1995	
Ware	Preis pro Stück	Mengen	Preis pro Stück	Mengen
A	4,10 DM	20,00	4,50 DM	25,00
B	9,00 DM	70,00	12,00 DM	80,00
C	7,00 DM	40,00	6,90 DM	47,00

$$I = \frac{4{,}5 \cdot 20 + 12 \cdot 70 + 6{,}9 \cdot 40}{4{,}1 \cdot 20 + 9 \cdot 70 + 7 \cdot 40} \cdot 100 = \frac{1206}{992} \cdot 100$$

$$I = 121{,}57\ \%$$

Ein Preisindex von 121,6% bedeutet, daß für die Mengen des Basisjahres 1985 im Berichtsjahr 1995 21,6% mehr aufgewendet werden muß.

Als *Mengenindex* nimmt der Laspeyres-Index Preise einer bestimmten Periode 0 als Basis.

Preisindex von Paasche

Paasche nimmt beim Preisindex die Mengen des Berichtsjahres als Bezugsgröße.

Die Formel lautet dann:

$$I_p = \frac{\Sigma p_n \cdot q_n}{p_o \cdot q_n}$$

I_p = Index von Paasche
p_o = Preis im Basisjahr
p_n = Preis im Berichtsjahr
q_n = Menge im Berichtsjahr

Den Preisindex nach Paasche berechnen wir nun für das bereits besprochene Beispiel:

$$I = \frac{4{,}5 \cdot 25 + 12 \cdot 80 + 6{,}9 \cdot 47}{4{,}1 \cdot 25 + 9 \cdot 80 + 7 \cdot 47} \cdot 100 = \frac{1396{,}8}{1151{,}5} = 121{,}3\ \%$$

Sie haben richtig gelesen, der Paasche-Index ist mit 121,3 % niedriger als der Laspeyres-Index. Warum? Die beiden Indizes verwenden unterschiedliche Bezugsmengen. Das inzwischen billiger gewordene Produkt C ist beispielsweise im Paasche-Index stärker vertreten.

Praxis-Tip

Laspeyres-Indizes zeigen die Preise etwas überhöht an. Da sie von unveränderten Mengen der Basisperiode ausgehen, können sie nicht berücksichtigen, daß Güter mit einem geringeren oder gar keinem Preisanstieg öfter gekauft werden als Produkte mit einer starken Preiszunahme. Paasche-Indizes können Strukturveränderungen berücksichtigen. Ihr entscheidender Nachteil liegt aber bei der praktischen Anwendung. Man muß fortlaufend Neugewichtungen mit den Mengen der jeweiligen Berichtsperiode durchführen. Die große Bedeutung der Paasche-Indizes liegt in der Überprüfung der Laspeyres-Indizes. Ergeben sich zwischen beiden Indizes größere Abweichungen, dann ist dies ein Zeichen für die Notwendigkeit einer Aktualisierung des „Warenkorbes" von Laspeyres.

Preisindizes zur Erfassung der Geldentwertung

Von Inflation kann nur gesprochen werden, wenn sich das Preisniveau einer repräsentativen Auswahl der in einer Volkswirtschaft angebotenen Güter erhöht. Eine exakte Analyse der Preisentwicklung berücksichtigt deshalb eine Reihe von Indizes. Die Kostenseite der Wirtschaft wird durch Weltmarkt- und Einfuhrpreise beeinflußt.

Sparer und Anleger sind von der Inflation direkt betroffen, ihr Geld verliert an Wert. Beiliegender Rechner **„Kaufkraftschwund durch Inflation"** ermittelt Ihnen den Mehrbedarf in DM, den Sie benötigen, um Ihre Kaufkraft zu erhalten.

Das Statistische Bundesamt berechnet laufend *Einkaufspreisindizes,* dazu gehören:

- Der Index der *Einfuhrpreise.* Er erfaßt die Preisentwicklung von Waren, die die Bundesrepublik aus dem Ausland bezieht. Die Waren werden auf cif-Basis bewertet, also einschließlich „cost, insurance, freight".
- Der Index der *Grundstoffpreise.* Er beinhaltet die durchschnittliche Preisentwicklung von inländischen und importierten Grundstoffen, Rohstoffen sowie Halbwaren und Fertigwaren/Vorerzeugnissen und
- der Index der Einkaufspreise für *landwirtschaftliche Betriebsmittel.*

Die amtliche Statistik unterscheidet folgende *Verkaufspreisindizes:*

- Den Index der *Erzeugerpreise gewerblicher Produkte*, der die durchschnittliche Entwicklung der Verkaufspreise der im Inland erzeugten und verkauften Produkte des Verarbeitenden Gewerbes, des Bergbaues sowie der Energie- und Wasserversorgung anzeigt. Er umfaßt sehr heterogene Produkte, z. B. Motorenbenzin, Dieselkraftstoffe, Erdgas, Kalisalze, Roheisen, Betonstahl, Kunststoffe, Magnetbänder, Büromaschinen, Landmaschinen, Fahrzeuge, Textilien, Druckereierzeugnisse, Tabakwaren und Mineralwasser.

- Den Index der *Ausfuhrpreise,* er legt fob-Preise zugrunde (fob = free on board).
- Außerdem: Den Index der *Erzeugerpreise landwirtschaftlicher Produkte,* die Baupreisindizes für *Einfamilienfertighäuser,* Preisindizes für *Bauwerke in konventioneller Bauweise* und den Index der *Großhandelspreise.*

Preisindex für die Lebenshaltung

Die Entwicklung der *Verbraucherpreise* berücksichtigt der Preisindex für die Lebenshaltung. Er erfaßt die Preisentwicklung aller wesentlichen Güter und Dienstleistungen der privaten Haushalte und ist normalerweise Maßstab für die allgemeine Geldentwertung. Die durchschnittlichen Verbrauchsausgaben der Haushalte werden monatlich auf Stichprobenbasis ermittelt. Die *Verbrauchsstruktur* des typischen bundesdeutschen Privathaushalts wird in einem „Korb" von Waren und Dienstleistungen, insgesamt 753 verschiedenen Positionen, erfaßt. Um die unterschiedliche Bedeutung der verschiedenen Güter zum Ausdruck zu bringen, werden die Preisindizes als gewogenes arithmetisches Mittel der einzelnen Waren berechnet. Die Mengen des Basisjahres werden über mehrere Jahre unverändert beibehalten (Laspeyres-Formel). Da sich die Verbrauchsgewohnheiten im Laufe der Zeit verändern, ist es notwendig, in Abständen von jeweils einigen Jahren den Warenkorb des Lebenshaltungskostenindex an die technische Entwicklung und veränderte Verbrauchsstrukturen anzupassen.

Gewichtung der verschiedenen Warengruppen in den jeweiligen „Warenkörben" des Lebenshaltungskostenindex

Der Preisindex für die *Lebenshaltung aller privaten Haushalte* ist der am meisten beachtete Indikator für die Verbraucherpreisentwicklung, da er sämtliche Haushaltstypen berücksichtigt.

Die Einnahmen und Ausgaben bestimmter Bevölkerungskreise werden aus der Entwicklung anderer Indizes ersichtlich. Das Statistische Bundesamt erfaßt ausgewählte private Haushalte nach folgenden Kriterien:

- Haushaltstyp 1: Haushalte mit zwei Personen von Rentnern und Sozialhilfeempfängern mit geringem Einkommen
- Haushaltstyp 2: Ehepaare mit zwei Kindern und mittlerem Einkommen
- Haushaltstyp 3: 4-Personen-Haushalte von Beamten und Angestellten mit höherem Einkommen. Hier liegt z.B. die Sparquote mit 13% deutlich über den beiden anderen Gruppen.

Bei einem internationalen Vergleich der Preissteigerungsraten ist zu beachten, daß die Warenkörbe, jeweils abhängig von den nationalen Verbrauchsgewohnheiten, unterschiedlich strukturiert sind.

	Warenkorb		
Warengruppe	1970 %	1976 %	1985 %
● Nahrungsmittel	22,0	17,5	14,5
● Gebrauchs- und Verbrauchsgüter einschließlich Genußmittel	45,0	46,5	46,4
● Dienstleistungen und Reparaturen	20,1	22,1	23,7
● Mieten	12,9	13,9	15,4
insgesamt	100,0	100,0	100,0

Aktienindizes

Ein Aktienindex zeigt die Entwicklung des Aktienmarktes, da er Kursinformationen über viele Aktien zusammenfaßt. Zu seiner Berechnung müssen solche Aktien ausgewählt werden, die für die Gesamtmarktentwicklung möglichst repräsentativ sind. Die Kurse der verschiedenen Titel sind entsprechend ihrer Bedeutung zu gewichten. Außer dem Gesamtindex gibt es *Branchenindizes* für Teilbereiche, z. B. Chemie, Maschinenbau, Banken.

Die Kurse der 60 Werte des Commerzbank-Index werden mit dem jeweils für den Börsenhandel zugelassenen Aktienkapital der einzelnen Gesellschaften multipliziert und dann ins Verhältnis zum Basisjahr gesetzt. Der Aktienindex der Frankfurter Allgemeinen Zeitung, der F. A. Z.-Aktienindex, ist ebenfalls schon seit Jahrzehnten ein sensibles Instrument für die Börsenbeurteilung und Börsenprognose. Er wird aus hundert repräsentativen deutschen Publikumswerten gebildet, tagtäglich sofort nach Börsenschluß vom Computer errechnet und durch die Nachrichtenagentur Reuter weltweit verbreitet.

Der *Deutsche Aktienindex (DAX),* wurde von der Arbeitsgemeinschaft Deutscher Wertpapierbörsen entwickelt und besteht aus 30 deutschen Standartwerten. Der 31. 12. 1987 und der Wert von 1000 sind die Bezugsbasis. Etwa 60 % des Grundkapitals aller bundesdeutschen börsennotierten Gesellschaften sind erfaßt.

Die Indizes des Schweizerischen Bankvereins (SBV), der Schweizerischen Kreditanstalt (SKA), der Schweizerischen Nationalbank (SNB) und der Swiss Index werden im Nachbarland besonders beachtet. Der neutrale SwissIndex ist methodisch genau und breit abgestützt. Es fehlen ihm aber im Gegensatz zum SBV-Index des Schweizerischen Bankvereins lange historische historische Zeitreihen.

Der Dow-Jones-Index ist die international wichtigste Börsenkennziffer und berücksichtigt die Kursentwicklung der 30 führenden US-Industrieaktien an der Wallstreet.

Praxis-Tip

Während ein sinkender Index bei kleiner Marktbeteiligung einen mehr oder weniger zufälligen Charakter haben kann, bedeutet ein sinkender Index bei großen Umsätzen schwindendes Vertrauen.

Aktienindex-Optionen

Optionen wurden anfänglich nur auf tatsächlich bestehende Wertpapiere ausgestellt. Man kann sich durch eine Verkaufsoption gegen einen Kurssturz in einer betreffenden Aktie absichern. An der Terminbörse wird also ein Preis für ein Wertpapier vereinbart, das erst später geliefert und bezahlt wird.

Börsentermingeschäfte sind gegenseitige Verträge über Wertpapiere, Devisen oder vertretbare Waren, die von beiden Seiten erst zu einem späteren Zeitpunkt zu erfüllen sind. Spätestens am Fälligkeitsdatum muß die Ware oder das Wertpapier abgenommen oder die Differenz ausgeglichen werden. Erwartungen über die Zukunft werden damit am Terminmarkt stärker als am Kassamarkt bewertet.

Das Termin- und Optionsgeschäft verzeichnete in den achtziger Jahren einen nachhaltigen Aufwärtstrend an den internationalen Börsen. Die *Deutsche Terminbörse (DTB)* wurde Anfang 1990 als Computer-Börse mit Optionen auf 14 umsatzstarke deutsche Aktien organisiert. Die DTB handelt seit Ende 1990 mit Terminkontrakten auf Bundesanleihen und den Deutschen Aktienindex (DAX). Der Index ist damit die Grundlage für Calls = Kaufoptionen und Puts = Verkaufsoptionen. Man spricht deshalb auch von DAX-Terminkontrakt oder DAX-Future.

Eine *Aktienindex-Option* basiert im Gegensatz zur Aktienoption nicht auf einer einzelnen Aktie, sondern auf einem *Aktienindex*. Es findet damit anstelle von effektiven Lieferungen nur eine Verrechnung der entsprechenden Werte des Indexes zwischen Kauf- und Verkaufszeitpunkt statt.

Die Differenz zwischen dem Schlußstand des Indexes am Kauftag und dem Verkaufstag multipliziert mit der Zahl der Indexoptionen ergibt den Betrag der Barabrechnung.

Aktienindex-Optionen können ebenso wie Aktien-Optionen zu Investitionszwecken eingesetzt werden. Sie sind für jene Investoren bzw. Spekulanten ein Instrument, die Indexentwicklungen leichter prognostizieren können als die von einzelnen Aktien.

Seit Mai 1988 hat die SOFFEX (Swiss Options and Financial Futures Exchange) den Handel mit Aktienoptionen auf der Basis des Swiss Market Index aufgenommen. Die Basiswerte von 12 bekannten Schweizer Aktiengesellschaften liegen ihm zugrunde.

Charts, Chartisten und Fundamentalisten

Zahlentabellen, die einen längeren Zeitraum erfassen und Aktienhöchst- und -tiefstkurse beinhalten, sind unübersichtlich. Wird die Aktienkursentwicklung grafisch dargestellt, dann ergibt sich ein plastisches Bild. *Charts* sind grafische Aufzeichnungen von Preis- und Kursverläufen.

Chartisten sind Anhänger der technischen Aktienanalyse, d. h., sie beschäftigen sich mit der Aktienkursentwicklung und ziehen aus den Kurvenbildern der Vergangenheit Schlüsse für die Zukunft. Von Aktie zu Aktie ergeben sich ganz unterschiedliche charakteristische Kursverläufe, die sich sogar von Zeit zu Zeit wiederholen können. Die Chartisten sprechen je nach Kursverlauf einer Aktie z. B. von Dreiecken, Wimpeln, Flaggen, Kopf-Schulter-Formationen. Chartisten erstellen Prognosen aufgrund der Fakten des bisherigen Kursverlaufes. Gewissenhafte Kursanalysen können Anlageentscheidungen erleichtern, garantieren aber keinen Erfolg. Auch Anlageexperten können natürlich Fehlentscheidungen treffen.

Die technische Aktienanalyse hat in den letzten Jahren an Bedeutung gewonnen, weil Charts von einzelnen Aktien und *Aktien-Indices* Trends aufzeigen können (→ **Trendanalyse**). Die technische Aktienanalyse bedient sich auch gleitender Durchschnittslinien über 200, 90 oder 40 Tage. Der Kursverlauf einer Aktie wird als Index der jeweils angegebenen Tage berechnet und laufend fortgeschrieben. Während die 200-Tage-Linie von besonderem Interesse für den längerfristigen Anleger ist, betrachtet der kurzfristige Spekulant mehr die 40-Tage-Linie.

Schneidet der aktuelle Tageskurs einer Aktie die Linie von unten, dann heißt das Kaufempfehlung. Würde der aktuelle Tageskurs dagegen z. B. die 40-Tage-Linie von oben schneiden, dann bedeutet das für den kurzfristigen Spekulanten Verkaufssignal. Wird eine solche Widerstandslinie von oben durchbrochen, dann spricht einiges dafür, daß die Kurse nachhaltig tiefer absinken.

Man sollte die Grenzen der technischen Analyse nicht verkennen. Um so mehr Aktionäre aber an sie glauben und nach ihr handeln, desto eher hat diese Theorie doch Auswirkungen auf das Börsengeschehen.

Die Argumente der *Fundamentalisten* sind ökonomisch begründet. Sie analysieren:

- Bilanzen einzelner Gesellschaften,
- Gewinn- und Verlustrechnungen,
- Bilanz- und Renditekennziffern,
- den Cash-flow und
- das Verhältnis von Kurs zu Gewinn Kurs/Gewinn-Verhältnis (→ **Cash-flow**)

Die Schwäche der Fundamentalanalyse ist, daß die ausgewerteten Daten auf Zahlenmaterial der Vergangenheit basieren. Die Bilanz ist meist schon einige Monate alt. Zwischenberichte an die Aktionäre sind dagegen aktueller.

Die Börse orientiert sich stark nach den Gewinnen von morgen. Der mittel- bis längerfristige Anleger interessiert sich deshalb für die Ertragsdynamik einzelner Gesellschaften im laufenden und im nächsten Jahr. Ein Gewinnanstieg wirkt für die Börse stimulierend. Das Kurs/Gewinn-Verhältnis zeigt, ob eine Aktie im Vergleich zu anderen billig oder teuer ist.

Die Fundamentalisten studieren ferner die Produkte der jeweiligen Unternehmen, die Investitionstätigkeit und die Qualität des Managements.

Außer der Erstellung von Einzelanalysen werten sie auch gesamtwirtschaftliche Größen aus:

- Diskontsatz
- Zinsniveau und -trend
- Geldmenge
- Wechselkurs
- Wachstumschancen einzelner Wirtschaftsbranchen

Ein starkes Wachstum der Geldmenge, das über dem Bedarf der Volkswirtschaft liegt, bewirkt z. B. einen Zinssenkungsprozeß. Dies führt zu Kurssteigerungen am Rentenmarkt und in Folge zu einem Rückgang des Effektivzinssatzes für Obligationen. Die Aktie wird wieder interessanter und die Aktienkurse steigen.

Die Finanzanalyse ermöglicht ein fundiertes Urteil über die Börsenbewertung eines Unternehmens. Der Analyst muß aber auch hier die Zukunftschancen der einzelnen Gesellschaften abschätzen. Dies beginnt bereits bei den Gewinnschätzungen für das kommende Geschäftsjahr. Man muß an der Börse vorausschauen, den Trend erkennen und Besonderheiten berücksichtigen, z. B. die Übernahme von Aktiengesellschaften.

Praxis-Tip

Wenn Sie Ihr Kapital langfristig anlegen, dann sollten Sie bevorzugt die Überlegungen der Fundamentalisten hinsichtlich Unternehmen, Branchen und Konjunktur berücksichtigen.
Spekulieren Sie kurzfristig, dann ist das Timing, die Wahl des richtigen Zeitpunktes, für Kauf und Verkauf besonders wichtig. Die kurzfristige Markttendenz und die Massenpsychologie sind hier entscheidender als fundamentale Daten.

Siehe auch:
→ Kennzahlen

Industrielle Kalkulation

So kalkuliert ein Industriebetrieb

In der Voll- und Teilkostenrechnung muß die Teilung in Kostenarten, -stellen und -trägerrechnung berücksichtigt werden.

- **Die in einer Periode angefallenen Kosten werden in der Kostenartenrechnung nach Kostenarten gegliedert und erfaßt. (Welche Kosten sind entstanden?)**
- **Die ermittelten Kostenarten werden in der Kostenstellenrechnung mit Hilfe des Betriebsabrechnungsbogens (BAB) auf die einzelnen Kostenstellen umgelegt. (Wo sind die Kosten entstanden?)**
- **Die Zurechnung der Einzelkosten und der im BAB erfaßten Gemeinkosten auf die Kostenträger erfolgt in der Kostenträgerrechnung. (Wofür sind die Kosten entstanden?)**

Die Kostenrechnung und ihre Dreiteilung in Kostenarten, Kostenstellen und Kostenträger ermöglicht eine laufende Beobachtung und Kontrolle des Betriebsablaufs. Sie schafft ferner Unterlagen für die Kostenplanung und die Grundlage für den Vergleich mit früheren Perioden sowie anderen Unternehmen.

Einzelkosten und Gemeinkosten

Die vielen und verschiedenen *Kostenarten* der Kontenklassen 6 und 7 des Industriekontenrahmens (IKR) zerfallen hinsichtlich der Zurechenbarkeit auf die Kostenträger in Einzelkosten und Gemeinkosten.

Einzelkosten (= direkte Kosten) können den einzelnen Erzeugnissen unmittelbar zugerechnet werden. Dazu gehören Rohstoffe, Hilfsstoffe, fertigbezogene Teile und Fertigungslöhne. Sondereinzelkosten der Fertigung (z. B. Modelle) und Sondereinzelkosten des Vertriebs (z. B. Vertreterprovision) sind ebenfalls direkt auf das einzelne Produkt zurechenbar.

Gemeinkosten (= indirekte Kosten) sind für alle oder mehrere Produkte gemeinsam angefallene Kosten. Wichtige Beispiele sind Abschreibungen, Zinsen, Mieten, Steuern, Versicherungen und Abgaben. Sie können nur indirekt auf die Kostenträger (= Erzeugnisse) verrechnet werden. Im Betriebsabrechnungsbogen (BAB) werden die Kostenarten nach dem Verursachungsprinzip auf die Kostenstellen verteilt. Die Kostenträger werden durch die Bildung von Zuschlagssätzen anteilig mit Gemeinkosten belastet.

Beziehungen zwischen Kostenarten, Kostenstellen, Kostenträgern

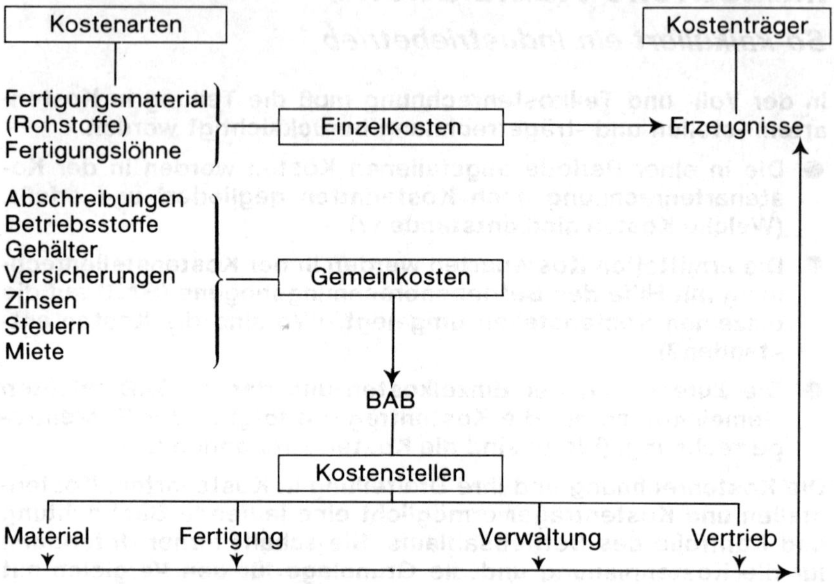

Kostenstellenrechnung

Die Kostenstellenrechnung hat die Aufgabe, die nach Kostenarten gegliederten Gemeinkosten nach dem Verursachungsprinzip auf die verschiedenen Betriebsbereiche (Kostenstellen) zu verteilen (→ **Zuschlagssätze**).

Kostenträgerrechnung

Die Kostenträgerrechnung hat zwei Hauptaufgaben:

- Die gesamten in einem bestimmten Zeitabschnitt angefallenen Kosten werden in der *Kostenträgerzeitrechnung* den einzelnen Kostenträgern, z. B. Produkten, zugerechnet.
- Die *Kostenträgerstückrechnung* (Stückkalkulation) ermittelt die angefallenen Kosten je Stück, Leistungseinheit oder Serie.

Im wesentlichen bestimmt das in einem Unternehmen eingesetzte Fertigungsverfahren die Kalkulationsmethode.

Die Divisionskalkulation wird bei kontinuierlicher Fertigung eines Erzeugnisses angewendet (→ **Divisionskalkulation**). Werden in einem Unternehmen mehrere verwandte Produkte hergestellt, dann empfiehlt sich meist die Äquivalenzziffernkalkulation (→ **Äquivalenzziffernkalkulation**). Die Zuschlagskalkulation ist die in der Praxis am häufigsten angewandte Methode. Sie kommt immer dann zum Einsatz, wenn mehrere Erzeugnisse hergestellt werden, die in keiner Beziehung zueinander stehen.

Zuschlagskalkulation

Die Zuschlagskalkulation setzt eine Trennung in Einzel-, Sondereinzel- und Gemeinkosten voraus. Grundgedanke der Zuschlagskalkulation ist, die einzelnen Produkte mit denen ihnen unmittelbar zurechenbaren Kosten, den Einzelkosten, direkt zu belasten. Die restlichen Kosten, die Gemeinkosten, können nur indirekt auf die Produkte verteilt werden.

Die Gemeinkosten werden bei der *einstufigen Zuschlagskalkulation* als ein einheitlicher Block angesehen und zu den angefallenen Einzelkosten ohne weitere Differenzierung hinzugerechnet. Handwerksbetriebe und kleine Industriebetriebe wenden vielfach die einstufige Zuschlagskalkulation an, da sie keine Kostenstellenrechnung erfordert. Die gesamten Gemeinkosten werden in einem einzigen Prozentsatz (Zuschlagssatz) entweder auf den Fertigungsmaterialverbrauch, die Fertigungslöhne oder deren Summe angegeben.

Differenzierte Zuschlagskalkulation

Die Gemeinkosten werden in der *differenzierten* (mehrstufigen) *Zuschlagskalkulation* zunächst im BAB auf die Orte der Kostenentstehung verteilt. Die im BAB ermittelten Material-, Fertigungs-, Verwaltungs- und Vertriebsgemeinkosten werden dann jeweils prozentual auf die Einzelkosten Fertigungsmaterial und Fertigungslöhne sowie auf die Herstellkosten bezogen. Die Abhängigkeit der Gemeinkosten von verschiedenen Bezugsgrößen führt zur Bildung von mehreren Zuschlagssätzen. Dies wird im folgenden Schema deutlich (→ **Zuschlagssätze**).

So rechnen Sie richtig:

	Fertigungsmaterial	... DM
+	Materialgemeinkostenzuschlag v. H.	... DM
	Gesamte Materialkosten	... DM
+	Fertigungslöhne I	... DM
+	Fertigungsgemeinkosten v. H.	... DM
+	Fertigungslöhne II	... DM
+	Fertigungsgemeinkosten v. H.	... DM
+	Sondereinzelkosten der Fertigung	... DM
	Herstellkosten	... DM
+	Verwaltungsgemeinkostenzuschlag v. H.	... DM
+	Vertriebsgemeinkostenzuschlag v. H.	... DM
+	Sondereinzelkosten des Vertriebs	... DM
	Selbstkosten	... DM
+	Gewinn v. H.	... DM
	Barverkaufspreis	... DM
+	Kundenskonto i. H.	... DM
+	Vertreterprovision i. H.	... DM
	Zielverkaufspreis	... DM
+	Kundenrabatt i. H.	... DM
	Nettoverkaufspreis	... DM
+	Mehrwertsteuer v. H.	... DM
	Bruttoverkaufspreis	... DM

= Kalkulationsschema der Industrie

Nach dem Zeitpunkt der Durchführung der Kalkulation unterscheidet man:

- Nachkalkulation = vergangenheitsbezogene Zuschlagskalkulation (→ **Zuschlagssätze**)
- Vorkalkulation oder Angebotskalkulation = zukunftsbezogene Zuschlagskalkulation, die auf der Nachkalkulation aufbaut (→ **Vorkalkulation**).

Artikelkalkulation in der Industrie

Die *Zuschlagskalkulation* setzt eine Trennung in Einzel-, Sondereinzel- und Gemeinkosten voraus. Ihr Grundgedanke ist, die einzelnen Produkte mit den ihnen unmittelbar zurechenbaren Kosten, den Einzelkosten, direkt zu belasten. Die restlichen Kosten, die Gemeinkosten, können nur indirekt auf die Produkte umgelegt werden. Diesen Rechner finden Sie in der Datei „Artikelkalkulation in Handel/Industrie".

Beispiel: Einstufige Zuschlagskalkulation

In einem Handwerksbetrieb sind im Berichtszeitraum an Einzelkosten 11550 DM Fertigungsmaterial und 25220 DM Fertigungslöhne angefallen. Die Summe der Gemeinkosten beträgt 25700 DM.

Die Gesamtkosten ergeben sich aus der Summe der Einzelkosten und der Gemeinkosten:

Materialeinzelkosten	11550 DM
+ Fertigungslohn	25220 DM
Summe Einzelkosten	36770 DM
+ Gemeinkosten	25700 DM
Gesamtkosten	62470 DM

Die Fertigungslöhne in Höhe von 25220 DM sind die Bezugsbasis für die gesamten Gemeinkosten von 25700 DM, daraus ergibt sich ein Gemeinkostenzuschlagssatz von 101,9 %.

Der Handwerksbetrieb würde dann die Gesamtkosten eines Auftrags, für den 500 DM Fertigungsmaterial und 600 DM Fertigungslöhne anfallen, wie folgt ermitteln:

Fertigungsmaterial	500,00 DM
+ Fertigungslöhne	600,00 DM
+ Gemeinkosten 101,9 %	611,40 DM
= Gesamtkosten	1711,40 DM

Die Abdeckung des Blocks der Gemeinkosten in einem einzigen Zuschlagssatz ist ein grobes Verfahren und erfaßt nicht die unterschiedlichen Kosteneinflußgrößen.

Praxis-Tip

Die Gemeinkosten werden deshalb im BAB auf die Hauptkostenstellen Material, Fertigung, Verwaltung und Vertrieb verteilt. Sie werden dann mit Hilfe von verschiedenen Gemeinkostenzuschlagssätzen auf die einzelnen Erzeugnisse des Unternehmens umgelegt (→ **Zuschlagssätze**).

Kostenträgerzeitblatt

Die Gegenüberstellung der gesamten Kosten und der betrieblichen Leistungen einer Periode erfolgt im Kostenträgerzeitblatt.

- Die Kosten- und Leistungsrechnung kann im Rahmen der Gesamtrechnung mit dem Betriebsergebnis abgestimmt werden.

- Die auf die einzelnen Kostenträger verrechneten Kosten werden im Kostenträgerzeitblatt mit deren Erträgen (Verkaufserlösen) verglichen. Das Management ersieht daraus, bei welchen Kostenträgern Gewinne oder Verluste eingetreten sind bzw. was die verschiedenen Produkte zum Betriebsergebnis beigetragen haben.

Beispiel:

In einem Industriebetrieb sind im Berichtsmonat Kosten in Höhe von 164536 DM und Verkaufserlöse von 200000 DM entstanden. Es ergibt sich ein Gewinn von 35464 DM, der in dieser Höhe auch in der Betriebsbuchhaltung auf dem Betriebsergebniskonto ausgewiesen wird.

Zu den Verkaufserlösen in Höhe von 200000 DM haben die verschiedenen Produkte unterschiedlich beigetragen:

- Produkt A 45000 DM
- Produkt B 121000 DM
- Produkt C 34000 DM

Sie finden diese Daten wieder im Kostenträgerzeitblatt. Die Kostenträgerzeitrechnung erfolgt nach dem gleichen Schema wie die Kostenträgerstückrechnung. In der Kostenträgerzeitrechnung sind allerdings Bestandsveränderungen an unfertigen und fertigen Erzeugnissen zu berücksichtigen. Während in der Position „Istkosten“ die angefallenen Kosten der Periode erfaßt werden, beinhaltet die Position „Sollkosten“ die mit Normalzuschlagssätzen kalkulierten Kosten. Normalzuschlagssätze sind aus mehreren früheren Perioden gebildete Durchschnittssätze (→ **Zuschlagssätze**).

Ergänzend finden Sie auf der Diskette den Kalkulationsrechner **„Stundensatzberechnung im Dienstleistungsbereich“.**

Kostenträgerzeitblatt

Zeile	Bezeichnung der Kosten	Entstandene Istkosten		Kostenüber- oder -unterdeckung	Verrechnete Normalkosten (Sollkosten)		Kostenträger		
		DM	%		DM	%	A	B	C
	Fertigungsmaterial	60000			60000		20000	30000	10000
	Materialgemeinkosten	5400	9	+ 600	6000	10	2000	3000	1000
1	Materialkosten	65400			66000		22000	33000	11000
	Fertigungslöhne I	12000			12000		5000	4000	3000
	Fertigungsgemeinkosten I	15600	130	+2400	18000	150	7500	6000	4500
	Fertigungslöhne II	7000			7000		2000	4000	1000
	Fertigungsgemeinkosten II	24600	351,4	−3600	21000	300	6000	12000	3000
2	Fertigungskosten	59200		−1200	58000		20500	26000	11500
3	Herstellkosten der Periode (Zeile 1+2)	124600		− 600	124000		42500	59000	22500
	+Minderbestand an unfertigen Erzeugnissen	+ 4000			+ 4000		− 2000	+ 5000	+ 1000
	./. Mehrbestand an fertigen Erzeugnissen	− 3000			− 3000		− 3000	+ 1000	− 1000
4	Herstellkosten des Umsatzes	125600			125000		37500	65000	22500
	Verwaltungsgemeinkosten	27632	22	−2632	25000	20	7500	13000	4500
	Vertriebsgemeinkosten	11304	9	+1196	12500	10	3750	6500	2250
5	Selbstkosten des Umsatzes	164536		−2036	162500		48750	84500	29250
6	Verkaufserlöse	200000			200000		45000	121000	34000
7	Umsatzergebnis				37500		− 3750	+36500	+ 4750
8	Kostenüberdeckung+ Kostenunterdeckung− (Zeile 5)				− 2036				
9	Betriebsergebnis (Zeile 5 u. 6)	35464							

Hinweise zum Kostenträgerzeitblatt

- Wird die Kalkulation mit *Normalzuschlagssätzen* durchgeführt, dann entstehen Selbstkosten des Umsatzes in Höhe von 162500 DM. Die Bestandsveränderungen sind hier miteingerechnet. Unter Berücksichtigung der Verkaufserlöse von 200000 DM und der errechneten Normalkosten (Sollkosten) ergibt sich ein Gewinn von 37500 DM (Kostenträger A Verlust 3750 DM; Kostenträger B Gewinn 36500 DM; Kostenträger C Gewinn 4750 DM).
- Die *Istkosten*, die tatsächlich angefallenen Kosten, betragen 164536 DM, sie sind um 2036 DM höher als die mit Normalzuschlagssätzen ermittelten Kosten (Sollkosten).
- Die Differenz von 2036 DM ist darauf zurückzuführen, daß die *Kostenunterdeckung* (Fertigungsgemeinkosten II, Verwaltungsgemeinkosten) höher sind als die Kostenüberdeckungen (Materialgemeinkosten, Fertigungsgemeinkosten I und Vertriebsgemeinkosten).

Praxis-Tip

Vorsicht beim Einsatz der Zuschlagskalkulation. Im BAB bilden Sie unterschiedliche Gemeinkostenzuschlagssätze für die verschiedenen Fertigungskostenstellen. In der Kalkulation belasten Sie später Ihre Produkte mit diesen Zuschlagssätzen. Da die Verrechnung prozentual erfolgt, erhalten natürlich die Produkte mit hohen Fertigungseinzelkosten auch hohe Gemeinkostenzuschläge zugeordnet. Dies ist gefährlich, da Sie so zwar alle Kosten verrechnet haben, aber nach Anwendung dieser Rechenmethode die Wirtschaftlichkeit Ihrer Produkte nicht mehr beurteilen können. Für Aussagen und Analysen über das Forcieren besonders gewinnbringender Produkte sollten Sie ein Verfahren der Teilkostenrechnung wählen (→ **Deckungsbeitragsrechnung**).

Siehe auch:
→ Einkaufskalkulation → Vorkalkulation
→ Handelskalkulation → Maschinenstundensätze

Innerbetriebliche Leistungsverrechnung

Der Leistungsaustausch zwischen den Kostenstellen

Innerbetriebliche Leistungen sind beispielsweise selbsterstellte Maschinen, eigene Reparaturleistungen, Erzeugnisse der Werksdruckerei oder eigene Forschungs- und Entwicklungsarbeiten. Es handelt sich um marktfähige Leistungen, die das Unternehmen selbst verbraucht. Die vielfältigen innerbetrieblichen Leistungen müssen korrekt erfaßt und genau auf die verbrauchenden Kostenstellen verrechnet werden.

Allgemeine Kostenstellen

Allgemeine Kostenstellen erbringen Leistungen für die übrigen Kostenstellen, z. B. die Direktion, der Pförtner, die Kantine, der Fuhrpark und die Heizungsanlage. Die Allgemeinen Kostenstellen sind im mehrstufigen Betriebsabrechnungsbogen (BAB) auf die Hauptkosten- und die Hilfskostenstellen umzulegen.

- Die Kosten der Allgemeinen Kostenstelle Personalbereich bzw. Sozialbereich werden meist nach der Zahl der Mitarbeiter auf Fertigungshilfsstellen und Hauptkostenstellen verteilt.
- Grundstücke und Gebäude lassen sich relativ unproblematisch mit dem Verteilungsschlüssel Fläche auf Fertigungshilfsstellen und Hauptkostenstellen umlegen. Eine Kostenstelle wird nach dem Umfang der von ihr beanspruchten Grundstücks- und Gebäudefläche belastet. Eine Verfeinerung der Kostenumlage kann erreicht werden, wenn mit einem „gewichteten" Verteilungsschlüssel gearbeitet wird. Die höhere Raumausstattung im Verwaltungs- und Vertriebsbereich kann mit einem Faktor berücksichtigt werden (z. B. Faktor 1 für Fabrikationshallen, Faktor 1,5 bei Verwaltungsräumen).
- Die Gesamtkosten der Allgemeinen Kostenstelle Fuhrpark werden durch die im betreffenden Zeitraum gefahrenen Kilometer dividiert. An Hand der gefahrenen Kilometer der einzelnen Kostenstellen und des Kilometer-Preises lassen sich die Kosten des Fuhrparks auf die übrigen Kostenstellen umlegen. Eine größere Genauigkeit der Kostenumlage wird erreicht, wenn die Kostenstelle Fuhrpark in einen Lkw- und einen Pkw-Bereich unterteilt wird. Die Kosten des Lkw- und Pkw-Bereichs werden getrennt – gemäß der beanspruchten Fahrleistung von Lkw und Pkw – umgelegt.

Auch bei den Allgemeinen Kostenstellen gilt der Grundsatz, daß ihre Kosten auf die sie beanspruchenden Kostenstellen zu verteilen sind. Es gibt aber Fälle, wo der Grad der Leistungsbeanspruchung schwierig festzustellen ist, z. B. bei der Allgemeinen Kostenstelle Betriebsleitung. Ist keine Quantifizierung der erbrachten Leistung möglich, müssen die Kosten nach einem mehr oder weniger problematischen Schlüssel verteilt werden.

Hauptkostenstellen und Hilfskostenstellen der Fertigung

Kostenbereiche, die unmittelbar an der Erstellung der Erzeugnisse für den Markt beteiligt sind, nennt man *Hauptkostenstellen.* Man unterscheidet üblicherweise Material-, Fertigungs-, Verwaltungs- und Vertriebsbereich. Forschungsintensive Unternehmen weisen zum Teil den Forschungs- und Entwicklungsbereich ebenfalls als Hauptkostenstelle aus. Die Umlage der Gemeinkostenarten auf die Hauptkostenstellen erfolgt im BAB (→ **Zuschlagssätze**).

Die in den Hauptkostenstellen anfallenden Gemeinkosten werden mit Hilfe von Kalkulationszuschlagssätzen auf die verschiedenen Kostenträger verrechnet (→ **Industrielle Kalkulation**).

Allgemeine Kostenstellen und Hilfskostenstellen sind zuvor aber noch auf die Hauptkostenstellen umzulegen. Die *Hilfskostenstellen* erbringen Leistungen für die Hauptkostenstellen, z. B. Reparaturwerkstätten, die Arbeitsvorbereitung oder das Labor. Reine Fertigungshilfsstellen werden nur über die Hauptkostenstelle Fertigung abgeschlossen.

Verteilung der Gemeinkosten auf die Kostenstellen im BAB

Der Betriebsabrechnungsbogen (BAB) ist ein organisatorisches Hilfsmittel, um die Gemeinkostenarten auf die Kostenstellen umzulegen. Kleine und mittlere Unternehmen setzen meist die tabellarische oder statistische Form des BAB ein.

- Man spricht von einem *einstufigen* BAB, wenn nur die Hauptkostenstellen Material, Fertigung, Verwaltung und Vertrieb aufgeführt sind.
- Der *erweiterte einstufige* BAB sieht eine Gliederung des Fertigungsbereichs in mehrere Fertigungskostenstellen vor. Für jede einzelne Fertigungskostenstelle wird jeweils ein gesonderter Fertigungsgemeinkostenzuschlagssatz gebildet (→ **Vorkalkulation,** → **Maschinenstundensätze**).
- Der *erweiterte mehrstufige* BAB sieht zunächst die Umlage der Allgemeinen Kostenstellen auf die Haupt- und Hilfskostenstellen vor. Danach werden die Fertigungshilfsstellen auf den Fertigungsbereich verteilt. Alle Gemeinkosten müssen am Ende auf den Hauptkostenstellen Material, Fertigung, Verwaltung und Vertrieb stehen. Bei Großunternehmen kommen zu den Endhauptkostenstellen noch die Sozialeinrichtungen sowie Forschung und Anwendungstechnik hinzu. Die Hauptkostenstelle Verwaltung kann in Zentralverwaltung und allgemeine Werksverwaltung der Betriebe unterteilt sein.

Systematik des erweiterten Betriebsabrechnungsbogens (BAB)

Gemeinkostenarten	Zahlen der Buchhaltung	Verteilungsschlüssel	Allgemeine Kostenstellen	Hilfskostenstellen Fertigungshilfsbereich		Hauptkostenstellen Fertigungsbereich				Material	Verwaltung	Vertrieb
				I	II	A	B	C	D			
Gemeinskostenmaterial												
Brennstoffe												
Treibstoffe												
Strom, Gas, Wasser												
Hilfslöhne												
Gehälter												
Sozialkosten												
Steuern, Gebühren, Beiträge, Versicherungen												
Mieten, Verkehrs-, Büro- und Werbekosten etc.												
Kalkulatorische Abschreibungen												
Kalkulatorische Zinsen												
Kalkulatorische Wagnisse												
Kalkulatorischer Unternehmerlohn												
Summe	...		...	...	...	...	...	...	...	...	...	...
Umlage der Allgemeinen Kostenstellen			→	...	...	...	...	...	...	...	...	...
				...	...	...	...	...	...			
				→	...	...	...	...	...			
Umlage der Hilfskostenstellen					→	...	...	...	...			
						...	...	...	...	...	...	...

So rechnen Sie richtig:

① Übertragen der Zahlen aus der Buchhaltung in den BAB.

② Die Kostenarten (Gemeinkostenarten) sind auf der Grundlage von Belegen bzw. von Verteilungsschlüsseln auf die Kostenstellen zu verteilen.

③ Allgemeine Kostenstellen sind auf alle übrigen Kostenstellen umzulegen. Wenn mehrere Allgemeine Kostenstellen vorhanden sind, dann werden sie in einer bestimmten Reihenfolge umgelegt (z. B. Stufenleiterverfahren).

④ Fertigungshilfsstellen sind auf die Hauptkostenstellen des Fertigungsbereichs zu verteilen.

⑤ Ermittlung der Material-, Fertigungs-, Verwaltungs- und Vertriebsgemeinkosten.

⑥ Die Summe aus den vier Bereichen muß mit den Zahlen der Betriebsbuchhaltung übereinstimmen.

⑦ Die berechneten Material-, Fertigungs-, Verwaltungs- und Vertriebsgemeinkosten sind zu den jeweiligen Bezugsgrößen ins Verhältnis zu setzen. Die Einzelkosten Fertigungsmaterial sind z. B. Bezugsgröße für die Materialgemeinkosten (→ **Zuschlagssätze**).

Die Vielfalt möglicher innerbetrieblicher Leistungen

Innerbetriebliche Leistungen können sein:

- selbsterstellte Anlagen (Fabrikgebäude, Maschinen, Betriebs- und Geschäftsausstattung)
- eigene Reparatur- und Instandsetzungsarbeiten
- Transportleistungen (Innentransport, Werknahverkehr und Werkfernverkehr)
- Forschungs-, Entwicklungs- und Konstruktionsarbeiten
- Energieerzeugung im Unternehmen (Strom, Gas, Dampf)
- Herstellung von Vorprodukten (hat große Bedeutung in der Chemie)
- Fotokopien, die im Unternehmen hergestellt werden
- Erzeugnisse der Werksdruckerei

Innerbetriebliche Leistungen sind marktfähige Leistungen, die ein Unternehmen selbst verbraucht. Stehen die erbrachten Leistungen dem Unternehmem langfristig zur Verfügung, sind sie in der Bilanz aktivierbar, z. B. selbst erstellte Anlagen.

- Die exakte Erfassung und Verrechnung von Leistungen, die keine Absatzleistungen sind, sondern im Betrieb selbst eingesetzt und zwischen den Kostenstellen ausgetauscht werden, ist im Hinblick auf die Wirtschaftlichkeit der Betriebsführung und der Kalkulation der Absatzleistungen notwendig.
- Die Kosten der Innenleistungen müssen aber auch deshalb erfaßt werden, damit entschieden werden kann, ob ein bestimmtes Vorprodukt oder eine Dienstleistung im eigenen Unternehmen bereitgestellt oder von außen bezogen werden soll.

Verfahren der innerbetrieblichen Leistungsverrechnung

Die innerbetriebliche Leistungsverrechnung kann mit verschiedenen Verfahren durchgeführt werden, die allerdings unterschiedlich aufwendig und unterschiedlich genau sind.

- Die *Nullmethode* erfaßt die innerbetrieblichen Leistungen überhaupt nicht; die Kosten verbleiben bei den leistenden Stellen als Gemeinkosten. Die Nichtberücksichtigung führt nicht nur zu einem höheren Anteil der Gemeinkosten, einer Verminderung der Zuschlagsbasis und höheren Zuschlagssätzen, sondern auch die Kosten der empfangenden Kostenstellen werden zu niedrig ausgewiesen. Letzteres ist ein Verstoß gegen das Prinzip der Kostenverursachung.
- Das *Einzelkostenverfahren* (Kostenartenverfahren), das leicht durchzuführen ist, erfaßt in den leistenden Stellen nur die direkt zurechenbaren Kosten. Sie werden auf die empfangenden Kostenstellen verteilt. Da die Gemeinkosten der leistenden Stellen nicht erfaßt werden, ist die Gemeinkostenbelastung der empfangenden Kostenstellen zu niedrig. Wendet man das Kostenartenverfahren an, kann nicht entschieden werden, ob Eigenerstellung oder Fremdbezug wirtschaftlicher ist.
- Das *Kostenumlageverfahren* verteilt die auf den Allgemeinen Kostenstellen und Hilfskostenstellen angefallenen Einzel- und Gemeinkosten mit Hilfe von Schlüsseln im BAB auf die Hauptkostenstellen. Kennzeichen des Kostenumlageverfahrens ist, daß die Kosten stets auf die nachgelagerten Kostenstellen umgelegt werden. Der entstehende Fehler ist relativ gering, wenn nachgelagerte Kostenstellen keine oder nur geringe Leistungen von den vorgelagerten Allgemeinen bzw. Hilfskostenstellen empfangen. Das Verfahren erfaßt nur in eine Richtung abgegebene Leistungen, gegenseitiger Leistungsaustausch wird nicht berücksichtigt.
- Das *Kostenträgerverfahren* behandelt die innerbetrieblichen Leistungen als Kostenträger. Die Leistungen der Reparaturwerkstatt, die ausschließlich für den Betrieb tätig ist, werden abgerechnet, wie dies bei einer selbständigen außenstehenden Werkstatt der Fall wäre.

Die empfangenden Kostenstellen werden mit den zuvor ermittelten Herstellkosten der innerbetrieblichen Leistungen belastet.
Das Kostenträgerverfahren ist für aktivierbare innerbetriebliche Leistungen besonders geeignet. Die Unternehmensleitung wird auch darüber informiert, ob Eigenherstellung oder Fremdbezug sinnvoll ist.

Mathematisches Verfahren der innerbetrieblichen Leistungsverrechnung

Wenn zwischen einzelnen Hilfskostenstellen (z. B. Reparaturabteilung, Innerbetrieblicher Transport und Stromversorgung) ein gegenseitiger Leistungsaustausch besteht, kann das mathematische Verfahren exakte Verrechnungssätze ermitteln.

Der Grundgedanke des mathematischen Verfahrens ist, daß die Gemeinkosten einer Kostenstelle (= primäre Kosten) und die aus dem innerbetrieblichen Leistungsaustausch entstandenen Kosten (= sekundäre Kosten) so hoch sein müssen wie die von der Kostenstelle erbrachten Leistungen multipliziert mit dem Verrechnungssatz:

primäre Kosten + sekundäre Kosten = erbrachte Leistungen · eigener Verrechnungssatz

$$K + m \cdot v = M \cdot V$$

Beispiel: **Simultane Leistungserfassung durch ein System linearer Gleichungen**

Der wechselseitige Leistungsaustausch zwischen den Kostenstellen soll in einem Modell mit drei gegenseitig abrechnenden Kostenstellen 1, 2 und 3 dargestellt werden.
Die primären Kosten der Kostenstellen betragen:

$k_1 = 3000$ DM
$k_2 = 10000$ DM
$k_3 = 9000$ DM

Die Kostenstelle 1 hat 14000 Einheiten (E) erzeugt und 1000 E von Kostenstelle 2 und 3000 E von Kostenstelle 3 empfangen.

Die Kostenstelle 2 hat 6000 E selbst hergestellt, 2000 E von Kostenstelle 1 und 9000 von Kostenstelle 3 empfangen.

Die Kostenstelle 3 hat 12000 E gefertigt, 10000 E von Kostenstelle 1 und 1000 von Kostenstelle 2 empfangen.

Der gegenseitige Leistungsaustausch kann nur berücksichtigt werden, wenn die Innerbetrieblichen Leistungen *simultan* mit Hilfe eines linearen

Gleichungssystems erfaßt werden. Bei einem Leistungsaustausch zwischen drei Kostenstellen sind drei Gleichungen notwendig.

Es ergeben sich folgende lineare Gleichungen für die drei Kostenstellen:

$$
\begin{array}{lrcrcrcr}
① & 3000 & + & 1000\,V_2 & + & 3000\,V_3 & = & 14000\,V_1 \\
② & 10000 & + & 2000\,V_1 & + & 9000\,V_3 & = & 6000\,V_2 \\
③ & 9000 & + & 10000\,V_1 & + & 1000\,V_2 & = & 12000\,V_3
\end{array}
$$

oder

$$
\begin{array}{lrcrcrcr}
① & 14000\,V_1 & - & 1000\,V_2 & - & 3000\,V_3 & = & 3000/:\mathbf{1000} \\
② & -\ 2000\,V_1 & + & 6000\,V_2 & - & 9000\,V_3 & = & 10000/:\mathbf{1000} \\
③ & -10000\,V_1 & - & 1000\,V_2 & + & 12000\,V_3 & = & 9000/:\mathbf{1000}
\end{array}
$$

ergibt

$$
\begin{array}{lrcrcrcr}
① & 14\,V_1 & - & 1\,V_2 & - & 3\,V_3 & = & 3 \\
② & -\ 2\,V_1 & + & 6\,V_2 & - & 9\,V_3 & = & 10 \\
③ & -\ 10\,V_1 & - & 1\,V_2 & + & 12\,V_3 & = & 9
\end{array}
$$

Wenn Gleichung 1 mit -3 multipliziert wird, dann ergibt sich aus Gleichung 1 und 2

$$
\begin{array}{lrcrcrcr}
(1) & -\ 42\,V_1 & + & 3\,V_2 & + & 9\,V_3 & = & -\ 9 \\
(2) & -\ 2\,V_1 & + & 6\,V_2 & - & 9\,V_3 & = & +\ 10 \\
\hline
(1+2) & -\ 44\,V_1 & + & 9\,V_2 & & & = & 1
\end{array}
$$

Aus Gleichung 3 und 1 folgt, wenn Gleichung 1 mit 4 multipliziert wird

$$
\begin{array}{lrcrcrcr}
(1) & 56\,V_1 & - & 4\,V_2 & - & 12\,V_3 & = & 12 \\
(3) & -\ 10\,V_1 & - & 1\,V_2 & + & 12\,V_3 & = & 9 \\
\hline
(3+1) & 46\,V_1 & - & 5\,V_2 & & & = & 21/\cdot 9 \\
(1+2) & -\ 44\,V_1 & + & 9\,V_2 & & & = & 1/\cdot 5 \\
\hline
(3+1) & & & 414\,V_1 & - & 45\,V_2 & = & 189 \\
(1+2) & & & -\ 220\,V_1 & + & 45\,V_2 & = & 5 \\
\hline
 & & & & & 194\,V_1 & = & 194 \\
 & & & & & V_1 & = & 1
\end{array}
$$

Einsetzen der Lösung von V_1 in Gleichung $(1+2)$:

$$
\begin{array}{rcrcr}
-220 & + & 45\,V_2 & = & 5 \\
 & & 45\,V_2 & = & 225 \\
 & & V_2 & = & 5
\end{array}
$$

V_3 ergibt sich, wenn die Lösungen von V_1 und V_2 in Gleichung (1) eingesetzt werden

$$
\begin{array}{rcrcrcr}
14 & - & 5 & - & 3\,V_3 & = & 3 \\
 & & & & V_3 & = & 2
\end{array}
$$

Die Lösungen von V_1, V_2 und V_3 besagen, daß der Verrechnungssatz der Kostenstelle$_1$ 1 DM, von Kostenstelle$_2$ 5 DM und von Kostenstelle$_3$ 2 DM beträgt.

Nr. 24 Leistungsverrechnung

Von der Zahl der Kostenstellen hängt es ab, wie viele lineare Gleichungen gebildet werden müssen.

k_1 = primäre Kosten der Kostenstelle 1

.

.

.

k_n = primäre Kosten der Kostenstelle n
m = empfangene Leistungseinheiten einer Kostenstelle
v = Verrechnungssatz für empfangene Leistungseinheiten
M = erbrachte Leistungseinheiten einer Kostenstelle
V = Verrechnungssatz für die von der Kostenstelle erbrachten Leistungen
m_{21} ← Kostenstelle 1 empfängt Leistungen

↑ Kostenstelle 2 erbringt Leistungen

Der erste Index gibt die leistende Kostenstelle an, der zweite die empfangende. Dann läßt sich folgendes System linearer Gleichungen entwickeln:

$$k_1 + m_{11} v_1 + m_{21} v_2 + m_{31} v_3 + \dots m_{n1} v_n = M_1 V_1$$
$$k_2 + m_{12} v_1 + m_{22} v_2 + m_{32} v_3 + \dots m_{n2} v_n = M_2 V_2$$

.

.

.

$$k_n + m_{1n} v_1 + m_{2n} v_2 + m_{3n} v_3 + \dots m_{nn} v_n = M_n V_n$$

Siehe auch:

→ Abschreibungen
→ Maschinenstundensätze
→ Deckungsbeitragsrechnung

Interne Zinsfuß-Methode

Die effektive Verzinsung Ihrer Investition

Die Methode des internen Zinsfußes geht nicht von einer gegebenen Mindestverzinsung aus, sondern man sucht den Diskontierungszinsfuß, bei dem der Gegenwartswert aller Ein- und Auszahlungen gleich Null ist. Die Höhe des ermittelten Zinsfußes darf nicht kleiner sein als der bei der Barwertmethode festgelegte Kalkulationszinsfuß. Diejenige Investition unter mehreren wird ausgewählt, die den höchsten internen Zinsfuß aufweist.

Der interne Zinsfuß ist eine Kennzahl zur Beurteilung der Ertragskraft einer Investition. Wenn im Bankgeschäft bei Anleihen Zinseinnahmen ins Verhältnis zum Kurswert gesetzt werden, dann spricht man von Effektivverzinsung (→ Effektivzins).

Beispiel: **Effektivverzinsung einer Anleihe**

6 % Anleihe wird zum Kurs von 96 % und 0,6 % Kosten gekauft. Effektivverzinsung?

96,6 DM Kapital – 6 DM Zinsen
100 DM Kapital – 6,21 DM Zinsen
Effektivverzinsung = 6,21 %

Im Beispiel wird ermittelt, wie das eingesetzte Vermögen sich verzinst. Auch die Interne Zinsfuß-Methode informiert, um welchen Prozentsatz das im Investitionsprojekt gebundene Kapital wächst.

Bei der *Barwertmethode* oder *Kapitalwertmethode* werden die künftigen Ein- und Auszahlungen der zur Auswahl stehenden Investitionsprojekte auf einen gemeinsamen Basiszeitpunkt mit einem bestimmten Kalkulationszinsfuß abgezinst. Die Abzinsung berücksichtigt den Tatbestand, daß künftige Einzahlungsüberschüsse (Erlöse – Kosten) aus heutiger Sicht desto weniger „Wert" haben, je weiter sie in der Zukunft liegen.

Die Höhe des zugrunde gelegten *Kalkulationszinsfußes* ist abhängig von:

- der Verzinsung festverzinslicher Wertpapiere
- den Gewinnerwartungen des Investors
- den Risiken des Investitionsprojektes

Nr. 25 Interne Zinsfuß-Methode

Der Barwert oder Kapitalwert einer Investition ergibt sich, wenn die künftigen Einzahlungsüberschüsse mit dem Kalkulationszinsfuß auf den heutigen Basiszeitpunkt abgezinst und der Anschaffungswert der Investition abgezogen wird. Ergibt sich ein positiver Barwert, dann erwirtschaftet das Investitionsprojekt eine höhere Rendite als der zugrunde gelegte Kalkulationszinsfuß (→ Barwertmethode).

Die interne Zinsfuß-Methode, ebenfalls ein *dynamisches Investitionsverfahren,* ermittelt die Verzinsung des im Investitionsprojekt gebundenen Kapitals. Der Barwert einer Investition ist beim internen Zinsfuß Null.

Beispiel: **Ermittlung des internen Zinsfußes eines Investitionsprojektes**

Ein Unternehmen erwirbt erwirbt eine neue Anlage für 100 000 DM. Der Einzahlungsüberschuß betrage im 1. Jahr 55 000 DM, im 2. Jahr 41 000 DM und im 3. Jahr einschließlich des Verkaufswertes der Anlage 45 000 DM. Wie hoch ist der interne Zinsfuß?

Jahr	Einzahlungsüberschuß	Abzinsungsfaktor 20 %	Barwert
1	55 000	0,83333 (1:1,2)	45 823,15
2	41 000	0,69444 (1:1,2²)	28 472,04
3	45 000	0,57870 (1:1,2³)	26 041,50
			100 346,50

Der Barwert beim Abzinsungsfaktor von 20 % liegt etwas höher als die Investitionsausgabe. Die Verzinsung des investierten Kapitals liegt damit knapp über 20 %.

Praxis-Tip

Rechnerische Schwierigkeiten können sich ergeben, wenn der interne Zinsfuß aus variablen Kapitalrückflüssen und $n > 3$ Jahren zu ermitteln ist. Man behilft sich dann mit Näherungsverfahren. Mehrere reelle Lösungen können unter Umständen ebenfalls auftreten. Diese Probleme und Mehrdeutigkeiten treten bei der abstrakteren Barwertmethode nicht auf.

Siehe auch:
→ Annuitätenmethode
→ Wirtschaftlichkeitsrechnung

Investitionsrechnung

Das günstigste Investitionsvorhaben auswählen

Die Wirtschaftlichkeit eines Projektes zeigt sich am besten anhand von verschiedenen Kennzahlen. Sie sollen zum Investitionsvorhaben selbst (→ Wirtschaftlichkeitsrechnung) Informationen liefern und eine Vergleichbarkeit zu anderen Projekten ermöglichen.

Man unterscheidet statische und dynamische Investitionsrechnungen (→ Barwertmethode). Letztere berücksichtigen im Unterschied zu den statischen Verfahren auch den zeitlichen Ablauf des Investitionsprozesses.

Die wichtigsten statischen Investitionsrechnungen sind:

- **Kostenvergleichsrechnung**
- **Gewinnvergleichsrechnung**
- **Rentabilitätsrechnung**

Kostenvergleichsrechnung

In der Kostenvergleichsrechnung werden meist die Gesamtkostenbelastungen der Investitionsobjekte zugrunde gelegt. Das Investitionsvorhaben mit den geringsten Kosten gilt als das vorteilhafteste.

Beispiel: **Vergleich zweier Investitionsvorhaben**

	Anlage 1	Anlage 2
Anschaffungskosten	1 000 000	1 400 000
Nutzungsdauer (Jahre)	10	10
Auslastung (Stück)	200 000	250 000
Abschreibung	100 000	140 000
Kalkulatorische Zinsen	50 000	70 000
Sonstige fixe Kosten	30 000	15 000
● Fixe Kosten insgesamt	180 000	225 000
● fixe Kosten je Stück	0,90	0,90
Materialkosten je Stück	0,45	0,40
Lohnkosten je Stück	0,25	0,15
Sonstige variable Kosten	0,10	0,05
● variable Kosten je Stück	0,80	0,60
● Kosten je Stück	1,70	1,50

Berechnung der Abschreibungssumme

$$\text{Abschreibung} = \frac{\text{Anschaffungskosten} - \text{Restwert}}{\text{Nutzungsdauer}}$$

Abschreibung = 1 000 000 : 10 = 100 000
Abschreibung = 1 500 000 : 10 = 150 000

Im Beispiel ist Anlage 2 das Investitionsvorhaben mit den niedrigeren Gesamtkosten je Stück und der Anlage 1 vorzuziehen. Dies gilt aber eben nur unter der Voraussetzung, daß das Unternehmen auch tatsächlich 250 000 Stück absetzen kann.

Der Kostenvergleich setzt ferner konstante Verkaufspreise voraus. Kostenveränderungen im Verlauf der Zeit können nicht berücksichtigt werden. Dieses Verfahren ist rein kostenorientiert; Erlöse und Erlösentwicklungen werden nicht erfaßt. Deshalb sind auch keine Angaben zur Rentabilität möglich.

Die Kostenvergleichsrechnung kommt deshalb nur bei Ersatzinvestitionen in Betracht. Außerdem muß darauf geachtet werden, daß die kostengünstigste Investition auch tatsächlich einen Gewinn erwirtschaftet.

Die vorliegenden Daten erlauben es, die sogenannte *kritische Menge* = x zu berechnen.

Die Kostenfunktion für Anlage 1 lautet:

K 1 = 0,8 x (variable K.) + 180 000 (fixe K.)

Die Kostenfunktion für Anlage 2 lautet:

K 2 = 0,6 x (variable K.) + 225 000 (fixe K.)

Die kritische Menge wird ermittelt, indem man die beiden Funktionen gleichsetzt:

$$\begin{aligned} 0{,}8x + 180\,000 &= 0{,}6x + 225\,000 \\ 0{,}2x &= 45\,000 \\ 2x &= 450\,000 \\ x &= 225\,000 \end{aligned}$$

Ab einer Auslastung von 225 000 Stück ist der Einsatz der Anlage 2 kostengünstiger, bei einer geringeren Menge arbeitet Anlage 1 mit niedrigeren Kosten.

Gewinnvergleichsrechnung

Die Gewinnvergleichsrechnung erfaßt die Auswirkungen des Investitionsvorhabens auf den Gewinn. Die Analyse bezieht auch den Ertrag einer Investition mit ein, d. h., die Kostenvergleichsrechnung wird in der Gewinnvergleichsrechnung um den Ertrag erweitert.

Die Investition mit dem höchsten Gewinn pro Leistungseinheit gilt als optimal.

Beispiel:

	Anlage 1	Anlage 2
Ertrag pro Stück	2	1,9
Nutzungsdauer (Jahre)	10	10
Auslastung (Stück)	200 000	250 000
Fixe Kosten	180 000	225 000
Variable Kosten	160 000	150 000
Gesamtkosten	340 000	375 000
Ertrag	400 000	475 000
● Gewinn	60 000	100 000
● Gewinn pro Stück	0,3	0,4

Während die Kostenvergleichsrechnung von stets gleichen Verkaufspreisen je Leistungseinheit ausgeht, kann bei der Gewinnvergleichsrechnung berücksichtigt werden, daß beim Absatz größerer Mengen in der Regel zusätzliche Verkaufsanstrengungen notwendig sind, z. B. Preiszugeständnisse oder höhere Provisionen.

Nicht genügend berücksichtigt wird die Höhe des zu investierenden Kapitals, da es höchstens in Form von kalkulatorischen Abschreibungen oder Zinsen in die Rechnung eingeht.

Rentabilitätsrechnung

Die Rentabilitätsrechnung ermittelt die durchschnittliche jährliche Verzinsung eines Investitionsvorhabens (→ **Kennzahlen**).

Der durchschnittliche Jahresgewinn einer Investition wird in Beziehung zum Kapitaleinsatz gesetzt:

$$\text{Rentabilität} = \frac{\text{Gewinn} \cdot 100}{\text{Kapital}}$$

Die Investition mit der höchsten durchschnittlichen Rentabilität gilt als die beste Lösung.

Nr. 26 Investitionsrechnung

Die Feststellung der Wirtschaftlichkeit von Investitionsvorhaben erfolgt in der industriellen Praxis meist durch mehrere Rentabilitätskennziffern.

$$\text{Bruttorendite der Investition bei Normalauslastung} = \frac{(\text{Gewinn} + \text{Zinsen} + \text{Steuern}) \cdot 100 \text{ eines Normaljahres}}{\text{Anlagevermögen}}$$

Das Ergebnis vor Zinsen und Steuern wird in Beziehung zum Kapitaleinsatz gebracht. Diese Kennziffer klammert die Einflüsse der unterschiedlichen Finanzierungsarten und der verschieden hohen Ertragsteuern aus.

Die Bruttorendite der Investition ist geeignet, die Wirtschaftlichkeit einer Anlage aus technischer Sicht zu beurteilen. Auch Investitionsvorhaben im Ausland können auf diese Art so miteinander verglichen werden.

$$\text{Nettorendite des zusätzlichen Eigenkapitals} = \frac{\text{Gewinn} \cdot 100}{\text{zusätzliches Eigenk.}}$$

Das für die Investition benötigte zusätzliche Eigenkapital wird in Beziehung zum Gewinn gesetzt. Die Fremdkapitalzinsen und die Ertragsteuern sind bereits vom Gewinn abgezogen. Die Verzinsung des für ein Investitionsprojekt vom Eigentümer zur Verfügung gestellten Kapitals wird durch diese Kennzahl erfaßt.

Praxis-Tip

Rentabilitätskennziffern bieten vor allem eine Vergleichsmöglichkeit für ganz unterschiedliche Investitionsobjekte. Sie können Rentabilitätskennziffern sowohl für Erst- wie auch für Erweiterungsinvestitionen anwenden. Vergleichen Sie die ermittelte Rendite mit dem derzeit geltenden Kapitalmarktzins, dann haben Sie auch einen Maßstab für Ihre gesamte Vermögensanlage.

Siehe auch:
→ Annuitätenmethode
→ Interne Zinsfuß-Methode

Kapitalrückflußrechnung

Bis wann amortisiert sich eine Investition?

Investitionen sind mit Risiko verbunden. Bei der Auswahl von Investitionsprojekten ist außer der Ertragskraft das Kapitalrisiko zu berücksichtigen. Dieses ist um so geringer, je kürzer die Kapitalrückflußzeit ist.

Payback-Period-Methode

Die Payback-Period-Methode ermittelt die Zeitdauer, bis die Mehreinnahmen (die durch das Investitionsprojekt ermöglicht werden) die Anfangsmehrausgaben (Kosten des Investitionsprojekts) ausgleichen.

Beispiel:

Investitionskosten (I)	400 000 DM
Erwartete jährliche Mehreinnahmen (M)	100 000 DM
(zusätzliche Einnahmen minus zusätzliche Ausgaben)	

$$\text{Payback-Period} = \frac{I}{M} = \frac{400\,000}{100\,000} = 4$$

Es dauert vier Jahre, bis die Mehreinnahmen die Mehrausgaben der Investition übersteigen. Wendet man die Payback-Period-Methode bei der Auswahl von einzelnen Investitionsprojekten an, dann wird das Investitionsprojekt mit der *kürzesten* Payback-Period ausgewählt.

Der Nachteil dieser Methode ist, daß während eines mehrjährigen Produktionsprozesses immer mit gleich hohen Kosten und Erträgen gerechnet wird. Auch werden alle Zahlungseingänge (Mehreinnahmen) gleich behandelt, unabhängig, ob der Zahlungseingang im ersten, zweiten, dritten oder einem späteren Jahr erfolgt.

Kapitalrückflußrechnung

Eine andere Wirtschaftlichkeitsrechnung, die Kapitalrückflußrechnung, berücksichtigt Änderungen in der Kosten- und Erlösstruktur der einzelnen Jahre. Die Kapitalrückflußrechnung erfaßt alle Einnahmen und Ausgaben, die auf das betreffende Investitionsprojekt entfallen.

Die Zahlungseingänge (zusätzliche Einnahmen) in den verschiedenen Jahren sind in dem folgenden Beispiel klar zu erkennen. Eine Verzinsung aller Einnahmen und Ausgaben auf einen bestimmten Zeitpunkt wie in der dynamischen Investitionsrechnung (→ **Barwertmethode,** → **Annuitätenmethode,** → **Interne Zinsfuß-Methode**) erfolgt aber nicht.

Beispiel: Ermittlung der Rückflußzeit

	1993	1994	1995	1996	1997
Verkaufsumsätze	700	900	1250	1100	1000
– Materialkosten	100	100	100	100	100
– Fertigungskosten	200	250	300	300	250
– Einzelkosten des Vertriebs	50	50	50	100	100
– Verwaltungskosten	50	50	50	50	50
– Vertriebskosten	100	50	50	50	100
– kalk. Zinsen auf Anlage	50	50	50	50	50
– Steuern	50	50	50	50	50
jährlicher Rückflußbetrag	100	300	600	400	300
gesamter Rückflußbetrag	100	400	1000	1400	1700

Bei einem Kapitalbedarf von 1 Mio. DM für das Investitionsprojekt beträgt die Rückflußzeit 3 Jahre. Stehen mehrere Investitionsvorhaben zur Disposition, wird man dem Projekt mit der kürzesten Rückflußzeit den Vorzug geben.

Praxis-Tip

Die Wirtschaftlichkeitsrechnung in Form der Kapitalrückflußrechnung liefert brauchbare Ergebnisse für die Praxis. Das Risiko wird gebührend berücksichtigt, da die Rückflußzeit des eingesetzten Kapitals im Mittelpunkt steht. Allerdings ist zu beachten, daß die Lebensdauer der Anlage oder Maschine nicht kürzer sein darf als die Kapitalrückflußzeit.

Siehe auch:
⟶ Barwertmethode
⟶ Investitionsrechnung
⟶ Wirtschaftlichkeitsrechnung

Kaufmännische Zinsrechnung

Errechnen Sie schnell die Summe Ihrer Zinsen

Müssen Zinsen für mehrere unterschiedlich hohe Beträge mit verschiedenen Laufzeiten berechnet werden, bietet die Zinsrechnung mit der kaufmännischen Zinsformel eine Rechenvereinfachung. Voraussetzung dafür ist ein gleicher Zinsfuß für alle Beträge. Der Zinsbetrag muß dann nicht aus der Summe der verschiedenen Einzelzinsen ermittelt werden (→ Zinsrechnung).

Kaufmännische Zinsformel

Die allgemeine Zinsformel wird bei der kaufmännischen Zinsformel in Zinszahl und Zinsdivisor aufgeteilt.

$$\text{Zinsen} = \frac{\text{Kapital} \cdot \text{Tage} \cdot \text{Zinsfuß}}{100 \cdot 360} \qquad Z = \frac{K \cdot t \cdot p}{100 \cdot 360}$$

$$Z = \frac{K \cdot t}{100} \cdot \frac{p}{360} \qquad Z = \frac{K \cdot t}{100} : \frac{360}{p}$$

Zinszahl — Zinsdivisor (Zinsteiler)

$$Z = \frac{\text{Zinszahl}\ (\#)}{\text{Zinsdivisor}}$$

Zinssätze, die „bequeme“ Teiler sind

%	Zinsteiler
1	360
2	180
3	120
4	90
5	72
6	60
7	–
8	45
9	40
10	36

„unbequeme“ Zinsteiler

%	Zinsteiler
1,66 (1⅔)	216
3,33 (3⅓)	108
6,66 (6⅔)	54
5	72
2,5 (2½)	144
1,25 (1¼)	288
1,125 (1⅛)	320
2,250 (2¼)	160
4,500 (4½)	80

Die folgenden Beispiele zeigen, daß Zinsberechnungen mit der kaufmännischen Zinsformel schneller zu rechnen sind:

Beispiel: Zinsbelastung durch einen Überziehungskredit

Ein Unternehmen nimmt bei der Hausbank einen Überziehungskredit von 20 000 DM für 90 Tage zu 8 % auf.

a) Mit welchem Zins belastet die Bank das Unternehmen?
b) Wie hoch wäre die Belastung bei einem Zinssatz von 9 %?

zu a) $Z = \frac{200 \cdot 90}{45} = 400$ DM

zu b) $Z = \frac{200 \cdot 90}{40} = 450$ DM

Ein Stück Geschichte – „Unbequeme" Zinssätze

Viele Zinssätze sind in 360 nicht als ganze Zahlen enthalten. In einem früheren Verfahren, das heute kaum noch angewandt wird, wurden die unbequemen Zinssätze in einen bequemen sowie einen Rest zerlegt. Der Rest wurde als Bruchteil des bequemen Zinssatzes zugezählt bzw. abgezogen. Heute ist die Berechnung der Zinsdivisoren dank des Taschenrechners kein Problem mehr.

Beispiel: Zinsberechnung bei unbequemen Zinssätzen

a) die Zinszahl beträgt 9 084 und der Zinssatz 5,5 %,
b) die Zinszahl beträgt 17 352 und der Zinssatz 6,5 %.

zu a) $\text{Zinsen} = \frac{\text{Zinszahl}}{\text{Zinsdivisor}}$

$\text{Zinsen} = \frac{9084}{65{,}45} = 138{,}79$ DM

zu b) $\text{Zinsen} = \frac{17\,352}{55{,}38} = 313{,}33$ DM

Summarische Zinsrechnung

Die Verzinsung mehrerer unterschiedlicher Beträge zum gleichen Zinsfuß kommt in der kaufmännischen Praxis häufig vor. Die Zinszahlen der einzelnen Beträge werden addiert und durch den gemeinsamen Zinsdivisor geteilt.

$\text{Zinsen} = \frac{\text{Summe der Zinszahlen}}{\text{Zinsdivisor}}$

Beispiel: Gesamtforderung inklusive Verzugszinsen

Ein Industrieunternehmen hat gegen einen Kunden folgende Einzelforderungen:

7 483,20 DM, fällig am 7. 2.
25 243,90 DM, fällig am 15. 4.
3 950,70 DM, fällig am 5. 5.

Wie hoch ist die Gesamtforderung am 30. 6. einschließlich 8 % Verzugszinsen?

Betrag	Verfall	Tage	Zinszahlen
7 483,20 DM	7. 2.	143	10 701
25 243,90 DM	15. 4.	75	18 933
3 950,70 DM	5. 5.	55	2 173
36 677,80 DM			31 807

So rechnen Sie richtig:

① Beträge eintragen, Verfallzeiten berücksichtigen und Zinstage ermitteln.

② Zinszahlen berechnen (1 % des Kapitals × Tage).

③ Die Summe der Zinszahlen ist durch den Zinsdivisor zu teilen.
Zinsdivisor für 8 % ist 45

$$\text{Verzugszinsen} = \frac{31\,807}{45} = 706{,}82 \text{ DM}$$

④

Summe der Einzelforderungen	36 677,80 DM
+ Verzugszinsen 8 %	706,82 DM
Gesamtforderung	37 384,62 DM

Beispiel: Gesamtschuld inklusive Verzugszinsen

Ein Schuldner will zum 31. 12. vier Rechnungen ausgleichen:

1. 4 000 DM, fällig am 30. 6.
2. 780 DM, fällig am 30. 7.
3. 15 888 DM, fällig am 20. 10.
4. 640 DM, fällig am 10. 12.

a) Über welchen Betrag muß die Überweisung lauten, wenn der Gläubiger 9 % Verzugszinsen berechnet?

b) Wie hoch wäre der Überweisungsbetrag bei 5 % Zinssatz?

zu a)

Beträge	Fälligkeit	Tage	# 31. 12.
4000,00 DM	30. 6.	180	7200
780,00 DM	30. 7.	150	1170
15888,00 DM	20. 10.	70	11122
640,00 DM	10. 12.	20	128
21308,00 DM			19620

21308,00 DM
\+ 490,50 DM 9 % Verzugszinsen — 19620 : 40 = 490,5
21798,50 DM Überweisungsbetrag

zu b) 19620 : 72 = 272,50 DM
21308 DM
\+ 272,50 DM 5 % Verzugszinsen
21580,50 DM Überweisungsbetrag

Praxis-Tip

Zinsen sind *grundsätzlich umsatzsteuerfrei,* da ihnen ein Kreditgeschäft zugrunde liegt. Die Gewährung, die Vermittlung und die Verwaltung von Krediten fällt unter die Steuerbefreiung nach § 4 Nr. 8 a Umsatzsteuergesetz (UStG).

Eine Kreditgewährung in Zusammenhang mit einer Warenlieferung ist möglich. Es muß dann aber eine eindeutige Trennung zwischen Kreditgeschäft und Lieferung vorliegen. Eine gesonderte Kreditgewährung wird anerkannt, wenn Warengeschäft und Kreditgeschäft getrennt abgeschlossen werden, getrennte Entgelte vereinbart werden. Die Vereinbarung der Kreditgewährung muß den Jahreszins angeben. Warengeschäft und Kreditgeschäft sind auch gesondert abzurechnen.

Siehe auch:
→ Zinseszinsrechnung
→ Zinsrechnung

Kennzahlen

Unternehmensdaten für wichtige Entscheidungen

Betriebswirtschaftliche Kennzahlen ermöglichen es, die im Unternehmen anfallenden Daten zu verdichten und auszuwerten. Nicht nur das Sammeln von Zahlen ist wichtig, ebenso das Aufbereiten und Auswerten des vorhandenen Datenmaterials des betrieblichen Rechnungswesens und der verschiedenen Fachbereiche. Kennzahlen vermitteln wertvolle Erkenntnisse über das Unternehmen und leisten einen Beitrag, um optimale Entscheidungen zu treffen.

Mit Kennzahlen Vergleiche durchführen

Kennzahlen umfassen Gliederungszahlen, Beziehungszahlen und Indexzahlen. Mit ihrer Hilfe können Sie Zeitvergleiche, Betriebsvergleiche und Soll-Ist-Vergleiche durchführen.

- *Gliederungszahlen* entstehen, wenn ein Teil zu einer Gesamtheit in Beziehung gesetzt wird, z. B. Umsatz des Gutes X in % des Gesamtumsatzes. Die einzelnen Bilanzpositionen können in % der Bilanzsumme angegeben werden.
- *Beziehungszahlen* setzen unterschiedliche Massen, zwischen denen kein kausaler Zusammenhang besteht, zueinander in Beziehung, z. B. Gewinn zu Umsatz, Eigenkapital zu Anlagevermögen. Mannigfaltige Beziehungen zwischen Unternehmensgrößen lassen sich herstellen.
- *Indexzahlen* machen Entwicklungen im Zeitablauf transparenter. Der absolute Wert eines bestimmten Zeitpunktes oder eines typischen Basisjahres werden gleich 100 gesetzt. Sämtliche Jahresumsätze werden auf das betreffende Jahr bezogen. Mit Hilfe der Indexzahlen läßt sich ein Trend von bestimmten betriebs- oder volkswirtschaftlichen Daten aufzeichnen.

Betriebswirtschaftliche Kennzahlen zeigen Stärken und Schwächen eines Unternehmens.

- Die Produktivitätskennziffern ermöglichen einen Vergleich verschiedener technischer Prozesse der Leistungserstellung.
- Bilanzkennziffern sind die Grundlage der Bilanzanalyse. Die einzelnen Positionen der Bilanz werden zu Hauptpositionen zusammengefaßt: Sachanlagen, Finanzanlagen, Vorräte, Forderungen, Zahlungsmittel, Eigenkapital, langfristiges Fremdkapital, kurzfristiges Fremdkapital. Die

Hauptpositionen werden in % der Bilanzsumme ausgedrückt. Aus diesen Kennziffern kann der Bilanzanalytiker die Vermögensstruktur und den Kapitalaufbau erkennen.

- Die Finanz- und Liquiditätskennzahlen informieren über Veränderungen in der Finanzstruktur und in der Liquiditätslage eines Unternehmens.
- Rentabilitätskennziffern zeigen die Effektivverzinsung des im Unternehmen arbeitenden Kapitals bzw. des Eigenkapitals.
- Eine Wirtschaftlichkeitsanalyse im EDV-Bereich und im Forschungs- und Entwicklungsbereich ist ebenfalls mit Kennzahlen möglich.
- Kennziffern werden auch zur Auswahl einzelner Investitionsobjekte herangezogen.
- Schwächen und Verlustquellen in der Materialwirtschaft, in der Fertigung, im Absatz und im Personalressort können durch Kennziffern aufgedeckt werden. Ein Vergleich mit Unternehmen derselben Wirtschaftsbranche oder Sparte und ähnlicher Größenordnung bietet zusätzliche wichtige Informationen.

Kennzahlen zur globalen Unternehmenssteuerung

Produktivität ist eine mengenmäßige Gegenüberstellung von Input (Leistungseinsatz) und Output (Leitungsergebnis). Der Leistungseinsatz (Arbeitsstunden, Materialverbrauch) wird dem Leistungsergebnis gegenübergestellt.

$$\textit{Produktivität} = \frac{\text{Produktionsleistung (Ausbringung in Stück, m, kg)}}{\text{Einsatz von Materialmenge, Arbeitszeit, Sachkapital}}$$

Während die Produktivität eine rein technische Gegenüberstellung von Mengen ist, wobei Preise keine Rolle spielen, ist die **Wirtschaftlichkeit** das Verhältnis von Ertrag zu Aufwand bzw. Leistung und Kosten.

$$\textit{Wirtschaftlichkeit} = \frac{\text{Ertrag}}{\text{Aufwand}} \text{ bzw. } \frac{\text{Leistungen (Betriebserträge)}}{\text{Kosten}}$$

Die Geschäfts- oder Finanzbuchhaltung ermittelt die Höhe des Ertrages und die Höhe des Aufwandes in der Gewinn- und Verlustrechnung. Die Betriebsbuchhaltung liefert die Zahlen für die Leistungen und Kosten.

Die Wirtschaftlichkeit ist gegeben, wenn die Kennzahl einen Wert >1 erreicht. Z. B. die Rationalisierung der Fertigungstechnik führt zu einer Wirtschaftlichkeitsverbesserung, also zu einem Ansteigen der Kennziffer nach Durchführung der Maßnahme.

Rentabilität ist das Verhältnis von Gewinn zu Kapitaleinsatz bzw. zu Umsatz. Das im Abrechnungszeitraum durchschnittlich eingesetzte Kapital wird in Beziehung zum Reingewinn gesetzt. Die Rentabilität wird als Prozentsatz wiedergegeben.

Die Eigenkapitalrentabilität setzt den Reingewinn zum Eigenkapital in Beziehung. Da sich die Rentabilitätskennzahl auf ein Jahr bezieht, ermittelt sie die jährliche Verzinsung des Eigenkapitals.

$$\textit{Eigenkapitalrentabilität} = \frac{\text{Gewinn (Verlust)} \cdot 100}{\text{Eigenkapital}}$$

Die Leistungsfähigkeit eines Unternehmens zeigt sich noch deutlicher in der Unternehmensrentabilität (Rentabilität des Gesamtkapitals). Die Zinsaufwendungen müssen erfaßt werden, da sie ebenfalls vom Unternehmen erwirtschaftet werden müssen.

$$\textit{Rentabilität d. Gesamtkapitals} = \frac{(\text{Gewinn} + \text{Kosten für Fremdkapital}) \cdot 100}{\text{Gesamtkapital}}$$

Die Finanz- und Ertragskraft eines Unternehmens läßt sich allerdings in der Kennzahl **Cash-flow zu Gesamtkapital** (Eigenkapital) besser beurteilen als in der Kennzahl Gewinn zu Gesamtkapital (Eigenkapital). Der **Cash-flow** wird meist als Summe des Jahresgewinns plus Abschreibungen dargestellt. Die Finanz- und Ertragskraft eines Unternehmens kommt in der folgenden Form des Cash-flows noch deutlicher zur Geltung.

  Jahresgewinn bzw. Jahresverlust
\+ Rücklagenzuführung
− Rücklagenauflösung
\+ Abschreibung für Abnutzung (AfA) auf Sach- und Finanzanlagen
\+ Abschreibung für Abnutzung (AfA) für geringwertige Wirtschaftsgüter
\+ Zinsen für Fremdkapital
\+ Erhöhung der langfristigen Rückstellungen

= *Cash-flow*

Die Erfassung des jährlichen Abschreibungsvolumens im Cash-flow zeigt die Selbstfinanzierungsmöglichkeit. Durch das Steuerrecht veranlaßte Abschreibungen und ihre Auswirkungen auf den Gewinn werden ebenso beseitigt wie Schwankungen in der Investitionstätigkeit. Gerade bei kleineren und mittleren Unternehmen steigen die Abschreibungen im ersten Jahr der Inbetriebnahme eines neuen Projekts stark an, obwohl die neue Anlage meist noch nicht voll ausgelastet ist. Der Cash-flow eignet sich daher besser zur Beurteilung der Ertragslage als der Gewinn.

$$\frac{\text{Cash-flow} \cdot 100}{\text{Gesamtkapital}}$$

Die Umsatzrentabilität ist das Verhältnis von Gewinn zu Verkaufserlösen.

$$\textit{Umsatzrentabilität} = \frac{\text{Gewinn} \cdot 100}{\text{Umsatz}}$$

Aussagefähig ist auch die Kennzahl

$$\frac{\text{Cash-flow} \cdot 100}{\text{Umsatz}}$$

Sie drückt aus, wieviel Prozent des Umsatzes der Cash-flow beträgt. Die Anwendung dieser Beziehungszahl empfiehlt sich insbesondere dann, wenn längere Zeiträume mit stärkeren Schwankungen in der Investitionstätigkeit zu analysieren sind.

Die Gegenüberstellung von Eigenkapital zu Fremdkapital vermittelt bereits einen ersten Einblick in die Art der Finanzierung eines Unternehmens.

$$\textit{Verschuldungskoeffizient} = \frac{\text{Fremdkapital}}{\text{Eigenkapital}}$$

Die sog. „klassische Regel" setzt ein Verhältnis von mindestens 1:1 voraus, d. h., die Schulden sollen nicht größer sein als das Eigenkapital. Der Verschuldungskoeffizient müßte entsprechend $\leqq 1$ sein. Die Unternehmen können sich aber nicht starr an diese Kennziffer halten. Der Verschuldungskoeffizient bezieht z. B. das wichtige Kriterium der Fristigkeit des Fremdkapitals nicht in die Analyse mit ein.

Zur Beurteilung der Finanzierung eines Unternehmens muß die Aktivseite der Bilanz in Beziehung zur Passivseite gesetzt werden.

$$\textit{Anlagendeckung I} = \frac{\text{Eigenkapital} \cdot 100}{\text{Anlagevermögen}}$$

$$\textit{Anlagendeckung II} = \frac{(\text{Eigenkapital} + \text{langfr. Fremdkapital}) \cdot 100}{\text{Anlagevermögen}}$$

Die *Goldene Bilanzregel* verlangt die Finanzierung des gesamten Anlagevermögens durch Eigenkapital. Dieser Finanzierungsgrundsatz wurde später erweitert. Das gesamte Anlagevermögen einschließlich des dauernd gebundenen Umlaufvermögens, des eisernen Bestandes, sind durch Eigenkapital und langfristiges Fremdkapital zu finanzieren.

Praxis-Tip

Finanzieren Sie Investitionen, die Ihr Kapital lange binden, mit langfristigen Mitteln, also mit Eigenkapital oder langfristigem Fremdkapital.

Liquidität ist die Fähigkeit, zu einem bestimmten Zeitpunkt allen Zahlungsverpflichtungen und -notwendigkeiten fristgerecht und in voller Höhe nachkommen zu können. Liquiditätskennzahlen liefern wichtige Hinweise, ob eine spannungsfreie Finanzierung möglich ist:

$$\textit{Liquidität I} = \frac{\text{Zahlungsmittel} \cdot 100}{\text{kurzfristiges Fremdkapital}}$$

$$\textit{Liquidität II} = \frac{(\text{Zahlungsmittel} + \text{Forderungen}) \cdot 100}{\text{kurzfristiges Fremdkapital}}$$

$$\textit{Liquidität III} = \frac{\text{gesamtes Umlaufvermögen} \cdot 100}{\text{kurzfristiges Fremdkapital}}$$

Kennzahlen zur gezielten Unternehmenssteuerung

Neben den Kennzahlen zur globalen Unternehmenssteuerung sind die der speziellen Unternehmensführung zu beachten. Letztere ermöglichen eine Analyse der einzelnen Unternehmensbereiche und zeigen Verlustquellen in der Fertigung, im Absatz, in der Materialwirtschaft oder im Personalressort auf. Diese Unternehmensanalyse sollte um einen Vergleich mit früheren Perioden und mit Unternehmungen derselben Wirtschaftsbranche bzw. Sparte ergänzt werden.

● Materialwirtschaft

Der Einkauf verfügt über den größten Ausgabeetat im Unternehmen. Die Ertragslage kann verbessert werden, wenn es gelingt, das Einkaufsvolumen zu reduzieren oder die Umsätze zu steigern. Die Einkäufe erreichen bei vielen Industrieunternehmen 50 % des Gesamtumsatzes.

$$\frac{\text{Einkaufsvolumen} \cdot 100}{\text{Umsatz}}$$

Meldebestand, durchschnittlicher Lagerbestand, Umschlagshäufigkeit und durchschnittliche Lagerdauer sind die gängigen Kennziffern in der Materialwirtschaft. Die Formeln lauten wie folgt:

$$\textit{Meldebestand} = \text{Mindestbestand} + \text{täglicher Verbrauch} \cdot \text{Lieferzeit}$$

$$\textit{durchschnittlicher Lagerbestand} = \frac{\text{Anfangsbestand} + \text{Endbestand}}{2} \text{ bzw.}$$

$$\textit{durchschn. Lagerbest.} = \frac{\text{Jahresanfangsbest.} + 12 \text{ Monatsendbestände}}{13}$$

$$\textit{Umschlagshäufigkeit} = \frac{\text{Wareneinsatz (bzw. Warenumsatz)}}{\text{durchschnittlicher Lagerbestand}}$$
(= Lagerumschlag)

Der Lagerbestand wird zu Einstandspreisen geführt, also Einkaufspreis plus Bezugskosten. Der Warenumsatz muß deshalb im Handel ebenfalls zu Einstandspreisen (und nicht zu Verkaufspreisen) bewertet werden. Der Stoffverbrauch wird im Industriebetrieb auch zu Einstandspreisen verrechnet.

Aus der ermittelten Umschlagshäufigkeit läßt sich die durchschnittliche Lagerdauer errechnen:

$$\textit{durchschnittliche Lagerdauer} = \frac{360}{\text{Umschlagshäufigkeit}}$$

Die durchschnittliche Lagerdauer hat wiederum Auswirkungen auf den Lagerzinssatz, der mit Hilfe des Dreisatzes oder mit einer Formel ermittelt werden kann.

$$\textit{Lagerzinssatz} = \frac{\text{Jahreszinssatz} \cdot \text{durchschnittliche Lagerdauer}}{360}$$

Beispiel: Berechnung von Lagerzins und Lagerzinsfuß mit der Formel

Ein Betrieb hat im Durchschnitt ein Kapital von 90000 DM in den Lagervorräten angelegt. Die durchschnittliche Lagerdauer beträgt 60 Tage. Wie hoch sind Lagerzins und Lagerzinssatz, wenn das Lager über einen Kredit mit einem Zinsfuß von 9 % finanziert wird?

$$\text{Lagerzins} = \frac{K \cdot p \cdot t}{100 \cdot 360} \qquad \text{Lagerzins} = \frac{90000 \cdot 9 \cdot 60}{100 \cdot 60}$$

$$\text{Lagerzins} = 1350 \text{ DM}$$

$$\text{Lagerzinsfuß} = \frac{\text{Jahreszinssatz} \cdot \text{durchschnittliche Lagerdauer}}{360}$$

$$\text{Lagerzinsfuß} = \frac{9 \cdot 60}{360} \qquad \text{Lagerzinsfuß} = 1{,}5\ \%$$

1,5 % von 90000 DM ergeben 1350 DM.

- **Fertigung**

  Die Kennzahl Beschäftigungsgrad bzw. Auslastungsgrad des Produktionspotentials zeigt den Grad der Auslastung der Produktionsanlagen. Die maximale Auslastung der Anlagen beträgt 100 %.

$$\textit{Beschäftigungsgrad} = \frac{\text{Ist-Auslastung d. Produktionspotentials} \cdot 100}{\text{mögliche Auslastung des Produktionspotentials}}$$

  Diese Kennzahl gewinnt mit steigendem Kapitaleinsatz und der damit verbundenen Zunahme der fixen Kosten an Bedeutung. Die Gesamtkosten, die sich aus fixen und variablen Kosten zusammensetzen, werden in diesem Fall zusehends von den konstant bleibenden Kosten bestimmt, unabhängig, ob viel oder wenig produziert wird.

  Kennzahlen zur Produktivität zeigen die technische Leistungsfähigkeit der verschiedensten Teilgebiete. Arbeitsproduktivität und Kapitalproduktivität sind besonders wichtige Kennzahlen.

$$\textit{Arbeitsproduktivität} = \frac{\text{Ausbringung (Output)}}{\text{Arbeitsstunde je Mann}}$$

Bei der Arbeitsproduktivität kann z. B. die Ausbringungsmenge eines Betriebes in einem Monat durch die gesamten Arbeitsstunden dividiert werden. Die Arbeitsproduktivität dieses Monats kann so mit vorhergehenden Monaten verglichen werden.

$$\textit{Kapitalproduktivität} = \frac{\text{Ausbringung}}{\text{Sachkapital}}$$

Der Kapitaleinsatz wird bei der Kapitalproduktivität in Beziehung zur Ausbringung gesetzt.

- **Absatz**

Einen allgemeinen Überblick über die Absatzsituation vermittelt eine Gegenüberstellung der Umsätze mit Angabe der jährlichen prozentualen Zu- oder Abnahme. Der Trend ist deutlich zu erkennen, wenn man den Umsatz eines bestimmten Jahres als Basis nimmt und gleich 100 setzt.

Umsatzentwicklung (Indexdarstellung)

Jahr	Verkauf in Mio.	Veränderungen gegenüber Basisjahr 1987 (1987 = 100)
1987	7,00	100
1988	6,30	90
1989	6,65	95
1990	7,70	110
1991	9,10	130
1992	9,80	140
1993	10,50	150
1994	10,85	155
1995	11,32	162

Der Gesamtumsatz muß nach Produkten und Absatzgebieten aufgegliedert werden. Die Umsatzaufgliederung der absoluten Zahlen ist durch Gliederungszahlen zu ergänzen. Die Prozentzahlen zeigen deutlich Strukturverschiebungen, wenn mehrere Jahre in die Analyse einbezogen werden.

Für den Handel ist die folgende Kennziffer wichtig:

$$\frac{\text{Umsätze}}{\text{Verkaufsfläche}}$$

Nr. 29 Kennzahlen

- **Personal**

$$\text{Fehlzeitenquote} = \frac{\text{Versäumte Arbeitstage im Jahr} \cdot 100}{\text{mögliche Arbeitstage im Jahr}}$$

Die Fehlzeitenquote kann weiter aufgegliedert werden in Krankheit, Mutterschutz etc.

$$\text{Umsatz pro Belegschaftsmitglied} = \frac{\text{Jahresumsatz}}{\text{durchschnittliche Zahl der Besch.}}$$

$$\text{Anlagevermögen je Besch.} = \frac{\text{Sachanlagen am Stichtag}}{\text{Zahl der Beschäftigten am Stichtag}}$$

Die Höhe dieser Kennzahl wird vom Wirtschaftszweig und von betriebsindividuellen Gegebenheiten bestimmt.

- **Forschung und Entwicklung**

Die Forschungsintensität eines Unternehmens zeigt die Relation Forschungsaufwendungen zu Jahresumsatz:

$$\frac{\text{Aufwendungen für Forschung und Entwicklung} \cdot 100}{\text{Jahresumatz}}$$

Ein anderer Maßstab für die Bedeutung, die das Unternehmen der Forschung und Entwicklung beimißt, ist die Kennzahl:

$$\frac{\text{Beschäftigte in Forschung und Entwicklung} \cdot 100}{\text{Gesamtbelegschaft}}$$

Die Höhe der Forschungs- und Entwicklungsaufwendungen sowie die Zahl der in Laboratorien beschäftigten Mitarbeitern zeigen, in welchem Ausmaß ein Unternehmen Forschung und Entwicklung betreibt. Die Bedeutung, die ein Unternehmen der Forschungs- und Entwicklungstätigkeit beimißt, wird aber erst erkennbar, wenn man die absoluten Zahlen in Beziehung zum Jahresumsatz bzw. zu der Gesamtbelegschaft setzt.

Die jeweilige Branche ist noch miteinzubeziehen. Forschung und Entwicklung haben beispielsweise in der Pharmazeutik einen ganz anderen Stellenwert als in der Nahrungsmittelindustrie.

Siehe auch:
→ Prozentrechnung
→ Cash-flow
→ Indexzahlen
→ Optimale Bestellmenge
→ Kosten und Beschäftigung
→ Investitionsrechnung

Kommissionsgeschäfte

Verfalltag und Überweisungsbetrag berechnen

Der Kommissionär kauft oder verkauft gewerbsmäßig Waren oder Wertpapiere im eigenen Namen auf Rechnung des Kommittenten. Die Provision des Kommissionärs wird von den Rechnungsbeträgen (ohne Umsatzsteuer) ermittelt. Provision und Auslagen des Kommissionärs unterliegen aber der Mehrwertsteuer. Der Kommittent, der die Mehrwertsteuer zunächst zahlt, kann sie als Vorsteuer abziehen. Der mittlere Verfalltag wird auf der Grundlage der Zahlungseingänge berechnet.

Beispiel: **Verkaufskommission**

Der Verkaufskommissionär sammelt mehrere Beträge und transferiert sie an einem gemeinsamen mittleren Verfalltag an den Kommittenten, abzüglich Skonto, Delkredereprovision und Verkaufsprovision.

Ein Kommissionär tätigte für seinen Auftraggeber folgende Verkäufe:

18. 2. für 7200 DM, Ziel 3 Monate
4. 3. für 22860 DM, bar mit 2 % Skonto
6. 3. für 3510 DM, Ziel 2 Monate
14. 3. für 16240 DM, bar mit 3 % Skonto

Der Kommittent zahlt 3 % Provision und 2 % Delkredereprovision. Außerdem trägt der Kommittent 174 DM Auslagen. Mittlerer Verfalltag und Überweisungsbetrag sind zu ermitteln.

4. 3.

Rechnungsbeträge ①	Zahlungen ②	Fälligkeit	Tage ④	Zinszahlen
7200 DM	7200,00 DM	18. 5.	74	5328
22860 DM	22402,80 DM	③ 4. 3.	–	–
3510 DM	3510,00 DM	6. 5.	62	2176
16240 DM	15752,80 DM	14. 3.	10	1575
49810 DM	48865,60 DM	23. 3.	19	9079

9079 : 488,656 = 18,58

Gesamtsumme, fällig 23. 3. (4. 3. + 19 Tage) ⑤		48865,60 DM
– Provision 3 % von 49810 DM	1494,30 DM ⑥	
– Delkredereprovision 2 % von 10710 DM	214,20 DM	
– Auslagen	174,00 DM	1882,50 DM
Überweisungsbetrag des Kommissionärs am 23. 3.		⑦ 46983,10 DM

So rechnen Sie richtig:

① Rechnungsbeträge eintragen

② Zahlungen sind zu berechnen (Rechnungsbeträge – Skonto)

③ Stichtag ist der früheste Fälligkeitstermin

④ Berechnung der Tage und der Zinszahlen vom Stichtag aus

$$\text{Tage} = \frac{\text{Summe der Zinszahlen}}{1\,\%\text{ der Zahlungen}}$$

⑤ Mittlerer Verfalltag = Stichtag und Tage

⑥ Die Provision wird von den Rechnungsbeträgen errechnet; Delkredereprovision ist nur von den Zielverkäufen zu errechnen.

⑦ Die Summe der Zahlungen ist um Provision, Delkredereprovision und Auslagen zu kürzen.

Beispiel: Einkaufskommission

Ein Kommissionär tätigte für seinen Auftraggeber folgende Einkäufe: 8700 DM am 14. 6., Ziel 2 Monate; 16000 DM am 30. 6., bar mit 2½ % Skonto; 75000 DM am 22. 7., Ziel 1 Monat

Für diese Einkäufe sind am mittleren Verfalltag dem Kommissionär die verlangten Beträge durch einen Bankscheck zu ersetzen. Wie hoch ist dieser Scheck, wenn der Kommissionär 2,25 % Provision berechnet und 270 DM Auslagen angefallen sind?

30. 6.

Rechnungsbeträge	Zahlungen	Verfall	Tage	#
8700 DM	8700 DM	14. 8.	44	3828
16000 DM	15600 DM	30. 6.	–	–
75000 DM	75000 DM	22. 8.	52	39000
99700 DM	99300 DM	13. 8.	43	42828

42828 : 993 = 43

Gesamtsumme, fällig am 13. 8.	99300,00 DM
+ Provision 2,25 % von 99700 DM	2243,25 DM
+ Auslagen	270,00 DM
Scheck beträgt	101813,25 DM

Kontokorrentrechnung

Mal im Soll, mal im Haben

Die Kontokorrentrechnung befaßt sich mit der Abrechnung des laufenden Geschäftsverkehrs der Unternehmen mit ihren Kunden und Lieferanten oder der Banken und ihren Bankkunden. Jede Geschäftsverbindung findet ihren Niederschlag auf einem Verrechnungskonto. Die aus der Geschäftsverbindung herrührenden beiderseitigen Ansprüche und Leistungen werden nach HGB § 355 Abs. 1 gegeneinander verrechnet.

Kontokorrentkredit

Der Kontokorrentkredit ist ein Bankkredit, der dem Kunden bis zu einer bestimmten Höhe eingeräumt wird. Sie können als Bankkunde den Kredit je nach Bedarf in wechselndem Umfang bis zu der vereinbarten Kreditlinie in Anspruch nehmen, der Saldo des Kontos kann auch zwischen Guthaben und Schuld schwanken. Der Kontokorrentkredit ist formal ein kurzfristiger Kredit, wenn er auch durch ständige Prolongationen meist langfristigen Charakter erhält. Der große Vorteil für ein Unternehmen besteht in der Möglichkeit, den Kontokorrentkredit in unterschiedlicher Höhe je nach Geschäftslage zu beanspruchen. Ein unausgenutzter Kontokorrentkredit ist eine Liquiditätsreserve für Zahlungsspitzen.

Kontokorrentvertrag

Rechtsgrundlage für ein Kontokorrentverhältnis ist der zwischen der Bank und dem Kunden abgeschlossene Kontokorrentvertrag, in dem die Verzinsung und die Höhe der Abschlußgebühren geregelt sind.

- *Sollzinsen* werden aus dem effektiv in Anspruch genommenen Kreditbetrag berechnet. Die Höhe des Sollzinssatzes ist wichtigster Bestandteil in den Verhandlungen zwischen Bank und Kunden.
- Die *Umsatzprovision* wird von der Bank als Vergütung für die Verwaltungsarbeit berechnet. Sie wird deshalb meist aus der größeren Umsatzseite des Kontos oder als feste Gebühr pro Kontobewegung errechnet. Weist ein Konto nur einen geringen Umsatz aus, dann wird häufig die Provision eines festgelegten Mindestumsatzes errechnet. Sie sollten darauf achten, daß gewisse Beträge von der Ermittlung der Umsatzsumme ausgeschlossen bleiben, z. B. Saldovortrag oder Stornobuchungen.

- Während die Umsatzprovision die Bank für die Kontoführung entschädigen soll, wird die *Kreditprovision* (Bereitstellungsprovision) dann erhoben, wenn ein bereitgestellter (zugesagter) Kredit nicht oder nicht in vollem Umfang in Anspruch genommen wird.
- *Überziehungsprovision* ist zu entrichten, wenn die Höchstgrenze des gewährten Kredits überschritten wird. Sie wird auch fällig, wenn ein Kunde ohne einen zugesagten Kredit ins Debet kommt.
- Die Banken belasten ihre Kunden außerdem mit *Spesen*, insbesondere mit Portogebühren.

Ein Unternehmen kann bei mehreren Banken Kontokorrentkredite haben. Es ist auch möglich, bei der Hausbank einen laufenden Kontokorrentkredit, einen Kontokorrentkredit als Saisonkredit und zusätzlich einen Zwischenfinanzierungskredit zu unterhalten. Die Bank kann für jeden einzelnen Kontokorrentkredit getrennte Sicherheiten verlangen, z. B. Abtretung von Forderungen (Zession), Sicherungsübereignung oder grundbuchliche Sicherheiten. Für jeden Kontokorrentkredit muß eine eigene Zinstaffel und ein eigener Abschluß zum Quartalsende erstellt werden.

Beispiel: Abschluß eines Kontokorrentkontos

Das folgende Kontokorrentkonto ist zum Ende des 1. Quartals abzuschließen:

Soll-Buchungen		
05. 01. Scheck	Wert 05. 01.	60000 DM
27. 02. Überweisung	Wert 27. 02.	475000 DM
10. 03. Wechseleinlösung	Wert 10. 03.	150000 DM
Haben-Buchungen		
02. 01. Saldovortrag	Wert 31. 12.	40000 DM
07. 02. Wechseldiskontierung	Wert 07. 02.	95000 DM
20. 03. Überweisung		240000 DM

Folgende Konditionen sind zu beachten:

- gewährter Kredit 500000 DM
- Sollzinsen 8 %, Habenzinsen 0,5 %
- Kreditprovision 1 %
- Überziehungsprovision 1 %
- Umsatzprovision 0,25 % von der größeren Seite
- Spesen 9 DM

Zinsstaffel

Wert	S/H	Betrag (1)	Tage (2)	Zinszahlen Soll (3)	Zinszahlen Haben (4)
31. 12.	H	40000 DM	5		2000
5. 1.	S	60000 DM			
	S	20000 DM	32	6400	
7. 2.	H	95000 DM			
	H	75000 DM	20		15000
27. 2.	S	475000 DM			
	S	400000 DM	13	52000	
10. 3.	S	150000 DM			
	S	550000 DM	10	55000	
20. 3.	H	240000 DM			
31. 3.	S	310000 DM	10	31000	
			90	144400	17000

S/H	Betrag	
S	3208,89 DM	Sollzinsen 8 % (3)
S	313208,89 DM	
H	23,61 DM	Habenzinsen 0,5 % (4)
S	313185,28 DM	
S	1712,50 DM	Umsatzprovision 0,25 % (5)
S	314897,78 DM	
S	848,89 DM	Kreditprovision 1 % (6)
S	315746,67 DM	
S	13,89 DM	Überziehungsprovision 1 % (7)
S	315760,56 DM	
S	9,00 DM	Auslagen
S	315769,56 DM	

So rechnen Sie richtig:

(1) Übertragen der Beträge in die Zinsstaffel nach der Wertstellung (= Verfall) und nicht nach dem Buchungstag

(2) Tage sind von Saldo zu Saldo zu berechnen (Kontrolle: Addieren der Tage muß 90 ergeben, denn 31. 12. bis 31. 3. ist ein Quartal)

(3) Errechnen der Sollzinszahlen

$$\text{Zinsen} = \frac{\text{Summe der Sollzinszahlen}}{\text{Zinsdivisor}}$$

$$8\,\%\ \text{Sollzinsen} = \frac{144\,400}{45} = 3208{,}89\ \text{DM}$$

④ $0{,}5\,\%\ \text{Habenzinsen} = \frac{17\,000}{720} = 23{,}61\ \text{DM}$

⑤ Umsatzprovision ist aus der größeren Seite zu berechnen. Soll-Umsätze ergeben 685 000 DM (60 000 + 475 000 + 150 000). Habenumsätze erreichen 335 000 DM (95 000 + 240 000), wobei der Saldovortrag nicht berücksichtigt wird.
0,25 % von 685 000 ergibt 1712,50 DM Umsatzprovision.

⑥ Kreditprovision oder Bereitstellungsprovision wird fällig, wenn ein von der Bank zugesagter Kredit nicht oder nur teilweise beansprucht wird. Die Kreditprovision wird errechnet, indem von den Zinszahlen für den zugesagten Kredit die Zinszahlen für den beanspruchten Kredit abgezogen werden.

Zinszahlen für den zugesagten Kredit 5000 · 90	450 000
Zinszahlen für den beanspruchten Kredit	144 400
Differenz	305 600

1 % von 305 600 ergibt 305 600 : 360 = 848,89 DM

⑦ Überziehungsprovision in Höhe von 1 % wird für 10 Tage (vom 10. 3. bis 20. 3.) aus 50 000 DM berechnet und ergibt 13,89 DM.

$$1\,\%\ \text{Überziehungsprovision} = \frac{500 \cdot 10}{360} = 13{,}89\ \text{DM}$$

Zinssatz der Bank

Der im Kreditvertrag zwischen Bank und Kunden vereinbarte Sollzinssatz liegt gewöhnlich um einen bestimmten Satz über dem Diskontsatz der Bundesbank, z. B. Diskontsatz +3 %. Beträgt der Diskontsatz 3 %, dann sind die Sollzinsen 6 %. Die Bank kann sich so flexibel an unvorhersehbare Änderungen der Geldpolitik der Bundesbank anpassen, d. h. sich stets marktgerecht refinanzieren.

Praxis-Tip

Banken gewähren im Regelfall seriösen Kunden eine niedrigere Spanne als riskanten Engagements. Für Großkredite werden Sonderkonditionen gewährt.

Siehe auch:
→ Zinsrechnung → Guthabenkonten

Korrelation

Der Zusammenhang zweier Variablen

Die Korrelation untersucht, ob zwischen zwei Variablen ein Zusammenhang besteht und wie stark dieser ist (z. B. Preise und umgesetzte Mengen, Stahlproduktion und Stahlverbrauch, Geschwindigkeit und Bremsweg). Eine funktionale Verbindung besteht in den Naturwissenschaften, wenn eine Änderung der „unabhängigen“ Variablen zwangsläufig die „abhängige“ Variable in einer bestimmten Relation verändert. Einen so eindeutigen und zwangsläufigen Zusammenhang gibt es infolge einer Vielzahl von Einflußfaktoren in den Wirtschafts- und Sozialwissenschaften nicht. Die Korrelations- und Regressionsanalyse kann aber auch hier aufdecken, inwieweit in der Entwicklung zweier Reihen ein Zusammenhang besteht.

Das Streuungsdiagramm

Die Beobachtungswerte der beiden Merkmale $x_1 \ldots x_n$ und $y_1 \ldots y_n$ werden zunächst in ein Koordinatensystem eingetragen. Die entstehende Abbildung wird als Streuungsdiagramm bezeichnet. Es vermittelt bereits einen Überblick über die jeweilige Korrelation.

- Entsprechen im allgemeinen kleinen x-Werten auch kleine y-Werte und großen x-Werten ebenfalls große y-Werte, dann liegt eine *positive* Korrelation vor. Die Parallelität der Entwicklung von Körpergewicht und Körpergröße bedeutet also eine positive Korrelation.

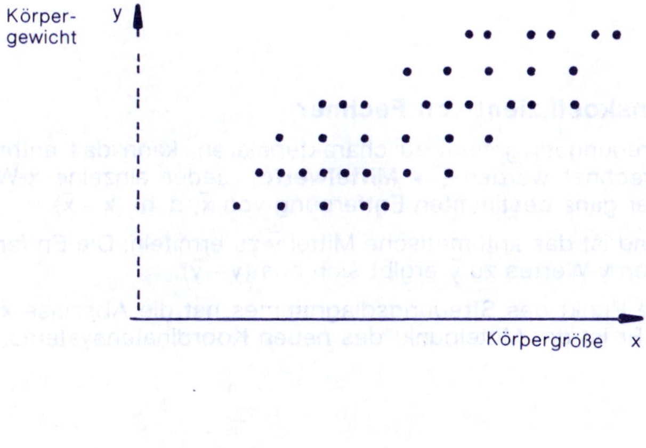

- *Negative* Korrelation bedeutet, daß die beiden Reihen sich entgegengesetzt entwickeln. Einer Zunahme der ersten Reihe entspricht eine Abnahme der zweiten Reihe. Die Werte sind um eine Linie gruppiert, die diagonal von links oben nach rechts unten verläuft.

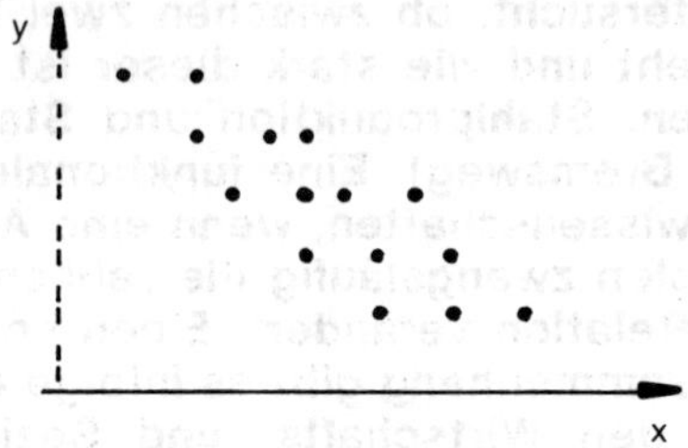

- Besteht zwischen den beiden Reihen kein Zusammenhang, dann liegt *keine Korrelation* vor. Man kann im Streuungsdiagramm keine Tendenz erkennen.

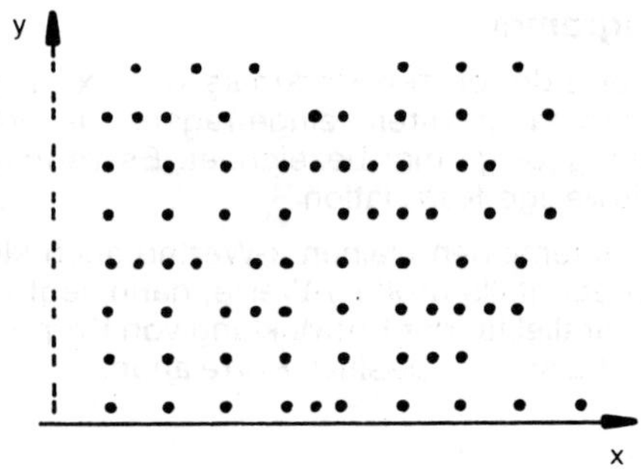

Korrelationskoeffizient von Fechner

Um das Streuungsdiagramm zu charakterisieren, kann das arithmetische Mittel $\bar{x}$ errechnet werden (→ **Mittelwerte**). Jeder einzelne x-Wert liegt dann in einer ganz bestimmten Entfernung von $\bar{x}$, d. h. $(x - \bar{x})$.

Entsprechend ist das arithmetische Mittel $\bar{y}$ zu ermiteln. Die Entfernung jedes einzelnen y-Wertes zu $\bar{y}$ ergibt sich aus $(y - \bar{y})$.

Der zentrale Punkt des Streuungsdiagrammes hat die Abszisse $\bar{x}$ und die Ordinate $\bar{y}$. Er ist der Mittelpunkt des neuen Koordinatensystems.

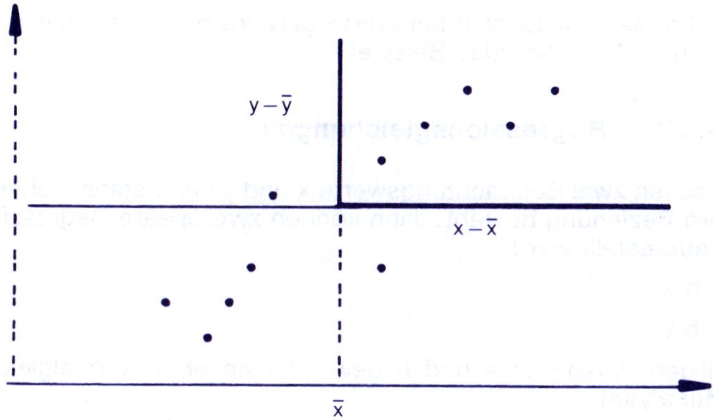

Der Korrelationskoeffizient r von Fechner wird nach der folgenden Formel ermittelt:

$$r_F = \frac{\text{Zahl der übereinstimmenden Vorzeichen} - \text{Zahl der nicht übereinstimmenden Vorzeichen}}{\text{Anzahl der Paare}}$$

$$r = \frac{Ü - N}{Ü + N}$$

Ü = Anzahl der Übereinstimmungen im Vorzeichen
N = Anzahl der Nichtübereinstimmungen im Vorzeichen

Der Korrelationskoeffizient r kann nur zwischen +1 und −1 schwanken. +1 bedeutet eine extrem positive Verbundenheit der beiden Reihen. −1 heißt extrem negative Korrelation. Wenn keine Korrelation besteht, dann ist Ü = N und Ü − N = 0.

Korrelationskoeffizient von Bravais-Pearson

Der Korrelationskoeffizient von Bravais-Pearson berücksichtigt außer den Vorzeichen auch die absoluten Abweichungen.

Die Formel lautet:

$$r = \frac{\sum (x_j - \bar{x}) \cdot (y_j - \bar{y})}{\sqrt{\sum (x_j - \bar{x})^2 \cdot \sum (y_j - \bar{y})^2}}$$

Die in die Formel einzusetzenden Werte gewinnt man aus einer Arbeitstabelle. Beachten Sie folgendes Beispiel:

Beispiel: **Regressionsgleichungen**

Wenn zwischen zwei Beobachtungswerte x und y einer statistischen Masse eine lineare Beziehung besteht, dann können zwei lineare Regressionsgleichungen aufgestellt werden:

$y = a + b\,x$

$x = a + b\,y$

Die jeweiligen Parameter a und b gewinnt man über Normalgleichungen (→ **Trendanalyse**).

Einfache oder multiple Korrelationsanalyse

Die Berechnung eines Korrelationskoeffizienten soll das Vorhandensein oder Fehlen eines Zusammenhanges zwischen zwei Variablen aufzeigen, z. B. Entwicklung der Spareinlagen in Abhängigkeit von der Höhe des Volkseinkommens. Man spricht dann von einfacher Korrelations- und Regressionsanalyse. Wird die Ausprägung eines Merkmals (z. B. der Entwicklung der Spareinlagen) in Abhängigkeit von mehreren Merkmalen (z. B. der Höhe des Volkseinkommens und der Inflation) gesehen, dann liegt multiple Korrelation oder Regression vor.

Siehe auch:
→ Statistik
→ Stichproben
→ Streuungsmaße
→ Tabellen und Diagramme

Kosten und Beschäftigung

Wie verhalten sich die Kosten bei Mengenänderungen?

Ein Teil der im Betrieb anfallenden Kosten hängt von dem Grad der Beschäftigung ab. Die Auswirkungen von Beschäftigungsänderungen und von Änderungen der Auslastung der Kapazität werden meist für den gesamten Betrieb erfaßt. Gegenstand der Analyse können aber auch einzelne Anlagen oder Maschinen sein.

Kapazität

Kapazität ist das Produktions- oder Leistungsvermögen eines Betriebes in einer Rechnungsperiode, z. B. in einem Jahr, einem Monat oder einer Woche. Sie wird durch die Zahl und die Leistungsfähigkeit der Maschinen bzw. Anlagen und der Arbeitskräfte bestimmt.

Die Nutzung der Kapazität kann in der Ausbringung gemessen werden:

- Wert (Umsatz)
- Menge (Stück, kg, t, hl)

Ein anderer Maßstab ist die Einsatzmenge des Rohstoffs, z. B. t Erz in der Stahlindustrie. Arbeitsstunden und Maschinenstunden sind andere wichtige Kriterien der Messung der Nutzung des betrieblichen Leistungsvermögens.

Beschäftigungsgrad

Ein Beschäftigungsgrad von 100 % entspricht der vollen Auslastung der Kapazität. Der Beschäftigungsgrad (Kapazitätsauslastungsgrad) ergibt sich aus dem Quotienten von tatsächlicher und möglicher Ausbringungsmenge.

$$\text{Beschäftigungsgrad} = \frac{\text{Zahl der tatsächlich hergestellten Einheiten} \cdot 100}{\text{Zahl der möglichen Einheiten (Kapazität)}}$$

Kosten

Kosten sind der wertmäßige Verbrauch an Gütern, Dienstleistungen und Abgaben zur Herstellung und Verwertung von Leistungen. Während die Einzelkosten Fertigungsmaterial und Fertigungslöhne dem jeweiligen Produkt (Kostenträger) direkt zugerechnet werden können, ist bei den Gemeinkosten (z. B. Gehälter, Abschreibungen, Mieten) eine Umlage auf die Kostenträger nur indirekt über die Kostenstellen mit Hilfe des BAB (Betriebabrechnungsbogens) möglich. (→ **Industrielle Kalkulation**)

Abhängigkeit der Kosten vom Beschäftigungsgrad

Eine Änderung des Beschäftigungsgrades wirkt sich auf die verschiedenen Kostenarten unterschiedlich aus. Es gibt Kosten, die sich ebenfalls ändern, und solche, die auf Änderungen der Ausbringungsmenge nicht reagieren.

Fixe Kosten (konstant)

- *Absolut fixe Kosten*

Absolut fixe Kosten sind unabhängig von der Auslastung der Kapazität immer gleich hoch.
Beispiele für absolut fixe Kosten sind: Mieten, Abschreibungen, Gehälter, Kfz-Steuer, Versicherungen und Grundsteuer.

Gesamtkosten (K_f)
(*Kosten einer Periode)*
Sie sind unabhängig vom Beschäftigungsgrad.

Stückkosten (k_f)
(*Kosten je Stück oder Einheit*)
Die Stückkosten fallen mit zunehmender Ausbringungsmenge.

- *Relativ fixe Kosten*

Die fixen Kosten bleiben nur so lange konstant, wie sich die Kapazität nicht verändert. Wird eine Erweiterungsmaßnahme vorgenommen, z. B. eine zusätzliche Werkzeugmaschine angeschafft, dann steigen die fixen Kosten auf ein höheres Niveau. Da die relativ fixen Kosten sprunghaft ansteigen, spricht man auch von *Sprungkosten* oder intervallfixen Kosten.

Angenommen, ein Unternehmen kann mit einer Anlage 400 Stück herstellen, dann ergibt sich bei Anschaffung von zwei weiteren Aggregaten folgender Kostenverlauf:

Ausbringung in Stück (m)	0–400	401–800	801–1200
relativ fixe Gesamtkosten (DM)	5000	10000	15000

Die fixen Kosten pro Stück (k_f) betragen bei einer Erzeugung von 400 Stück 5000 Stück DM : 400 = 12,50 DM. Für die Herstellung von 401 Stück wird ein weiteres Aggregat (z. B. Werkzeugmaschine) benötigt, wodurch sich die fixen Gesamtkosten auf 10000 DM erhöhen. Die fixen Kosten pro Stück (k_f) errechnen sich dann aus 10000 DM : 401 = 24,94 DM.

Ähnlich ist der Sachverhalt bei 800 und 801 Stück oder 1200 und 1201 Stück. Die fixen Stückkosten (k_f) sind bei 800 Stück 10000 DM : 800 = 12,50 DM, bei 801 Stück dagegen 15000 DM : 801 = 18,73 DM.

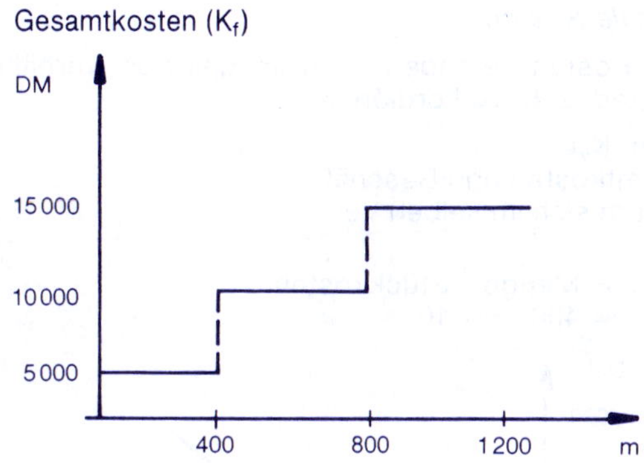

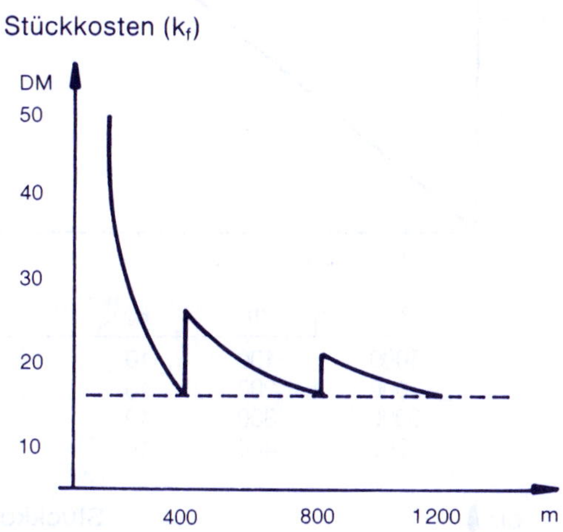

Variable Kosten

Kostenarten, die sich mit dem Beschäftigungsgrad verändern, heißen variable oder veränderliche Kosten. Während die fixen Kosten meist Gemeinkosten sind und der Aufrechterhaltung der Betriebsbereitschaft dienen, sind variable Kosten meist Einzelkosten und fallen bei der Fertigung an.
Beispiele für variable Kosten sind: Fertigungsmaterial, Fertigungslöhne, Lizenzgebühren und Verpackungskosten.

Man unterscheidet zwischen proportionalen, überproportionalen und unterproportionalen variablen Kosten.

- *Proportionale Kosten*

Proportionale Kosten verändern sich im gleichen Verhältnis wie der Beschäftigungsgrad, z. B. Akkordlöhne.

Gesamtkosten (K_v)
Variable Gesamtkosten und Beschäftigung verändern sich im selben Verhältnis.

Gesamtkosten = Menge · Stückkosten
4000 = 400 · 10

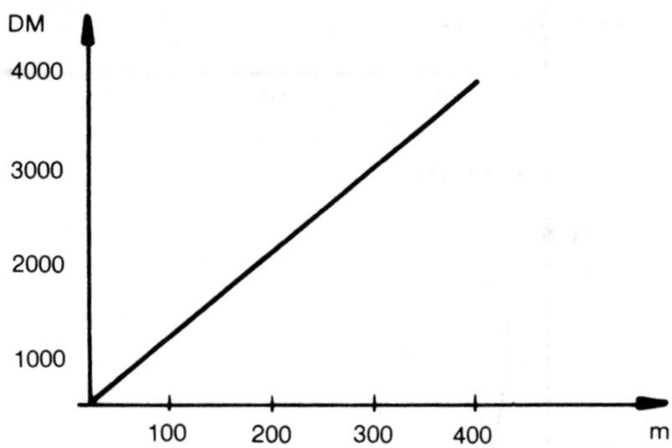

K_v	m	k_v
1000	100	10
2000	200	10
3000	300	10
4000	400	10

Stückkosten (k_v)
Sie bleiben gleich.

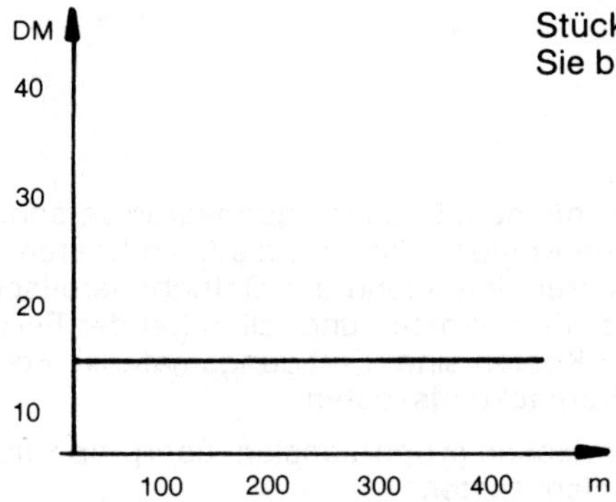

- *Progressive Kosten*

Progressive oder überproportionale variable Kosten steigen schneller als der Beschäftigungsgrad, z. B. Überstunden- und Feiertagszuschläge, steigende Instandhaltungskosten bei Überbeanspruchung der Maschinen und höhere Ausschüsse.

Gesamtkosten (K_v)
Sie steigen schneller als die Ausbringungsmenge.

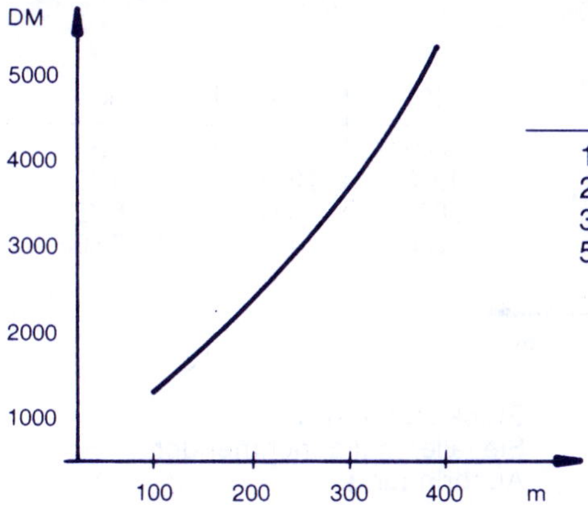

K_v	m	k_v
1000	100	10
2100	200	10,50
3450	300	11,50
5200	400	13

Stückkosten (k_v)
Sie steigen mit zunehmendem Beschäftigungsgrad.

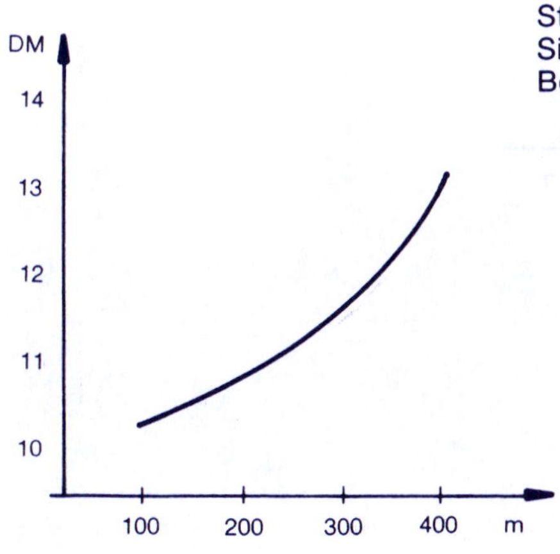

Nr. 33 Kosten und Beschäftigung

- *Degressive Kosten*

Steigt die Ausbringungsmenge stärker als die variablen Kosten, dann liegen unterproportionale oder degressive Kosten vor. Degressive Kosten sind z. B. Mengenrabatte bei größeren Einkäufen.

Gesamtkosten (K_v)
Sie steigen langsamer als die Ausbringungsmenge.

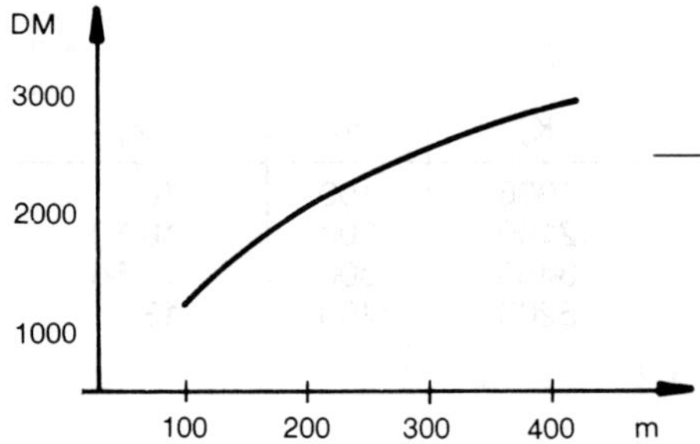

K	m	k
1000	100	10
1900	200	9,50
2625	300	8,75
3000	400	7,50

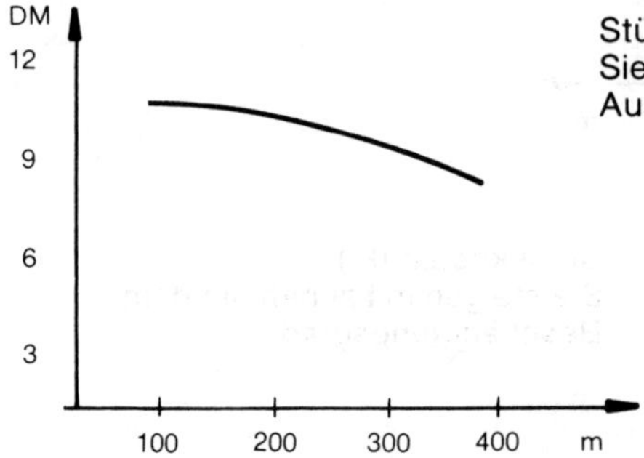

Stückkosten (k_v)
Sie fallen mit zunehmender Ausbringung.

Gesamtkosten

Die Gesamtkosten setzen sich aus den Fixkosten und den variablen Kosten zusammen:

$K = K_f + K_v$

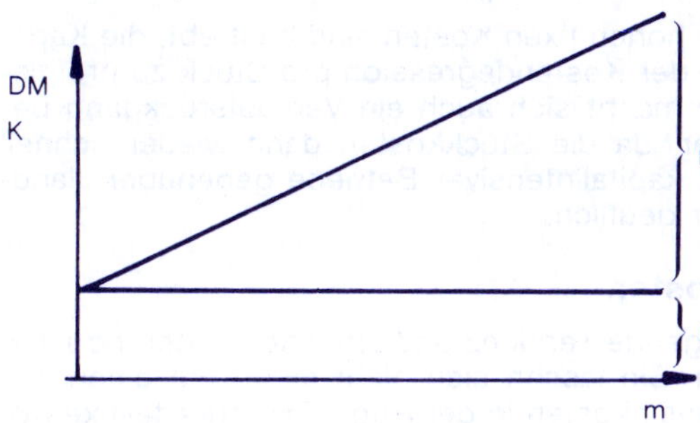

Die *variablen Gesamtkosten* sind von der Beschäftigung, der Ausbringung, abhängig, so daß auch gilt:

$K_v = k_v \cdot m$

Die *Stückkosten* beinhalten die fixen Stückkosten und die variablen Stückkosten:

$k = k_f + k_v$

Gesetz der Massenproduktion

$$k = \frac{K_f}{m} + k_v$$

Die *fixen* Kosten *pro Stück* werden um so kleiner, je mehr die Produktionsmenge zunimmt. Die Kostendegression ist am Anfang am stärksten, schwächt sich mit zunehmender Ausbringung ab.

Da sich die *variablen Gesamtkosten (K_v)* in gleicher Weise wie die Fertigungsmenge ändern, bleiben die *variablen Kosten pro Stück (k_v)* konstant. Die *Kosten pro Stück (k)* werden damit um so kleiner, je mehr die Produktionsmenge zunimmt.

Anlagenintensive Fertigungsverfahren sind gekennzeichnet durch geringe Lohnkosten und hohe Kapitalkosten (insbesondere Zinsen und Abschreibungen). Die Substitution arbeitsintensiver durch kapitalintensive Verfahren führt zu einem Anstieg der fixen Kosten.

Massenfertigung, die typische Produktionsform für Großunternehmen, verlangt teure und komplizierte Fertigungsanlagen. Fließbandfertigung und vollautomatische Fertigung mit Transferstraßen ermöglichen hohe Stückzahlen. Die Wirtschaftlichkeit dieser Anlagen ist aber nur gewährleistet, wenn hohe Stückzahlen auf dem Markt abgesetzt werden.

Anlagenintensive Betriebe mit hohen fixen Kosten sind bestrebt, die Kapazität voll auszulasten, um von der Kostendegression pro Stück zu profitieren. Bei diesen Unternehmen macht sich auch ein Verkaufsrückgang besonders ungünstig bemerkbar, da die Stückkosten dann wieder schnell steigen. Die Krisenanfälligkeit kapitalintensiver Betriebe gegenüber Handwerksbetrieben zeigt sich hier deutlich.

Gemeinkosten und fixe Kosten

Die Gemeinkosten haben steigende Tendenz und erreichen in der Industrie über 50% der Gesamtkosten. Sie lassen sich nicht direkt auf einen Kostenträger zurechnen. Da Gemeinkosten in der Regel fixe oder teilfixe Kosten sind, engen sie den Spielraum der Unternehmen ein. Die Unternehmen werden auch anfälliger gegenüber konjunkturellen Schwankungen und anderen Unwägbarkeiten, z. B. Stillstandszeiten in der Produktion.

Der Gemeinkostenblock besteht aus Material-, Fertigungs-, Verwaltungs- und Vertriebsgemeinkosten. Sie können beispielsweise die Fertigungsgemeinkosten durch eine bessere Ablauforganisation senken oder wenn Sie bestimmte Teile nicht selbst herstellen (Fremdbezug statt Eigenfertigung). Eine installierte Datenverarbeitungsanlage, deren Möglichkeiten Sie nicht nutzen können, schafft vermeidbare Gemeinkosten im Verwaltungsbereich. Das Controlling, das alle Unternehmensbereiche und nicht nur die Buchführung in die Überwachung einbezieht, befaßt sich auch mit der Gemeinkostenanalyse, um die Gesamtwirtschaftlichkeit des Unternehmens zu erhöhen.

Praxis-Tip

Die Höhe und Entwicklung der Gemeinkosten sollten Sie im Auge behalten. Die ausgabenwirksamen fixen Kosten verdienen unter Liquiditätsgesichtspunkten Beachtung. Konkurse haben häufig ihre Ursache darin, daß die Steuerung der Gemeinkosten nicht gelang.

Siehe auch:
→ Deckungsbeitragsrechnung
→ Break-even-point-Analyse
→ Investitionsrechnung

Lombardrechnung

Absicherung eines Kredits durch ein Pfand

Der Lombardkredit ist ein kurzfristiger Kredit, den die Bank ihren Kunden meist als Darlehen gewährt, das über einen festen Betrag lautet, in einer Summe ausgezahlt und auch zurückgezahlt wird. Der Kredit wird durch Verpfändung beweglicher Sachen abgesichert, vor allem durch Wertpapiere, Edelmetalle und Waren. Der Lombardkredit ist für die Bank sehr sicher, da nicht der volle Wert der Pfandgegenstände beliehen wird. Lombardkreditgeschäfte werden meist in der Form von Effektenlombardgeschäften abgewickelt.

Beleihungssätze und Beleihungsgrenze

Die *Beleihungssätze* sind bei festverzinslichen Wertpapieren höher als bei Dividendenpapieren, da bei ihnen die Kursschwankungen geringer sind. Sparkassen beleihen Inhaberschuldverschreibungen bis zu 80 % und Aktien bis zu 60 % ihres Kurswertes. Die Beleihungsgrenzen liegen bei den Geschäftsbanken etwas höher.

Die *Beleihungsgrenze* wird ermittelt, indem man den Beleihungssatz auf den Kurswert der verpfändeten Wertpapiere bezieht.

$$\text{Beleihungsgrenze (bei Prozentnotierung)} = \frac{\text{Nennwert} \cdot \text{Kurs} \cdot \text{Beleihungssatz}}{100 \cdot 100}$$

$$\text{Beleihungsgrenze (bei Stücknotierung)} = \frac{\text{Stück} \cdot \text{Stückkurs} \cdot \text{Beleihungssatz}}{100}$$

Beispiel: **Berechnen des Beleihungswertes**

Ein Bankkunde hinterlegt bei seiner Hausbank Pfandbriefe im Nennwert von 30 000 DM, der Börsenkurs beträgt 98 %. Die Hausbank ist bereit, 75 % des Wertes zu beleihen. Wie hoch ist der Beleihungswert?

Von den 30 000 DM dürfen nur 98 % des Wertes als Ausgangswert angesetzt werden:

$$\frac{30\,000 \text{ DM} \cdot 98}{100} = 29\,400 \text{ DM}$$

Diese werden von der Hausbank zu 75 % beliehen

$$\frac{29\,400 \text{ DM} \cdot 75}{100} = 22\,050 \text{ DM} = \text{Beleihungsgrenze}$$

Sie können auch mit einer Formel rechnen:

$$\frac{30\,000 \text{ DM} \cdot 98 \cdot 75}{100 \cdot 100} = 22\,050 \text{ DM} = \text{Beleihungsgrenze}$$

Beleihungswert und gesuchte Stückzahl

Eine andere Fragestellung ergibt sich, wenn die Höhe des zu sichernden Darlehens feststeht. Sie müssen dann ermitteln, wieviele Wertpapiere (Stück) zur Sicherung des Kredits benötigt werden. Die Stückzahl ist auf ganze Stück aufzurunden.

Zunächst müssen Sie auf Grundlage des Kurswertes den Beleihungswert eines Stücks errechnen.

Beleihungswert eines Stücks = 1 % des Kurswerts · Beleihungssatz

Die notwendige Stückzahl zur Absicherung des Darlehensbetrages ermitteln Sie mit der Formel:

$$\text{Stückzahl} = \frac{\text{Darlehensbetrag}}{\text{Beleihungswert eines Stücks}}$$

Während bei Aktien in der Regel die Stückzahl gesucht wird, ist es bei festverzinslichen Wertpapieren der erforderliche Nennwert. Die anzuwendende Formel lautet:

$$\text{Nennwert} = \frac{\text{Beleihungsgrenze} \cdot 100 \cdot 100}{\text{Kurs} \cdot \text{Beleihungssatz}}$$

Beispiel: **Berechnen des Nennwertes**

Ein Geschäftsmann benötigt ein Darlehen in Höhe von 120 000 DM. Er kann zur Sicherung des Kredits eine 8 % Bundesanleihe bereitstellen (Börsenkurs 97 %, Beleihungssatz 75 %).

Wieviel DM Nennwert der Bundesanleihe müssen verpfändet werden?

$$\text{Nennwert} = \frac{\text{Beleihungsgrenze} \cdot 100 \cdot 100}{\text{Kurs} \cdot \text{Beleihungssatz}}$$

$$\text{Nennwert} = \frac{120\,000 \cdot 100 \cdot 100}{97 \cdot 75} \qquad \text{Nennwert} = 164\,948 = 165\,000 \text{ DM}$$

Es sind Bundesanleihen im Nennwert von 165 000 DM zu verpfänden.

Siehe auch:
→ Aktienrendite → Festverzinsliche Wertpapiere

Maschinenstundensätze

Höhere Genauigkeit bei Verteilung der Gemeinkosten

Die Fertigungsgemeinkosten werden meist in Beziehung zu den Fertigungslöhnen gesetzt. Diese Zuschlagsgrundlage ist dann problematisch, wenn geringen Lohneinzelkosten hohe Maschinengemeinkosten gegenüberstehen. Bei modernen Fertigungsverfahren, die die menschliche Arbeitskraft zusehends durch Maschinen ersetzen und zu höheren Fertigungsgemeinkosten führen, ist es besser, die maschinenabhängigen Fertigungsgemeinkosten auf die einzelnen Maschinen zu beziehen, um genauere Zuschlagssätze für die Gemeinkosten ermitteln zu können.

Beispiel: **Mengensatz**

Die Fertigungskosten einer Kostenstelle über einen Mengensatz auf den Materialeinsatz (z. B. Stück, Kilo, Tonne) zu verrechnen, ist nur sinnvoll, wenn die Kostenstelle stets von gleichartigen Materialien durchlaufen wird.

$$\text{Mengensatz} = \frac{\text{Fertigungskosten einer Kostenstelle}}{\text{Materialeinsatz (Stück, kg, m)}}$$

Fertigungskosten 110845 DM
Eingesetzte Menge 25756 Stück

Mengensatz = 110845 : 25756 = 4,30 DM/Stück

Globale Maschinenstundensätze

Die Fertigungsgemeinkosten spielen innerhalb der Gemeinkosten eine wichtige Rolle. Fertigungsgemeinkosten werden üblicherweise in Prozent der Fertigungslöhne angegeben (→ **Zuschlagssätze**). Fertigungslöhne als Grundlage haben aber den entscheidenden Nachteil, daß sie stark von äußeren Einflüssen abhängen. Steigen die Löhne bei gleichbleibenden Produktionsverhältnissen, ändern sich die Zuschlagssätze, ohne daß sich die Gemeinkosten in gleicher Weise verändert haben müssen. Durch zunehmende Automatisierung sind die Löhne keine geeignete Bezugsbasis mehr. Die Gemeinkostenzuschläge müssen sehr hoch angesetzt werden, mit der Folge, daß schon geringe Fehleinschätzungen der Einzellohnkosten zu großen Ungenauigkeiten bei der Verteilung der Gemeinkosten führen.
Maschinenstunden sind als Verrechnungsgrundlage für die Fertigungsgemeinkosten in diesem Fall geeigneter. Die meisten Fertigungsgemeinkosten – wie z. B. Abschreibungen, Zinsen und Energiekosten – stehen in Abhängigkeit zu Maschinen. Die gesamten Fertigungsgemeinkosten einer Kostenstelle, also auch die Personalzusatzkosten, werden bei der Anwen-

dung von globalen Maschinenstundensätzen durch die Zahl der Maschinenstunden dividiert.

$$\text{Maschinenstundensatz} = \frac{\text{Fertigungskosten einer Kostenstelle}}{\text{Zahl der Maschinenstunden}}$$

Maschinenstundensätze und Restgemeinkosten

Eine genauere Zurechnung erfolgt, wenn die Fertigungsgemeinkosten in maschinenabhängige und nicht maschinenabhängige (= Restgemeinkosten) Gemeinkosten getrennt werden. Die Kostenstelle Fertigung wird im BAB in mehrere Spalten untergliedert, z. B. Spalte I für Maschine 1, Spalte II für Maschine 2, Spalte III für Maschine 3, Spalte IV für Restgemeinkosten.

- Die maschinenabhängigen Fertigungsgemeinkosten werden über *Maschinenstundensätze* verrechnet.
- Die *Restgemeinkosten*, die personenabhängig sind, werden wie üblich im Fertigungsgemeinkostenzuschlag auf der Basis Fertigungslöhne erfaßt.

Fertigungslöhne	..... DM
+ Restgemeinkosten (· % der Fertigungslöhne)	..... DM
+ Maschinenstunden · Maschinenstundensatz	..... DM
= Fertigungskosten	..... DM

Das folgende Schaubild zeigt Ihnen diese Zusammenhänge in anderer Form:

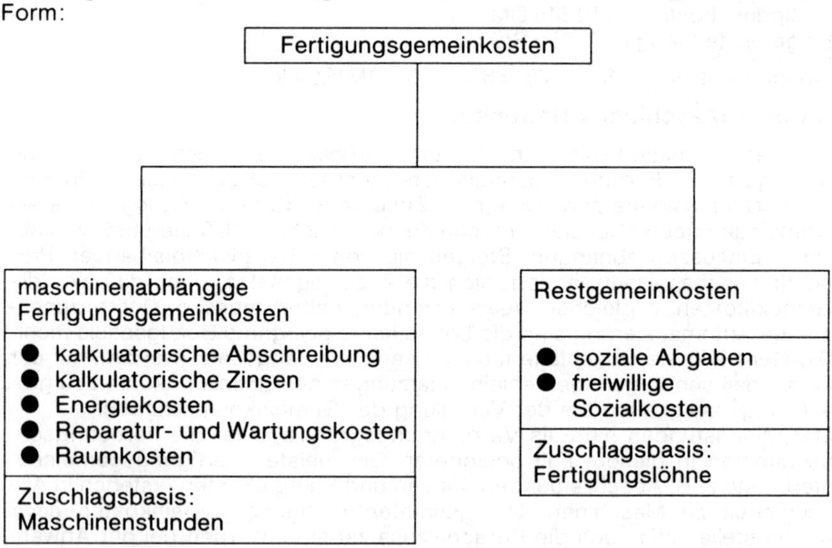

Kalkulatorische Kosten

Der in der Geschäftsbuchhaltung ermittelte Aufwand kann meistens unverändert in die Kosten- und Leistungsrechnung übernommen werden, z. B. die Fertigungslöhne. Aufwendungen, die keine Kosten sind, haben nichts mit dem eigentlichen Betriebszweck (z. B. der Fertigung) zu tun und heißen *neutrale Aufwendungen.* Dazu gehören betriebsfremder Aufwand (z. B. Spenden für Vereine), außerordentlicher Aufwand (z. B. Großreparaturen) und periodenfremder Aufwand (z. B. Steuernachzahlung). Aufwendungen, die für den eigentlichen Betriebszweck entstehen, sind Zweckaufwendungen und entsprechen den Grundkosten.

IKR: Kontenklassen 6 und 7

Aufwand	neutraler Aufwand	Zweckaufwand		Geschäftsbuchführung (= Finanzbuchführung)
Kosten		Grundkosten	Zusatzkosten	Betriebsbuchführung

IKR: Kontenklasse 9

Kalkulatorische Kosten haben nur auf die Kosten- und Leistungsrechnung Auswirkungen; man unterscheidet Zusatzkosten und Anderskosten. Die *Zusatz*kosten führen nicht zu Aufwendungen, ihnen steht in der Finanz- oder Geschäftsbuchhaltung kein Aufwand gegenüber. Den *Anders*kosten der Kostenrechnung steht in der Geschäftsbuchhaltung zwar ein Wert gegenüber, der aber größer oder kleiner sein kann (z. B. kalkulatorische und bilanzielle Abschreibung).

kalkulatorische Kosten

Zusatzkosten
- kalk. Unternehmerlohn
- kalk. Zinsen

Anderskosten
- kalk. Abschreibungen
- kalk. Miete
- kalk. Wagniszuschläge

Die Einbeziehung kalkulatorischer Kosten in die Kostenrechnung gewährleistet eine genauere interne Information über den Betriebserfolg. Auch Betriebe unterschiedlicher Rechtsform und mit einem verschieden hohen Anteil des Eigenkapitals an der Finanzierung sollen kostenrechnerisch miteinander vergleichbar sein.

Der kalkulatorische *Unternehmerlohn* fällt nur bei Einzelunternehmen und Personengesellschaften an, da der Unternehmer für seine Mitarbeit kein Gehalt bezieht. Die Höhe des kalkulatorischen Unternehmerlohns sollte so hoch wie das Gehalt (einschließlich der Sozialkosten) eines leitenden Angestellten in vergleichbarer Stellung sein. Die Gehälter von Managern mit vergleichbarer Tätigkeit und Verantwortung sagen mehr aus als Formeln für die Errechnung des kalkulatorischen Unternehmerlohns. Der kalkulatorische Unternehmerlohn hat keine Auswirkungen auf die Gewinn- und Verlustrechnung, da er nur in der Kostenrechnung zu berücksichtigen ist.

Maschinenabhängige Fertigungsgemeinkosten

Kalkulatorische Abschreibungen, kalkulatorische Zinsen, Raumkosten, Wartungskosten, Reparaturkosten, Leasingkosten und Energiekosten sind maschinenabhängige Fertigungsgemeinkosten.

- **Abschreibungen**

  Die Bildung von kalkulatorischen Abschreibungen ist notwendig, weil in der Kostenrechnung der *tatsächliche* Wertverzehr erfaßt werden soll und die betriebliche Substanzerhaltung gewährleistet sein muß.

  In der bilanziellen Abschreibung im Handels- und Steuerrecht gilt die *nominelle* Kapitalerhaltung. Die Anschaffungs- oder Herstellungskosten der Wirtschaftsgüter werden auf die Nutzungsdauer verteilt. Die Gesamtabschreibung darf nicht höher sein als die Anschaffungs- oder Herstellungskosten.

  Bei hoher Geldentwertung entsteht eine Differenz zwischen den Werten der Vergangenheit, den Anschaffungspreisen, und den Werten der Gegenwart, den höheren *Wiederbeschaffungspreisen*. Die Unternehmen ersetzen für interne Zwecke die Anschaffungskosten durch Wiederbeschaffungskosten. Dies führt zu einer Erhöhung der kalkulatorischen Abschreibungen. Kalkulatorische Abschreibungen und Zinsen auf Güter des Anlagevermögens werden in der Kostenrechnung auf Basis von Wiederbeschaffungswerten errechnet.

Beispiel: **Kalkulatorische Abschreibungen**

Eine Maschine wurde für 50 000 DM erworben, ihr Wiederbeschaffungswert nach der angenommenen Nutzungsdauer von 5 Jahren, jedoch auf 60 000 DM geschätzt.

$$\text{jährlicher Abschreibungsbetrag} = \frac{\text{Wiederbeschaffungswert}}{\text{Nutzungsdauer}}$$

Es wäre also in unserem Beispiel mit einer kalkulatorischen Abschreibung von 12 000 DM im Jahr zu rechnen (60 000 : 5 = 12 000 DM).

Wenn nun die Maschine im Monat 140 Stunden liefe, dann errechnet sich ein Abschreibungsbetrag von 7,14 DM pro Maschinenstunde (12 000 DM : 12 = 1 000 DM monatliche kalkulatorische Abschreibung, 1 000 DM : 140 = 7,14 DM).

- **Zinsen**

  Kalkulatorische Zinsen werden für das in die Maschine investierte Kapital errechnet, auch wenn die Maschine ohne Fremdkapital finanziert wird. Die maschinenabhängigen Zinskosten müßten eigentlich aus den um die Abschreibung verminderten Anschaffungskosten ermittelt werden. Um ungleichmäßig hohe jährliche Zinsen zu vermeiden, werden die kalkulatorischen Zinsen aus den halben Anschaffungskosten bzw. dem halben Wiederbeschaffungswert ermittelt. Für die Berechnung der kalkulatorischen Zinsen wird der landesübliche Zinsfuß verwendet.

  Die Formel zur Berechnung der kalkulatorischen Zinsen lautet:

  $$\text{Zinskosten} = \frac{\tfrac{1}{2}\,\text{Wiederbeschaffungswert} \cdot \text{Zinsfuß}}{100}$$

- **Raumkosten**

  Die Raumkosten gehören auch zu den maschinenabhängigen Kosten. Der für die Maschine benötigte Raum wird in qm gemessen und umfaßt außer der Stellfläche auch die Bedienungs- und Abstellfläche für Werkstücke. Die Raumkosten beinhalten in erster Linie anteilige Gebäudeabschreibungen, sollten aber auch jeweils anteilige kalkulatorische Zinsen für das Gebäude, Instandhaltungskosten sowie Heizungs- und Lichtkosten berücksichtigen.

  Führt das Unternehmen einen erweiterten BAB mit der allgemeinen Kostenstelle „Grundstücke und Gebäude", lassen sich die hier erfaßten Kosten über den Verteilungsschlüssel Fläche anteilig auf die betreffende Maschine verteilen (→ **Innerbetriebliche Leistungsverrechnung**).

- **Wartungskosten**

  Die Kosten für Reparaturen und Wartung sind nur zum geringen Teil bekannt; der größte Teil ist nicht voraussehbar. Man wird deshalb auf Erfahrungswerte mit ähnlichen Maschinen zurückgreifen. Die Reparatur- und Wartungskosten eines Jahres sind anteilig auf eine Maschinenstunde zu verrechnen.

- **Energiekosten**

  Der Energieverbrauch einer Maschine ist in Diesel, Benzin, Gas, Dampf oder Strom zu erfassen. Der Preis für 1 kWh ist beim Stromverbrauch bekannt. Die monatliche Grundgebühr, der fixe Anteil der Kosten, ist ebenfalls zu berücksichtigen.

Beispiel: Berechnen von Maschinenstundensätzen

Die Zuschlagsbasis Maschine hat den Vorteil, daß ein Teil der Fertigungsgemeinkosten zu Einzelkosten wird (→ **Industrielle Kalkulation**). So lassen sich Abschreibungen, kalkulatorische Zinsen, Reparaturen und Stromverbrauch jeder einzelnen Maschine unmittelbar zurechnen.

	Maschine I	Maschine II	Maschine III
Anschaffungswert	40 000 DM	350 000 DM	550 000 DM
wahrscheinliche Nutzungsdauer	10 Jahre	5 Jahre	10 Jahre
Zinsen	7 % des halben Anschaffungswerts		
Instandhaltung	2 000 DM	25 000 DM	40 000 DM
Energiekosten	3 000 DM	15 000 DM	45 000 DM
Laufzeit im Jahr	2 000 Std.	3 200 Std.	3 600 Std.

Sie müssen zunächst für jede Maschine die maschinenabhängigen Fertigungsgemeinkosten ermitteln und diese durch die Laufzeit (Stunden) dividieren.

	Maschine I	Maschine II	Maschine III
kalk. Abschreibung	4 000 DM	70 000 DM	55 000 DM
Zinsen	1 400 DM	12 250 DM	19 250 DM
Instandhaltung	2 000 DM	25 000 DM	40 000 DM
Energie	3 000 DM	15 000 DM	45 000 DM
	10 400 DM	122 250 DM	159 250 DM

$$\text{Maschinenstundensatz} = \frac{\text{maschinenabhängige Fertigungsgemeinkosten}}{\text{Maschinenstunden}}$$

Maschinenstundensatz I = 10 400 DM : 2 000 = 5,20 DM
Maschinenstundensatz II = 122 250 DM : 3 200 = 38,20 DM
Maschinenstundensatz III = 159 250 DM : 3 600 = 44,24 DM

Praxis-Tip

Wenn Sie mit Maschinenstundensätzen rechnen, wird die Kalkulation genauer. Die maschinenabhängigen Fertigungsgemeinkosten einer Kostenstelle werden auf einzelne Maschinen, Drehbänke und Automaten verteilt. Werden die Fertigungskosten auf einzelne Arbeitsplätze umgelegt, spricht man von Platzkostenrechnung.

Siehe auch:
→ Deckungsbeitragsrechnung → Vorkalkulation

Mittelwerte

Den zentralen oder den häufigsten Wert berechnen

Die Statistik befaßt sich mit der zahlenmäßigen Beobachtung und Erforschung von Massenerscheinungen. Statistische Massen setzen sich aus einzelnen Elementen zusammen, die zwar unterschiedliche Merkmale aufweisen können, aber alle ein gemeinsames Kennzeichen besitzen. Meßwerte im Rahmen der Qualitätskontrolle ebenso wie Labordaten von Patienten sind Beispiele für statistische Massen. Mittelwerte charakterisieren eine statistische Masse und geben eine Vorstellung über die Tendenz der Verteilung. Statistische Massen können sehr komplex sein, deshalb werden berechnete Mittelwerte (arithmetisches und geometrisches Mittel) sowie Mittelwerte der Lage (Zentralwert und häufigster Wert) verwendet.

Der Modus

Der häufigste Wert, auch Modus oder schwerster Wert bezeichnet, kommt in einer Reihe von Daten am häufigsten vor. Der häufigste Wert kann unmittelbar aus einer Tabelle oder einem Schaubild ermittelt werden. Er entspricht in der graphischen Darstellung dem Wert auf der x-Achse, bei dem der zugehörige y-Wert am größten ist. Ein Nachteil des häufigsten Wertes ist, daß er nur die Größenverhältnisse erfaßt. Veränderungen der Werte außerhalb des häufigsten Wertes bleiben unberücksichtigt.

Beispiel: **Häufigster Wert**

Eine Verpackungsmaschine packt jeweils 100 Büroklammern in kleine Plastikbehälter. Eine Überprüfung von 25 Plastikbehältern ergab folgendes Ergebnis:

Anzahl der Büroklammern	92	95	97	98	99	100	101	102	107
Zahl der Plastikbehälter	1	2	3	2	4	7	3	2	1

Der häufigste Wert mit 7 Merkmalsausprägungen liegt bei einem Inhalt von 100 Stück. Die Abfüllgenauigkeit von flüssigen und nichtflüssigen Nahrungs- und Genußmitteln sowie Arzneimitteln lassen sich so ebenfalls kontrollieren.

Der Median

Der Zentralwert, auch Median genannt, liegt in der Mitte einer der Größe nach geordneten Reihe. Der Zentralwert teilt die statistische Masse in zwei

Hälften. Es ist ein mittlerer Wert, der extreme Werte nicht erfaßt. Liegt eine ungerade Anzahl von Werten vor, z. B. N = 9, dann lautet der Zentralwert

$$\frac{N+1}{2} = \frac{9+1}{2} = 5$$

Die aufgetretenen Merkmalsausprägungen im vorhergehenden Beispiel waren 92 95 97 98 **99** 100 101 102 107. Der Zentralwert ist 99 (der 5. Wert).

Das arithmetische Mittel

Jeder Merkmalswert wird beim arithmetischen Mittel erfaßt, auch extreme Werte und Zufälligkeiten. Jede Änderung von Merkmalswerten hat Auswirkungen auf den Durchschnittswert.

Ungewogenes arithmetisches Mittel

Der einfache Durchschnitt der beiden Größen x_1 und x_2, das ungewogene arithmetische Mittel, lautet:

$$\bar{x} = \frac{x_1 + x_2}{2}$$

Wird der einfache Durchschnitt (ungewogenes arithmetisches Mittel) aus mehreren Größen ermittelt, dann sind sämtliche Werte zu addieren und die Summe ist durch die Anzahl der Posten zu dividieren. Die Summe der Einzelwerte einer Gesamtheit muß durch ihre Anzahl dividiert werden.

Das arithmetische Mittel aus den Zahlen 2, 3, 5, 7 und 8 ist folglich:

$$\bar{x} = \frac{2+3+5+7+8}{5} = \frac{25}{5} = 5$$

Die Formel für das ungewogene arithmetische Mittel lautet:

$$\bar{x} = \frac{x_1 + x_2 + x_3 + x_4 + \ldots + x_n}{n} = \frac{\sum_{i=1}^{n} \cdot x_i}{n}$$

$$\text{einfacher Durchschnitt} = \frac{\text{Gesamtwert}}{\text{Anzahl der Posten}}$$

Gewogenes arithmetisches Mittel

Beim gewogenen Durchschnitt wird bei den einzelnen Werten ein bestimmtes Merkmal, z. B. Menge oder Gewicht, berücksichtigt. Der gewogene Durchschnitt (= gewogenes arithmetisches Mittel) wird nach folgender Formel errechnet:

$$\text{gewogener Durchschnitt} = \frac{\text{gewogene Summe der Einzelwerte}}{\text{Gesamtmenge (bzw. Gesamtgewicht)}}$$

Für den algebraisch interessierten Leser sei erwähnt, daß den einzelnen Merkmalswerten x_i (x_1, x_2, x_3, . . . x_n) unterschiedliche Gewichte bzw. Häufigkeiten f_i entsprechen.

Merkmalswert x_i	Häufigkeit f_i	$x_i \cdot f_i$
1	3	3
2	2	4
3	1	3
4	4	16
5	2	10
	$\Sigma f_i = 12$	$\Sigma x_i \cdot f_i = 36$

Wird die Summe der mit den entsprechenden Gewichten multiplizierten Merkmalswerten $\Sigma x_i \cdot f_i = 36$ durch die Summe der Häufigkeiten $\Sigma f_i = 12$ dividiert, dann ergibt sich ein arithmetisches Mittel von 3.
Das gewogene arithmetische Mittel wird nach folgender Formel berechnet:

$$\bar{x} = \frac{\sum_{i=1}^{n} x_i \cdot t_i}{\sum_{i=1}^{n} t_i}$$

Im Gegensatz zum einfachen Durchschnitt (ungewogenes arithmetisches Mittel) wird beim gewogenen Durchschnitt (gewogenes arithmetisches Mittel) die Menge berücksichtigt.

Beispiel: **Gewogener und einfacher Durchschnitt**

Folgende Preise wurden für jeweils 1 kg berechnet: Artikel A 12 DM, Artikel B 40 DM, Artikel C 60 DM und Artikel D 70 DM.
Die verkauften Mengen betrugen:

Artikel A	500 kg	Artikel C	600 kg
Artikel B	2500 kg	Artikel D	1400 kg

a) Berechnen Sie das ungewogene arithmetische Mittel.

$$\bar{x} = \frac{12\text{ DM} + 40\text{ DM} + 60\text{ DM} + 70\text{ DM}}{4} = 45{,}50\text{ DM}$$

Das ungewogene arithmetische Mittel beträgt 45,50 DM.

b) Wie hoch ist das gewogene arithmetische Mittel?

Artikel	Preis	Menge	Umsatz
A	12 DM	500	6000 DM
B	40 DM	2500	100000 DM
C	60 DM	600	36000 DM
D	70 DM	1400	98000 DM
		5000	240000 DM

$$\bar{x} = \frac{240000 \text{ DM}}{5000} = 48 \text{ DM}$$

Das gewogene arithmetische Mittel beträgt 48 DM.

Das geometrische Mittel

Alle Merkmalswerte einer statistischen Masse werden beim geometrischen Mittel erfaßt. Das Wurzelzeichen bewirkt aber, daß der Einfluß extremer Werte sich beim geometrischen Mittel weniger stark als beim arithmetischen Mittel auswirkt. Das geometrische Mittel wird meist zur Berechnung durchschnittlicher Wachstumsraten angewandt.

$$M_g = \sqrt[n]{x_1 \cdot x_2 \cdot x_3 \cdot x_4 \ldots\ldots x_n}$$

Beispiel: Durchschnittliches Umsatzwachstum

Die Umsätze eines Unternehmens entwickelten sich in den letzten vier Jahren folgendermaßen:

Jahr 1	Umsatzzunahme 7%	$1 + 0{,}07 = 1{,}07$
Jahr 2	Umsatzzunahme 9%	$1 + 0{,}09 = 1{,}09$
Jahr 3	Umsatzabnahme 3%	$1 - 0{,}03 = 0{,}97$
Jahr 4	Umsatzzunahme 2%	$1 + 0{,}02 = 1{,}02$

$$M_g = \sqrt[4]{1{,}07 \cdot 1{,}09 \cdot 0{,}97 \cdot 1{,}02}$$

$$M_g = 1{,}0364$$

Es ergibt sich eine durchschnittliche Wachstumsrate von 0,0364 (wenn man zuvor 1 abzieht). Die Umsätze des Unternehmens haben in den letzten vier Jahren im Durchschnitt um 3,64% zugenommen.

Siehe auch:
→ Statistik
→ Streuungsmaße
→ Tabellen und Diagramme

Optimale Bestellmenge

Vor- und Nachteile verschiedener Bestellmengen abwägen – die kostengünstigste wählen

Gesucht ist die Bestellmenge, die unter Berücksichtigung aller Vor- oder Nachteile die günstigste ist. Aufgabe des Einkaufs ist es, die Bestellmenge zu fixieren. Die Einkaufsplanung muß dabei gegenläufige Tendenzen beachten. Die Bestellkosten pro Mengeneinheit fallen mit zunehmender Bestellmenge, während die Lagerkosten mit steigender Menge wachsen. Die Summe aus Beschaffungskosten und Lagerkosten bezogen auf die Mengeneinheit muß möglichst gering sein. Die günstigste Bestellmenge läßt sich grafisch und rechnerisch ermitteln.

Entscheidungskriterien der Materialwirtschaft

Die Wahl der Bestellmenge setzt auch eine Abstimmung der einzelnen Funktionen Einkauf, Fertigung, Verkauf und Finanzen voraus.

- Der *Einkauf* möchte in der Regel möglichst große Mengen bestellen, da über Großbestellungen leichter günstige Preise, Lieferungs- und Zahlungsbedingungen zu erreichen sind. Die Lagerverwaltung ist auch an großen Mengen interessiert, um dem Versorgungsdruck aus der Fertigung und dem Verkauf zu entgehen.
- Die *Fertigung* hat ein Interesse an hoher Flexibilität. Sind große Mengen an Roh-, Hilfs- und Betriebsstoffen vorhanden, können auch rasch Sonderwünsche des Verkaufs berücksichtigt werden.
- Der *Verkauf* will die Wünsche der Kunden erfüllen. Er verlangt volle Lieferbereitschaft, auch wenn dies Probleme für die Fertigung und für die Beschaffung mit sich bringt.
- Das Ressort *Finanzen* und die oberste Unternehmensleitung wollen mit niedrigen Beständen auskommen; denn hohe Bestände binden viel Kapital und verursachen hohe Zinskosten.

Der Gesamtbedarf an Stoffen für ein bestimmtes Gut während eines Zeitraumes wäre die maximale Obergrenze für die Bestellmenge. Die Bedarfsmenge pro Zeiteinheit wäre die minimale Bestellmenge. Es gibt eine optimale Bestellmenge, die die gegenläufige Entwicklung von Beschaffungskosten und Lagerkosten berücksichtigt.

Bestimmte Bestellkosten ermäßigen sich mit zunehmendem Umfang der Bestellmenge auf die Mengeneinheit bezogen, z. B. Mengenrabatte, Frachtvorteile und Preisrabatte. Zins-, Abschreibungs- und Lagerungskosten sowie die Risiken des Veraltens und der Verschlechterung der Qualität steigen dagegen pro Mengeneinheit mit zunehmender Bestellmenge. Das Optimum liegt dort, wo die Vorteile durch die Nachteile wieder aufgehoben werden. Beachten Sie das folgende Beispiel.

Beispiel: **Ermitteln der optimalen Bestellmenge**

Folgende Daten liegen dem Beispiel zugrunde:

- Bestellkosten pro Auftrag, unabhängig von der bestellten Menge — 40 DM
- Beschaffungsmenge in der Periode — 2000 Stück
- Preis pro Stück — 6 DM
- Lagerkostensatz (Bezugsbasis ist der Lagerbestand) — 10 %

Zahl der Bestellungen Periode	Bestell-kosten DM	Bestell-menge Stück	durchschnittl. Lagerbestand DM	Lager-kosten DM	Gesamt-kosten DM
1	40	2000	6000	600	640
2	80	1000	3000	300	380
3	120	667	2001	200	320
4	160	500	1500	150	310
5	200	400	1200	120	320
6	240	333	999	100	340
7	280	286	858	86	366
8	320	250	750	75	395
9	360	222	666	67	427
10	400	200	600	60	460

- Bestellmenge auf volle Stück auf- bzw. abgerundet.
- Der durchschnittliche Lagerbestand entspricht der jeweils halben Bestellmenge.
- Lagerkosten auf volle DM auf- bzw. abgerundet.

Bei 4 Bestellungen in der Periode wird mit 500 Stück die optimale Bestellmenge erreicht. Die Bestellkosten erreichen dann 160 DM und die Lagerkosten 150 DM. Die optimale Bestellmenge liegt dort, wo die Bestellkosten gleich den Lagerkosten sind. In diesem Beispiel handelt es sich, wie in der Praxis auch, um eine Näherungslösung.

Grafische Ermittlung der optimalen Bestellmenge

Die optimale Bestellmenge entspricht dem Schnittpunkt der Kurven der Beschaffungskosten und der Lagerhaltungskosten. Das Kostenoptimum von Beschaffungskosten und Lagerkosten liegt im Minimum der Gesamtkostenkurve.

Die optimale Beschaffungsmenge läßt sich grafisch nur näherungsweise bestimmen.

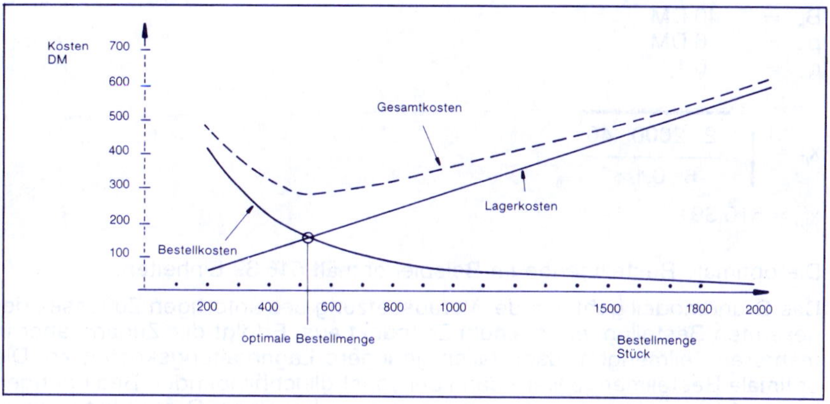

Formel zur Berechnung der optimalen Bestellmenge

Exakte Lösungen werden durch Verwendungen von Entscheidungsmodellen angestrebt. Diese Modelle, auch als Lagerhaltungsmodelle bezeichnet, berücksichtigen bestimmte Rahmenbedingungen im Beschaffungsbereich. Ein umfassendes Modell für alle denkbaren Konstellationen gibt es nicht.

Das Grundmodell der Beschaffungsplanung geht von diskontinuierlicher Lagerergänzung aus und beinhaltet:

- optimale Bestellmenge = x_m
- Bedarfsmenge = M
- konstante Bestellkosten = B_k
- Einstandspreis = p
- Lager- und Zinskostensatz = q

Die Formel lautet:

$$x_m = \sqrt{\frac{2\,M \cdot B_k}{p \cdot q}}$$

Nr. 37 Optimale Bestellmenge

Bezogen auf das vorige Beispiel ergeben sich folgende Werte:

$M = 2000$ Stück
$B_k = 40$ DM
$p = 6$ DM
$q = 0{,}1$

$$x_m = \sqrt{\frac{2 \cdot 2000 \cdot 40}{6 \cdot 0{,}1}}$$

$x_m = 516{,}39$

Die optimale Bestellmenge im Beispiel enthält 516,39 Einheiten.

Das Grundmodell geht von der Voraussetzung des sofortigen Zuflusses der gesamten Bestellungen in einem Zeitpunkt aus. Erfolgt der Zugang aber in mehreren Teilmengen, dann fallen geringere Lagerhaltungskosten an. Die optimale Bestellmenge wäre dann bei sonst gleichbleibenden Bedingungen höher. Andere Voraussetzungen liegen auch bei einem Bestellrhythmussystem vor.

Siehe auch:
→ Kennzahlen

Prolongationswechsel

Verlängern einer Wechselschuld

Der Bezogene (Akzeptant) kann am Verfalltag einen Wechsel nicht einlösen. Er bittet deshalb den Aussteller um „Wechselprolongation". Dieser leiht ihm den Wechselbetrag, damit er den alten Wechsel dem Wechselberechtigten bezahlen kann. Der Bezogene muß einen neuen Wechsel akzeptieren, der um Diskont und Auslagen höher ist als der alte Wechsel.

In der Praxis erhält der Akzeptant den alten Wechsel zurück, und es wird ein neuer Wechsel mit einem späteren Verfalltag (Prolongationswechsel) ausgestellt, wenn der Aussteller noch Wechselinhaber ist.

Ausgleichswechsel

Ein ähnlicher Fall liegt vor, wenn vorübergehend ein Unternehmen fällige Verbindlichkeiten nicht bezahlen kann. Der Gläubiger kann verlangen, daß die fällige Schuld in eine später fällige Wechselschuld umgewandelt wird. Die Wechselforderung, der Ausgleichswechsel, ist um Diskont und Spesen höher als die ursprüngliche Buchforderung.

Ausgleichswechsel = ursprüngliche Schuldsumme + Diskont + Spesen

Der Betrag des Ausgleichswechsels ist der Grundwert (100 %), die ursprüngliche Schuldsumme ist niedriger. Während die ursprüngliche Schuldsumme bekannt ist, wird der Grundwert (= Betrag des Ausgleichswechsels) gesucht.

Ausgleichs- und Prolongationswechsel werden nach dem gleichen Schema abgerechnet.

Prolongationswechsel ohne Mehrwertsteuer

Beispiel: **Prolongieren eines nicht mehrwertsteuerpflichtigen Wechsels**

Ein am 1. 9. fälliger Wechsel über 6000 DM wird um 60 Tage verlängert. Wie hoch ist der neue Prolongationswechsel, wenn der Abrechnungssatz 6 % beträgt und Auslagen von 9 DM einzubeziehen sind?

Wechsel fällig 1. 11.	6069,70 DM	100 %
– Diskont, 6 %, 60 Tage	60,70 DM	1 %
	6009,00 DM	99 %
– Auslagen	9,00 DM	
Barwert am 1. 9.	6000,00 DM	

So rechnen Sie richtig:

① Schema erstellen

② Zum Barwert sind Auslagen in Höhe von 9 DM zu addieren.

③ Verwandeln des Zinssatzes in einen Prozentsatz:
360 Tage – 6 %
60 Tage – 1 %

④ Gesuchte Wechselsumme 100 %

⑤ 99 % – 6009,00 DM
100 % – x DM

$$x = \frac{6009{,}00 \times 100}{99} = 6069{,}70 \text{ DM}$$

Seit 1.1.92 ist die Wechselsteuer entfallen. Die Abschätzung des Wechselbetrages als Grundlage für die Berechnung der Wechselsteuer entfällt deshalb. Das Rechenverfahren ist dadurch einfacher geworden.

Beispiel: Prolongieren eines über einen höheren Betrag lautenden Wechsels

Ein am 25. Mai fälliger Wechsel über 16000 DM wird um drei Monate prolongiert. Der Prolongationswechsel wird bei der Hausbank zum Diskont eingereicht, der Erlös soll den eingereichten fälligen Wechsel abdecken.

Wie hoch ist der Prolongationswechsel, wenn außer einem Diskont von 5 % Auslagen von 24,00 DM zu berücksichtigen sind?

Nennwert des Prolongationswechsels	16 226,84 DM	100 %
– Diskont 90 Tage / 5%	202,84 DM	1,25 %
	16 024,00 DM	98,75 %
– Auslagen	24,00 DM	
Barwert am 1. September	16 000,00 DM	

360 Tage – 5 %
90 Tage – 1,25 %

Die Diskontierung von Wechseln bei Banken unterliegt nicht der Mehrwertsteuer, da Bankgeschäfte von der Mehrwertsteuer befreit sind. Industriebetriebe oder Handelsunternehmen, die Wechsel ihrer Kunden diskontieren, müssen MwSt auf den Diskont berücksichtigen (siehe Prolongationswechsel mit MwSt).

Praxis-Tip

Wenn das dargestellte Rechenverfahren zu kompliziert ist, kann man den Wechsel bei der Bank zum Nennwert einreichen und diskontieren lassen. Die Diskontbelastung wird dem Kunden mitgeteilt, in der Buchhaltung erfaßt und später dem Geschäftspartner gesondert berechnet.

Prolongationswechsel mit Mehrwertsteuer

Belastet der Lieferant den Kunden mit Diskont und etwaigen Spesen, liegt eine Entgelterhöhung vor, für die Mehrwertsteuer zu entrichten ist.

Der Diskont erhöht ebenso wie Ziel-, Stundungs- und Verzugszinsen das Entgelt für die Leistung. Das Entgelt kann also höher sein als der zwischen Lieferant und Käufer vereinbarte Preis.

Der Diskont gehört jedoch nicht zum Entgelt, ist also nicht umsatzsteuerpflichtig, wenn der Abnehmer dem Lieferant den Diskont nicht ersetzt.

Beispiel: Prolongieren eines mehrwertsteuerpflichtigen Wechsels

Ein Wechsel über 7000 DM ist am 15. 8. fällig. Der Gläubiger zieht auf seinen Kunden einen neuen Wechsel, der in drei Monaten fällig sein wird. Wie hoch ist der Betrag des neuen Wechsels, wenn er am 15. 8. zu einem Abrechnungssatz von 6 % diskontiert wird und 9,00 DM Auslagen anfallen? Auf Diskont und Auslagen sind 15 % Mehrwertsteuer zu entrichten.

③ Wechsel fällig am 15. 11.		7133,40 DM	100 % ⑤
Diskont 6 % / 90 Tage 1,5 %	107,00 DM		
+15% Mehrwertsteuer 0,225 %	16,05 DM	123,05 DM	1,725 % ④
		7010,35 DM	98,275 %
② Auslagen	9,00 DM		
+ 15 % MwSt.	1,35 DM	10,35 DM	
① Barwert am 15. 8.		7 000,00 DM	

So rechnen Sie richtig:

① Lösung geht vom Barwert aus.

② Die Auslagen einschließlich 15% Mehrwertsteuer sind zum Barwert zu addieren.

③ Der Diskont ist als Prozentsatz des Wechselbetrages anzugeben

360 Tage – 6 %
90 Tage – x %

$$\frac{6 \times 90}{360} = 1{,}5\ \%$$

④ Zum Prozentsatz des Diskonts ist der Prozentsatz der Umsatzsteuer zu addieren

$$\begin{array}{r} 1{,}500\ \% \\ +\ 0{,}225\ \% \\ \hline 1{,}725\ \% \end{array}$$

⑤ Berechnung des Wechselbetrages nach dem Dreisatz.

Restzahlungswechsel

Ein Schuldner, der Rimessen besitzt, kann damit eine bestehende Schuld ganz oder teilweise ausgleichen. Gelingt ihm nur zum Teil der Ausgleich, kann die Restschuld durch einen auf einen späteren Verfalltag gestellten Restwechsel getilgt werden.

Sie müssen also zunächst den Barwert der diskontierten Wechsel ermitteln. Die Restschuld ergibt sich aus der Differenz von Gesamtverbindlichkeit abzüglich Barwert der diskontierten Wechsel. Über die Restschuld wird ein Ausgleichswechsel ausgestellt, den man als *Restzahlungswechsel* bezeichnet.

So rechnen Sie richtig:

① Zuerst ist der Barwert der eingereichten Wechsel zu ermitteln, d. h., die Wechsel sind zu diskontieren.

② Der Barwert der eingereichten Wechsel ist von der Gesamtschuld abzuziehen. Sie erhalten dann die Restschuld.

③ Beim Restzahlungswechsel sind wie beim Ausgleichswechsel Diskont, Spesen und gegebenenfalls Mehrwertsteuer zu berücksichtigen.

Beispiel: Berechnen eines Restzahlungswechsels

Ein Unternehmen hat gegenüber einem Kunden eine Forderung über 20 000 DM, fällig am 14. 11. Der Kunde gibt zwei Wechsel in Zahlung: 7000 DM, fällig am 4. 1., und 8000 DM, fällig am 4. 2.

Die Wechsel werden zu einem Abrechnungssatz von 6 % von der Bank diskontiert. Die Restschuld soll durch einen Restzahlungswechsel getilgt werden, der am 14. 2. fällig ist. Über welchen Betrag lautet der Restzahlungswechsel, wenn mit 8 % diskontiert wird? Auf Diskont und die 7 DM Auslagen sind 15 % Mehrwertsteuer zu entrichten.

- **Diskontierung der Wechsel**

14. 11.

Wechselbetrag	Verfall	Tage	#
7 000 DM	4. 1.	50	3500
8 000 DM	4. 2.	80	6400
15 000 DM			9900

– 165 DM Diskont 6 % (9900 : 60 = 165)

14 835 DM Barwert am 14. 11.

- **Berechnung der Restschuld**

Schuld, fällig am 14. 11.	20 000 DM
– Barwert der Wechsel am 14. 11.	14 835 DM
Restschuld am 14. 11.	5 165 DM

- **Berechnung des Restzahlungswechsels**

Wechsel fällig am 14. 2.		5294,83 DM	100 %
– Diskont 8 % / 90 Tage (2 %)	105,90 DM		
MwSt 15 % (0,3 %)	15,88 DM	121,78 DM	2,3 %
Barwert, am 14. 11.		5173,05 DM	97,7 %
– Auslagen	7,00 DM		
MwSt 15 %	1,05 DM	8,05 DM	
Restschuld, fällig am 14. 11.		5165,00 DM	

Praxis-Tip

Verschiedene Fälle sind im Hinblick auf die Entrichtung von Umsatzsteuer zu unterscheiden:

- Warenlieferungen und sonstige Leistungen unterliegen nach § 1 Umsatzsteuer (UStG) der Umsatzsteuer. Zuschläge zum Verkaufspreis führen nach § 17 UStG zu einer höheren Bemessungsgrundlage und damit auch zu einer höheren Umsatzsteuer. Preisnachlässe, Preisminderungen, Rabatte und Skonti sind dagegen Entgeltsminderungen, wenn sie mit getätigten Umsätzen zusammenhängen. Die Umsatzsteuer wird entsprechend gekürzt.
- Tätigt ein Unternehmen im eigenen Namen für den Geschäftspartner Auslagen (z. B. Telefonauslagen, Reisekosten, Fracht), dann gehören diese Auslagen zum Kaufpreis und unterliegen der Umsatzsteuer.
- Mahn- und Verwaltungsgebühren für säumige Schuldner rechnen ebenfalls zum Entgelt, folglich fällt Umsatzsteuer an.
- Gerichtliche Mahnkosten und Kosten für Mahnbescheide sind Schadenersatz und damit nicht Teil des Entgelts, also keine Umsatzsteuer.
- Auslagen im Namen und für Rechnung eines Geschäftspartners sind durchlaufende Posten, folglich ebenfalls umsatzsteuerfrei.

Prozentrechnung

Kennzahlen, Skonti oder Boni schnell errechnen

Die Prozentrechnung ermöglicht mit Hilfe der einfachen Dreisatzrechnung oder, bei Kenntnis der Teiler einfacher Prozentsätze, noch schneller die verschiedensten → Kennzahlen, Werte oder Prozentsätze zu ermitteln.

Berechnung des Prozentwertes

In der Prozentrechnung arbeitet man mit den Größen Grundwert (G), Prozentwert (W) und dem Prozentsatz (p). Für die Ermittlung des Prozentwertes müssen Grundwert und Prozentsatz gegeben sein.

Beispiel: **Skonto errechnen**

Ein Großhändler erhält von einem Industrieunternehmen eine Rechnung über 1450 DM. Wie hoch ist der Skontobetrag, wenn bei Barzahlung 3% Skonto gewährt werden?

Dreisatz:
100% = 1450 DM
3% = x DM

$$x = \frac{1450 \cdot 3}{100} = 14{,}5 \cdot 3 = 43{,}50 \text{ DM}$$

$$\text{Prozentwert} = \frac{\text{Grundwert} \cdot \text{Prozentsatz}}{100} \qquad W = \frac{G \cdot p}{100}$$

Kaufmännische Rechnung:
100% = 1450 DM
1% = 14,5 DM
3% = 43,5 DM

Bequeme Prozentsätze erleichtern und beschleunigen das Rechnen.

Prozentsatz	Bruchteil	Prozentsatz	Bruchteil
1 %	1/100	8⅓ %	1/12
1¼ %	1/80	10 %	1/10
1⅔ %	1/60	12½ %	1/8
2 %	1/50	16⅔ %	1/6
2½ %	1/40	20 %	1/5
3⅓ %	1/30	25 %	1/4

Prozentsatz	Bruchteil	Prozentsatz	Bruchteil
4 %	1/25	33⅓ %	1/3
5 %	1/20	50 %	1/2
6¼ %	1/16	66⅔ %	2/3
6⅔ %	1/15	75 %	3/4

Beispiel: Preisabzug ausrechnen

Im Sommerschlußverkauf soll ein Kleid, das mit 176 DM ausgezeichnet ist, um 12,5 % gesenkt werden. Wie hoch ist der Preisabzug und wieviel beträgt der neue Preis?

Dreisatz:
100 % = 176 DM
12,5 % = x DM

$$x = \frac{176 \cdot 12,5}{100} = 22 \text{ DM}$$

Kaufmännische Rechnung:
12,5 % = 1/8 von 100 %
12,5 % = 176 : 8 = 22 DM

Alter Preis	176 DM
Preisabzug	22 DM
Neuer Preis	154 DM

Berechnung des Prozentsatzes

Grundwert und Prozentwert müssen bekannt sein.

Mit dieser Methode lassen sich z. B. Provisionssätze für Vertreter ermitteln, man kann eine Bilanz in Prozentsätze gliedern oder die Rendite eines investierten Betrages errechnen.

Beispiel: Ermitteln der Bezugskosten

Für die Lieferung von Rohstoffen mußte eine Firma 870 DM bezahlen. Der Wert der Rohstofflieferung betrug 29 000 DM. Wieviel % betragen die Bezugskosten?

Dreisatz:
29 000 DM – 100 %
870 DM – x

$$x = \frac{87 \cdot 1}{29} = 3\,\%$$

Kaufmännische Rechnung:
29 000 DM – 100 %
290 DM – 1 %

$$870 \text{ DM} - \frac{870 \text{ DM}}{290 \text{ DM}} = 3\,\%$$

$$\text{Prozentsatz} = \frac{\text{Prozentwert} \cdot 100}{\text{Grundwert}} \qquad p = \frac{W \cdot 100}{G}$$

Berechnung des Grundwertes

Sie müssen jetzt den Prozentsatz und den Prozentwert kennen.

Beispiel: **Ermitteln des Listenpreises**

Eine Holzhandlung erhält beim Bezug von Holz 15% = 2040 DM Mengenrabatt. Wie hoch ist der Listenpreis?

Dreisatz:
15% – 2040 DM
100% – x DM

$$x = \frac{2040 \cdot 100}{15} = 136 \cdot 100 = 13600 \text{ DM}$$

$$\text{Grundwert} = \frac{\text{Prozentwert} \cdot 100}{\text{Prozentsatz}} \qquad G = \frac{W \cdot 100}{p}$$

Kaufmännische Rechnung:
15% – 2040 DM
1% – 136 DM
100% – 13600 DM

Prozentrechnung vom vermehrten Grundwert (auf Hundert)

Der vermehrte Grundwert ist größer als der (reine) Grundwert.

Grundwert + Vermehrung = vermehrter Grundwert
100% + 5% = 105%

Beispiel: **Preis vor Preiserhöhung errechnen**

Der Verkaufspreis einer Ware beträgt nach einer Preiserhöhung von 6% 1378 DM. Wie hoch war der Verkaufspreis vor der Preiserhöhung?

Dreisatz:
106% – 1378 DM
100% – x DM

$$x = \frac{1378 \cdot 100}{106} = 13 \cdot 100 = 1300 \text{ DM}$$

Kaufmännische Rechnung:
106% – 1378 DM
1% – (1378 : 106) = 13 DM
100% – 1300 DM

$$\text{Reiner Grundwert} = \frac{\text{Vermehrter Grundwert} \cdot 100}{100 + \%\text{-Satz}}$$

Beispiel: Vom neuen zum ehemaligen Gehalt

Um $16^2/_3$% wurde das Jahresgehalt eines Angestellten auf 69 300 DM erhöht. Wieviel verdiente er im letzten Jahr?

Jahresgehalt im Vorjahr	59 400 DM	100%	$^6/_6$
+ Gehaltserhöhung $16^2/_3$%	9 900 DM	$16^2/_3$	$^1/_6$
Jahresgehalt jetzt	69 300 DM	$116^2/_3$	$^7/_6$

Prozentrechnung vom verminderten Grundwert (im Hundert)

Der verminderte Grundwert ist stets kleiner als der (reine) Grundwert.

Grundwert − Verminderung = verminderter Grundwert
100 % 14 % 86 %

Beispiel: Umsatz vor Umsatzrückgang ermitteln

Der Umsatz eines Bauunternehmens ging im November im Vergleich zum Oktober um 12,2 % auf 263 400 DM zurück. Wie hoch war der Umsatz im Oktober?

Dreisatz:
87,8 % − 263 400 DM
100 % − x DM

$$x = \frac{263\,400 \cdot 100}{87{,}8}$$

$$x = 300\,000 \text{ DM}$$

Kaufmännische Rechnung:
87,8 % − 263 400 DM
1 % − (263 400 : 87,8) = 3 000 DM
100 % − 300 000 DM

$$\text{Reiner Grundwert} = \frac{\text{Verminderter Grundwert} \cdot 100}{100 - \text{\%-Satz}}$$

Siehe auch:
→ Kennzahlen → Zinsrechnung

Rückwärtskalkulation

Teurer dürfen Sie nicht einkaufen

Die Rückwärtskalkulation (= retrograde Kalkulation) wird erforderlich, wenn bei gegebenem Verkaufspreis der Bezugspreis oder der Einkaufspreis ermittelt werden soll. So kann man z. B. bei einem bestimmten gegebenen Verkaufspreis die Obergrenze für den Einkaufspreis errechnen.

So rechnen Sie richtig:

	Einkaufspreis
−	Lieferrabatt i. H.
	Zieleinkaufspreis
−	Liefererskonto i. H.
	Bareinkaufspreis
+	Bezugskosten
	Einstandspreis (Bezugspreis)
+	Handlungskostenzuschlag (HKZ) a. H.
	Selbstkosten
+	Gewinnzuschlag a. H.
	Barverkaufspreis
+	Kundenskonto v. H.
	Zielverkaufspreis
+	Kundenrabatt v. H.
	Verkaufspreis (netto)
+	MwSt a. H.
	Bruttoverkaufspreis

v. H. = Prozentrechnung „vom Hundert“ (reiner Grundwert)
i. H. = Prozentrechnung „im Hundert“ (verminderter Grundwert)
a. H. = Prozentrechnung „auf Hundert“ (vermehrter Grundwert)
(→ **Prozentrechnung**)

Beispiel: **Vom Bruttoverkaufspreis zum Einkaufspreis**

Zu welchem Einkaufspreis (netto) darf ein Einzelhändler ein bestimmtes Elektrogerät höchstens erwerben, wenn er im Hinblick auf die örtliche Konkurrenz einen Bruttoverkaufspreis von 759 DM nicht überschreiten darf?

Er kalkuliert mit 20 % HKZ (Handlungskostenzuschlag), 10 % Gewinn, 5 % Kundenrabatt sowie 15 % MwSt. Es fallen 15 DM Bezugskosten an.

Einkaufspr. (netto)	460,00		
+ Bezugskosten	15,00		
Einstandspreis	475,00	100 %	
+ Handlungskosten 20 %	95,00	20 %	
Selbstkosten	570,00	120 %	100 %
+ Gewinn 10 %	57,00		10 %
Vorl. Verkaufspreis	627,00	95 %	110 %
+ Kundenrabatt 5 %	33,00	5 %	
Verkaufspr. (netto)	660,00	100 %	100 %
+ MwSt 15 %	99,00		15 %
Verkaufspr. (brutto)	759,00		115 %

Industriebetriebe unterliegen in der Marktwirtschaft ebenfalls den Preisen der Konkurrenz. Die retrograde Kalkulation geht vom Verkaufspreis aus und errechnet die Obergrenze für das eingekaufte Fertigungsmaterial.

Die Kalkulationschemata der Warenhandels- und Fertigungsbetriebe sind ab der Position Selbstkosten identisch. Eine sowohl vorwärts- als auch rückwärtsschreitende Kalkulation finden Sie beim Handel und der Industrie in der → **Differenzkalkulation**.

Siehe auch:
→ Einkaufskalkulation
→ Optimale Bestellmenge
→ Handelskalkulation

Sortenrechnung

Ausländische Währungen in DM umrechnen und umgekehrt

Devisen und Sorten sind Zahlungsmittel im Leistungsaustausch mit dem Ausland. Amtlich bestellte Kursmakler ermitteln täglich an den Devisenbörsen die Devisenkurse für die gängigen Währungen. Banken kaufen und verkaufen Devisen und Sorten von und an Nichtbanken.

Sorten, Devisen und Wechselkurse

ausländisches Geld

Sorten
= ausländische Banknoten
= ausländische Münzen

Devisen
= Guthaben bei ausländischen Banken
= ausländische Schecks
= ausländische Wechsel

Es ist üblich, die Devisen, das sind die Preise der Währungen fremder Länder, als *Wechselkurse* zu bezeichnen. Wechselkurs bedeutet der Preis für 100 Einheiten ausländischer Währung in DM, z. B. Preis für 100 Schweizer Franken, Preis für 100 Peseten, Preis für 100 französische Francs. Dollar-Kurs und Pfund-Kurs werden jeweils für eine Einheit angegeben, d. h. Preis für 1 Dollar und 1 Pfund in DM.

- Aufwertung der DM bedeutet, daß man für 100 Einheiten einer ausländischen Währung in DM einen niedrigeren Preis zahlen muß.
- Eine Abwertung der DM-Währung liegt vor, wenn die Notenbank in der Bundesrepublik ausländische Zahlungsmittel zu einem höheren Preis aufkauft.

Die *Devisenkurse* werden täglich an den Devisenbörsen durch Angebot und Nachfrage gebildet und in der Tages- bzw. Wirtschaftspresse veröffentlicht. Die Spannen zwischen Ankaufs- und Verkaufskursen sind im Devisengeschäft niedrig (→ **Devisenrechnung**).

Nr. 41 Sortenrechnung

Die Banken berechnen im Sortenhandel keine Spesen; sie decken ihre Kosten aus der wesentlich größeren Spanne zwischen Sorteneinkauf und -verkauf. Es ist üblich, den Ankaufskurs der Bank für ausländisches Geld als *Geldkurs* zu bezeichnen. Der Verkaufskurs für Sorten und Devisen der Bank heißt *Briefkurs.*

Umwandlung von DM in ausländische Währungen

Ausländisches Geld wird im Außenhandel und im Reiseverkehr in DM umgetauscht.

Beispiel: Tausch von DM in sFr

Ein Kaufmann will für 158000 DM Waren in der Schweiz kaufen.

a) Wieviel Schweizer Franken sind erforderlich, wenn zum Sortenkurs von 100 sFr = 120,50 DM abgerechnet wird?

b) Welchen Betrag kann der Kaufmann bei einer Abrechnung zum Devisenkurs von 100 sFr = 119,20 DM sparen?

Zu a)

120,50 DM – 100 sFr
158 000,00 DM – x sFr

$$x = \frac{100 \cdot 158000}{120,50}$$

$$x = 131\,120,33 \text{ sFr}$$

Zu b)

119,20 DM – 100 sFr
158 000,00 DM – x sFr

$$x = \frac{100 \cdot 158000}{119,20}$$

$$x = 132\,550,33 \text{ sFr}$$

Abrechnung Devisenkurs	132 550,33 sFr
– Abrechnung Sortenkurs	131 120,33 sFr
Mehrbetrag	1 430,00 sFr

Die Umrechnung von DM in ausländische Währungen erfolgt nach folgender Formel:

$$\text{Auslandswährung} = \frac{\text{DM-Betrag} \cdot 100}{\text{Kurs}}$$

Entsprechend gilt für US-$ und Pfund, da der Kurs für 1 Einheit angegeben wird:

$$\text{\$-Betrag} = \frac{\text{DM-Betrag}}{\text{Kurs}} \qquad \text{Pfund-Betrag} = \frac{\text{DM-Betrag}}{\text{Kurs}}$$

Umrechnen ausländischer Währungen in DM

Beispiel: **Tausch von FF in DM**

Ein deutsches Versandhaus kaufte in Frankreich für 426 000 FF Waren ein. Welchen DM-Betrag mußte die Finanzabteilung überweisen, wenn der Umrechnungskurs 100 FF = 29,57 DM lautete?

$$\begin{aligned} 100\ \text{FF} &= 29{,}57\ \text{DM} \\ 426\,000\ \text{FF} &= x\ \text{DM} \end{aligned}$$

$$x = \frac{426\,000 \cdot 29{,}57}{100} \qquad x = 125\,968{,}20\ \text{DM}$$

Das Versandhaus mußte 125 968,20 DM überweisen.

Das Umrechnen ausländischer Währungen in DM läßt sich in folgender Formel ausdrücken:

$$\text{DM-Betrag} = \frac{\text{ausländischer Geldbetrag} \cdot \text{Kurs}}{100}$$

Analog gilt für $ und Pfund:

$$\text{DM-Betrag} = \text{\$-Betrag} \cdot \text{Kurs}$$
$$\text{DM-Betrag} = \text{Pfund-Betrag} \cdot \text{Kurs}$$

Währungsaufgaben sind Dreisatzrechnungen mit geraden Verhältnissen, die Anwendung des Kettensatzes ist deshalb möglich. Dieses Rechenverfahren ist besonders vorteilhaft bei der Umrechnung von ausländischen Währungen, Maßen und Gewichten.

Beispiel: **Rechnen mit der Kettenregel**

Eine Kaffeerösterei importiert aus Rotterdam Guatemala-Kaffee, 2 400 kg zu 17 000 hfl. Wieviel DM kostet ½ kg, wenn 100 hfl = 88,50 DM kosten?

① $x\ \text{DM} = \frac{1}{2}\ \text{kg}$

② $2400\ \text{kg} = 17\,000\ \text{hfl}$

③ $100\ \text{hfl} = 88{,}50\ \text{DM}$

④ $x = \frac{0{,}5 \cdot 17\,000 \cdot 88{,}50}{2400 \cdot 100} = 3{,}13\ \text{DM}$

So rechnen Sie richtig:

① Die Kette ist in der Form von Gleichungen zu schreiben. Am Anfang der Kette steht, wonach gefragt ist (x DM = 0,5 kg),

② Die Benennung des linken Gliedes der zweiten Gleichung muß mit der Bezeichnung des rechten Gliedes der ersten Gleichung übereinstimmen (kg – kg). Dies gilt auch für jede folgende Gleichung, wenn eine Kette aus mehr als drei Gleichungen besteht.

③ Die letzte Gleichung muß mit der Benennung enden, nach der gefragt ist, d. h., Anfangsgliedbenennung und Endgliedbenennung müssen übereinstimmen (DM – DM).

④ Die Kette ist als Bruch aufzufassen, die Zahlen der rechten Seite der Kette stehen auf dem Bruchstrich (Zähler), die Zahlen der linken Seite kommen unter den Bruchstrich (Nenner).

linke Seite	rechte Seite
x DM	0,5 kg
2400 kg	17000 hfl
100 hfl	88,50 DM
↓	↓
Nenner	Zähler

$$\frac{\text{Zähler}}{\text{Nenner}} = \frac{0{,}5 \cdot 17\,000 \cdot 88{,}50}{2400 \cdot 100} = 3{,}13 \text{ DM}$$

Beispiel: Gewicht und Preis mit der Kettenregel berechnen

Ein Essener Unternehmen erhält folgendes englische Angebot: 90 cwts zum Preis von 17200 £ einschließlich Fracht und Zoll bis Seehafen Rotterdam. Wie hoch ist der Bezugspreis in DM frei Rotterdam für 100 kg, wenn der Kurs 2,39 beträgt? (Hinweis 1 cwt = 50,8 kg)

x DM = 100 kg
50,8 kg = 1 cwt
90 cwts = 17200 £
1 £ = 2,39 DM

$$x = \frac{100 \cdot 1 \cdot 17200 \cdot 2{,}39}{50{,}8 \cdot 90} \qquad x = 899{,}12 \text{ DM}$$

Siehe auch:
→ Devisenarbitrage

Statistik

Gesetzmäßigkeiten bei Massenerscheinungen

Die Statistik beschäftigt sich mit der zahlenmäßigen Beobachtung und Erforschung von Massenerscheinungen. Statistische Massen besitzen stets ein gemeinsames Merkmal (→ Mittelwerte → Streuungsmaße). Vor allem Natur- und Sozialwissenschaften befassen sich mit statistischen Massen. Für diese Disziplinen ist die Statistik eine wichtige methodische Hilfswissenschaft. Statistische Verfahren werden zur Lösung der verschiedensten Probleme herangezogen. Sie dienen in Wissenschaft und Praxis der Entscheidungsvorbereitung und der Erkenntnisfindung.

Moderne Statistik

Statistik ist nach herrschender Auffassung ein System von Methoden, das auf Massenerscheinungen aller Art angewandt werden kann. Sie umfaßt Verfahren zur Sammlung, Aufbereitung, Analyse und Interpretation von Zahlen (→ **Tabellen und Diagramme**).

Die Verbindung der sozialwissenschaftlichen Massenerscheinungen und der von den Mathematikern entwickelten Wahrscheinlichkeitstheorie kennzeichnet die moderne Statistik. Statistische Massen und ihre Analyse haben auch große Bedeutung in der Wirtschaftspraxis, z. B. bei Qualitätsprüfungen von Massenerzeugnissen durch Stichproben in der Industrie (→ **Stichproben**).

Primärstatistik

Die Primärstatistik erfaßt Informationen und Daten mit den Methoden Befragung, Beobachtung und Experiment. Externe Marktforschungsinstitute führen diese Aufgaben meistens für kleine und mittlere Unternehmen durch. Vielfältige quantitative und qualitative Informationen über den Markt, die Anbieter und die Verbraucher sind zu sammeln und zu interpretieren:

- Entwicklung des Marktvolumens
- Fertigungskapazitäten der Anbieter
- technologische Entwicklungen
- Substitutionsprodukte
- Handelsstruktur
- Verbrauchergewohnheiten
- Kaufverhalten

Die Primärforschung wird unmittelbar vor Ort durchgeführt. Die *Befragung* ist das am häufigsten angewandte Erhebungsverfahren. Produzenten, Händler und Konsumenten sind Zielgruppen der Befragung. Verbraucherbefragungen haben besondere Bedeutung. Informationen über Einkommen und Verbrauch der privaten Haushalte sind für Politik, Wirtschaft und Wissenschaft unentbehrlich. Da es aus zeitlichen und finanziellen Gründen nicht möglich und sinnvoll ist, alle Verbraucher zu befragen, werden Teilerhebungen durchgeführt. Es ist darauf zu achten, daß die Auswahl der zu Befragenden, die Stichprobe, in bezug auf die Untersuchungsmerkmale möglichst repräsentativ ist. Folgende Befragungsformen werden unterschieden:

- schriftliche Befragung
- telefonische Befragung
- persönliches Interview

Die *schriftliche* Befragung mittels Fragebogen ist zwar relativ billig, doch muß bei postalischer Befragung von zuvor nicht angesprochenen Personen mit einer hohen Ausfallquote gerechnet werden. Meist können bei dieser Methode keine repräsentativen Ergebnisse herausgefunden werden. Bei der Gestaltung der Fragebögen sollte auf das Niveau des befragten Personenkreises, den Untersuchungszweck sowie eine klare und eindeutige Fragestellung und den Einbau von Kontrollfragen geachtet werden.

Die *telefonische* Befragung eignet sich vor allen Dingen zur Beantwortung von kurzen und einfachen Fragen. Der Vorteil ist die Schnelligkeit.

Das *persönliche* Interview ist relativ teuer; die Gewähr für repräsentative Ergebnisse ist hier am ehesten gesichert. Diese Methode eignet sich auch für die Beantwortung schwieriger Fragenkomplexe. Der Interviewer kann quantitative Tatbestände, z. B. die Höhe des insgesamt verfügbaren Einkommens oder die Ausgaben für ein bestimmtes Produkt, erfragen. Qualitative Zusammenhänge wie Meinungen, Motive und Empfindungen lassen sich ebenfalls in das Interview einbeziehen. Während bei quantitativen Untersuchungen standardisierte Interviews bevorzugt werden, arbeitet man in der qualitativen Forschung mit dem freien Gespräch.

Die *Beobachtung* kann durch Personen oder mit technischen Geräten wie Videorecorder, Filmkamera oder Fotoapparat gemacht werden. Menschen oder Sachen können Gegenstand der Beobachtung sein. Geeignete Untersuchungsobjekte wären z. B. die Benutzung öffentlicher Verkehrsmittel oder die Einkaufsgewohnheiten der Konsumenten.

Panel

Die kontinuierliche Marktbeobachtung wird durch die Panelforschung ermöglicht. Ein Panel ist eine repräsentative Stichprobe von Personen oder Institutionen, die in bestimmten Zeitabständen immer wieder angesprochen werden.

Das *Händlerpanel* (Einzelhandels- und Großhandelspanel) informiert über die Entwicklung der eigenen Marke im Vergleich zu den Konkurrenzmarken. Absatz- und distributionsmäßige Stärken und Schwächen der am Markt befindlichen Produkte werden sichtbar, z. B. in welchen Gebieten oder Geschäftstypen verkaufen sich bestimmte Erzeugnisse gut oder nicht.

Das *Konsumentenpanel* (Individual- und Haushaltspanel) gibt Auskunft über das Verhalten der Käufer. Eine Stichprobe von Haushalten erfaßt über einen längeren Zeitraum auf Fragebögen die Verbrauchsausgaben und die Einkaufsmengen. Die Fragebögen werden beispielsweise wöchentlich oder monatlich an das zuständige Marktforschungsinstitut gesandt. Auf diese Art lassen sich Einkaufsfrequenz und bevorzugte Marken, bevorzugte Pakkungsgrößen sowie die Reaktion auf Preisänderungen bestimmter Haushalte feststellen.

Sekundärstatistik

Die Sekundärstatistik wertet bereits vorhandenes Datenmaterial aus. Die indirekte Informationsbeschaffung greift auf Daten zurück, die für andere Zwecke ermittelt wurden. Das betriebliche Rechnungswesen ist die wichtigste *interne* Informationsquelle im Unternehmen.

Die Sekundärforschung kann außerdem nutzen:

- Umsatzzahlen des Verkaufs früherer Perioden
- Kundenstatistiken über Auftragsgrößen, Vertriebswege und Reklamationen
- Berichte von Vertretern und Reisenden
- Statistiken der Personalabteilung
- Einkaufs- und Materialstatistiken
- Fertigungsstatistiken und Maschinenbelegungspläne
- Statistiken des Finanzressorts

Außer den internen stehen *externe* Informationsquellen zur Verfügung:

- Amtliche Statistiken, insbesondere Statistisches Bundesamt und Deutsche Bundesbank
- Internationale Statistiken der EG und OECD
- Veröffentlichungen von Ministerien, Bundes- und Landesbehörden, Industrie- und Handelskammern, Handwerkskammern
- Publikationen von Wirtschaftsverbänden
- Analysen wirtschaftswissenschaftlicher Forschungsinstitute, z. B. Ifo-Institut, München
- Abhandlungen von Marktforschungsinstituten und Werbeagenturen
- Geschäftsberichte, Pressekonferenzen und Bilanzbesprechungen von Unternehmen
- Branchenverzeichnisse, Adressenbücher und Kataloge

Obwohl eine Vielzahl von sekundärstatistischen Unterlagen zur Verfügung steht, wird man auf primärstatistische Erhebungen in vielen Fällen nicht verzichten können. Die Gründe liegen zuweilen in mangelnder Aktualität, meistens aber sind die Daten für die gewünschte spezielle Fragestellung nicht genügend aufgeschlüsselt.

Empirische Wahlforschung analysiert das Wahlverhalten

Der Wähler kann in der Demokratie zwischen mehreren Parteien, Sachprogrammen und Personen eine Auswahl treffen. Die empirische Wahlforschung zeigt, daß Gruppeneinflüsse, politische Traditionen und politische Tagesthemen große Bedeutung für das Wahlverhalten haben. Das individuelle Wahlverhalten wird sowohl von langfristig-strukturellen Faktoren als auch von kurzfristigen Überlegungen bestimmt.

Langfristig-strukturelle Faktoren sind:

- Zugehörigkeit des Wählers zu gesellschaftlichen Gruppen wie Alter, Geschlecht, Beruf, Religion, Gewerkschaft
- Parteibindung des Wählers

Kurzfristige Überlegungen sind:

- Wirtschaftslage
- Attraktivät der jeweiligen Kandidaten der verschiedenen Parteien
- aktuelle politische Tagesthemen

Die Bundesrepublik war seit ihrer Entstehung durch die bürgerlich-konservative Volkspartei CDU / CSU und die Volkspartei SPD sowie die FDP als „dritte Kraft" geprägt. Das Auftreten der Grünen als Partei und abnehmbare Gruppenbildungen führten zu einer Strukturveränderungen im Wahlverhalten. FDP und Grüne sind besonders auf Wechselwähler angewiesen.

Die Mitgliedschaft in einer Gewerkschaft spricht für eine Orientierung zugunsten der SPD, während eine Kirchenbindung der CDU / CSU zugute kommt. Das Nord-Süd-Gefälle in den alten Bundesländern wird in den neuen Bundesländern durch eine Konfrontation Großraum Berlin sowie Ostseeraum und südliche Landesteile erweitert. Das künftige gesamtdeutsche Parteiensystem dürfte komplexer sein als das westdeutsche der achtziger Jahre.

Siehe auch:
→ Korrelation → Trendanalyse

Stichproben

Von einer Teilmenge auf die Grundgesamtheit schließen

Eine Stichprobe ist eine zufällig ausgewählte Teilmenge von Elementen aus einer gegebenen Menge, die als Grundgesamtheit bezeichnet wird. Jedes Element der Grundgesamtheit hat bei Zufallsstichproben die gleiche Chance, in die Stichprobe zu gelangen. Es wird von der kleinen Zahl der untersuchten Fälle auf die große Zahl der Grundgesamtheit geschlossen.

Das arithmetische Mittel der Stichprobe weicht in aller Regel von dem der Grundgesamtheit ab. Es wäre sogar Zufall, wenn beide übereinstimmen würden. Die Abweichungen zwischen Stichprobe und Grundgesamtheit müssen sich aber in Grenzen halten, wenn sinnvolle Schlüsse von der kleinen Zahl der Stichprobe auf die große Zahl der Grundgesamtheit gezogen werden sollen. Die Zufälligkeiten der Stichprobe können durch die Art der Auswahl begrenzt werden. Mit zunehmender Größe der Stichprobe wird das arithmetische Mittel der Stichprobe immer genauer, d. h., der Wert der Stichprobe nähert sich zusehends dem wahren Wert der Grundgesamtheit.

Grundgesamtheit

Eine statistische Untersuchung befaßt sich stets mit Massenerscheinungen, nie mit einem einzelnen Individuum. Die in Frage kommende Grundgesamtheit ist genau abzugrenzen, und es sind Teilmassen zu bilden. Eine Untersuchung über die wirtschaftliche Lage der Studenten in der Bundesrepublik müßte zuerst genau festlegen, wer als Student anzusehen ist. Jeder einzelne Student kann dann nach einer Anzahl von Merkmalen erfaßt werden, z. B. Fachrichtung, Familienstand, Religion, Beruf des Vaters, monatlich verfügbarer Geldbetrag oder monatliche Ausgaben für Wohnung, Nahrungsmittel, Kleidung und Reisen.

Bei der Abgrenzung statistischer Massen sind zeitliche, örtliche und sachliche Gesichtspunkte zu beachten.

Homograde und heterograde Statistik

Die Unterscheidung zwischen qualitativen und quantitativen Merkmalen hat für die Statistik große Bedeutung.

Qualitative Merkmale können nicht gemessen werden, es lassen sich nur Aussagen darüber machen, wie oft sie in der Grundgesamtheit vorkommen. Das Geschlecht, der Familienstand, die Nationalität, die Religionszugehörigkeit und der Beruf sind solche qualitativen, kategorialen oder als homograd bezeichneten Merkmale. Die einzelne Person läßt sich nur einem bestimmten Familienstand zuordnen. Ist die Zuordnung der einzelnen Elemente erfolgt, dann läßt sich angeben, wieviel Prozent der deutschen Bevölkerung ledig, verheiratet, geschieden oder verwitwet sind.

Eine weitere Differenzierung ist bei den *quantitativen* (heterograden) Merkmalen möglich. Das Alter, die Körpergröße, das Gewicht, der Verdienst und die Mitarbeiterzahl sind quantitative Merkmale. Von quantitativen Merkmalen können Durchschnittswerte errechnet werden, z. B. das Durchschnittseinkommen eines Unternehmens mit x Mitarbeitern beträgt y DM.

Quantitative Merkmale lassen sich ferner in *stetige* (kontinuierliche) und in *diskrete* (diskontinuierliche) Merkmale unterteilen. Die Zahl der Kinder einer Familie ist z. B. ein diskretes Merkmal, da nur ganze Zahlen in Frage kommen. Wenn das Gewicht eines Menschen nur in kg gemessen wird, liegen ebenfalls diskrete Werte vor. Es würde hier ein stetiger Wert vorliegen, wenn eine weitere Unterteilung in g erfolgte. Ein stetiges Merkmal kann zu einem diskreten werden, wenn der Meßapparat keine genauen Werte liefert.

Vollerhebungen und Teilerhebungen

Vollerhebungen (Totalerhebungen), bei denen alle Elemente der Grundgesamtheit in die Untersuchung einbezogen werden, sind in manchen Bereichen, etwa in der Volks-, Wohnungs-, Berufs- und Arbeitsstättenzählung, in gewissen Zeitabständen notwendig. Liegen Totalerhebungen zu weit zurück und wird nur mit Fortschreibungen und Stichproben gearbeitet, ist die Zuverlässigkeit der statistischen Veröffentlichungen gefährdet. Vollerhebungen sind sehr kostspielig, da die Datengewinnung und die Auswertung umfangreich und zeitraubend sind. In vielen Fällen sind Totalerhebungen überhaupt nicht durchführbar.

Bei einer *Teilerhebung* wird nur ein Teil der zur statistischen Grundgesamtheit gehörenden Elemente erfaßt. Teilerhebungen sind billiger, und die Resultate liegen schnell vor. Die ausgewählten Elemente müssen das Verhalten der Grundgesamtheit wiederspiegeln. Die Stichprobe muß *repräsentativ* für die Grundgesamtheit sein. Institute für Demoskopie führen in der Bundesrepublik Umfragen in der Bevölkerung zu den verschiedensten Themen durch. Damit die Meinung der Öffentlichkeit auch tatsächlich richtig zum Ausdruck kommt, muß sich die Stichprobe, die Befragtengruppe, so zusammensetzen wie die Gesamtbevölkerung. Der Anteil der Männer und Frauen nach Alter, Berufen, Stadt- und Landbewohnern, Süd- und Norddeutschen muß in der Stichprobe gleich stark repräsentiert sein wie in der Gesamtbevölkerung der Bundesrepublik. Die Umfragen umfassen in der Regel 2000 Bundesbürger.

Statistische Erhebungen können einmalig oder laufend durchgeführt werden.

- Eine bestimmte Stichprobe wird im Rahmen eines *Panels* (Verbraucherpanel, Händlerpanel) über einen längeren Zeitraum befragt. Veränderungen im Käuferverhalten werden dadurch deutlich.
- Ein ausgewählter Personenkreis wird bei der *Omnibusbefragung* einmalig zu mehreren verschiedenen Themen befragt. Dies kann in einem freien oder einem standardisierten Interview erfolgen.

Mikrozensus

Das Statistische Bundesamt verwendet zwischen den Volkszählungen das Verfahren des Mikrozensus. Aufgrund einer Stichprobe von 1 % der Bevölkerung werden jährlich die wichtigsten bevölkerungs- und erwerbsstatistischen Daten ermittelt. Andere Sachverhalte wie Urlaubs- und Erholungsreisen, benutzte Verkehrsmittel oder Ausgaben für Krankheiten werden nur in mehrjährigem Abstand erfragt. Haushaltserhebungen nach dem Muster des Mikrozensus werden auch in anderen Ländern durchgeführt.

Wahrscheinlichkeit und Stichproben

Die Wahrscheinlichkeit P für ein sicheres Ereignis ist 1. Ein Ereignis, das überhaupt keine Chance hat einzutreten, hat die Wahrscheinlichkeit 0. Die Wahrscheinlichkeit für ein Zufallsereignis liegt zwischen 0 und 1 ($0 \leq p \leq 1$).

Die Feststellung, daß ein Ereignis zufällig ist, wird mathematisch konkretisiert. Die Wahrscheinlichkeit für das Eintreffen eines bestimmten Ereignisses (A) ergibt sich aus dem Quotienten: Zahl der günstigen Fälle (m) dividiert durch die Anzahl der möglichen Fälle (n).

$$\text{Wahrscheinlichkeit } P(A) = \frac{\text{Anzahl der günstigen Fälle}}{\text{Anzahl der möglichen Fälle}} = \frac{m}{n}$$

Beispiel: Errechnen der Wahrscheinlichkeit

Wie hoch ist die Wahrscheinlichkeit, beim Würfeln eine sechs zu erhalten?

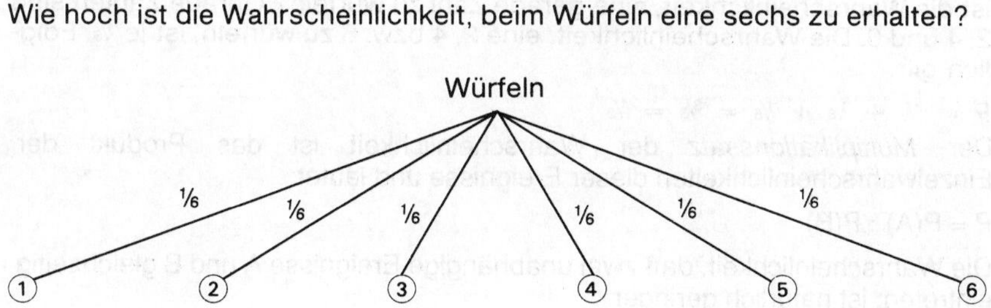

Die Wahrscheinlichkeit für eine 6 lautet folglich bei einem Wurf

$$\text{Wahrscheinlichkeit } P = \frac{\text{Anzahl der günstigen Fälle}}{\text{Anzahl der möglichen Fälle}} = \frac{1}{6}$$

$$P = 0{,}1666$$

$$P = 0{,}1666 \text{ entspricht } 16\tfrac{2}{3}\,\%$$

Die Wahrscheinlichkeit spielt bei der Prüfung von Warenlieferungen und bei der Qualitätskontrolle der hergestellten Produkte eine wichtige Rolle.

Beispiel: **Wahrscheinlichkeitsrechnung zur Prüfung von Warenlieferungen**

Eine Packung von 10 Glühbirnen weist 2 defekte Stücke auf. Der Käufer prüft nur eine Birne. Wie groß ist die Wahrscheinlichkeit, daß er auf eine defekte Glühbirne stößt?

$$\text{Wahrscheinlichkeit } P = \frac{\text{Anzahl der defekten Birnen}}{\text{Anzahl der möglichen Birnen}} = \frac{2}{10} = \frac{1}{5} = 0{,}2, \text{ d. h. } 20\,\%$$

Man würde bei einer größeren Warenlieferung natürlich mehrere Stücke (zufällig) herausnehmen und testen. Von der Beschaffenheit der Zufallsstichprobe können Schlüsse auf die Qualität der gesamten Warenlieferung gezogen werden. Die Wahrscheinlichkeitsrechnung hat auch große Bedeutung im Rahmen der Qualitätskontrolle der hergestellten Produkte im Industriebetrieb.

Die Wahrscheinlichkeit zeigt zufällige Ereignisse, die eintreten können, aber nicht notwendig eintreten müssen. Die Wahrscheinlichkeitsrechnung analysiert die Gesetzmäßigkeiten der zufälligen Ereignisse.

Die Wahrscheinlichkeit, daß von zwei unvereinbaren Ereignissen A und B wenigstens eins eintrifft, entspricht der Summe der Wahrscheinlichkeiten der einzelnen Ereignisse. Der *Additionssatz* der Wahrscheinlichkeit lautet:

$$P = P(A) + P(B)$$

Dieser Sachverhalt kann auf das Würfelspiel angewandt werden. Wie groß ist die Wahrscheinlichkeit, eine gerade Zahl zu würfeln? Gerade Zahlen sind 2, 4 und 6. Die Wahrscheinlichkeit, eine 2, 4 bzw. 6 zu würfeln, ist je $\frac{1}{6}$. Folglich gilt:

$$P = \tfrac{1}{6} + \tfrac{1}{6} + \tfrac{1}{6} = \tfrac{3}{6} = \tfrac{1}{2}$$

Der *Multiplikationssatz* der Wahrscheinlichkeit ist das Produkt der Einzelwahrscheinlichkeiten dieser Ereignisse und lautet:

$$P = P(A) \cdot P(B)$$

Die Wahrscheinlichkeit, daß zwei unabhängige Ereignisse A und B gleichzeitig eintreten, ist natürlich geringer.

Beispiel: Multiplikationssatz

Eine Urne enthält weiße und schwarze Kugeln. Die Wahrscheinlichkeit, bei zwei Zügen zuerst eine weiße und dann eine schwarze Kugel zu ziehen, wäre nach dem Multiplikationssatz zu lösen.

$P = P(A) \cdot P(B)$ $\quad\quad$ $P = 0{,}5 \cdot 0{,}5$ $\quad\quad$ $P = 0{,}25$

Normalverteilung

Die Wahrscheinlichkeitsverteilung ordnet jedem möglichen Ereignis eine bestimmte Wahrscheinlichkeit zu. Viele Zufallsexperimente weisen hinsichtlich der Wahrscheinlichkeit der Ereignisse eine gleichartige Struktur auf. Die sogenannte Normalverteilung (*Gaußsche* Normalverteilung) hat für die Stichprobentheorie und auch die Stichprobeninventur große Bedeutung.

Die standardisierte Normalverteilung dient als Grundlage, auch wenn die zugrunde liegende Gesamtheit keine Normalverteilung aufweist. Aus der Standard-Normalverteilung sind Tabellen abgeleitet worden, die anzuwenden sind, um von einer Stichprobe auf die Grundgesamtheit zu schließen.

Die Gauß-Verteilung ergibt grafisch dargestellt eine Glockenkurve. Das Maximum der Verteilung liegt über dem Mittelwert (→ **Mittelwerte**). Die Form der Kurve wird durch die Streuung (→ **Streuung**) bestimmt. Wenn σ klein ist, dann liegt die Spitze der Kurve hoch. Ein großes σ führt zu einer niedrigen und gestreckten Kurve.

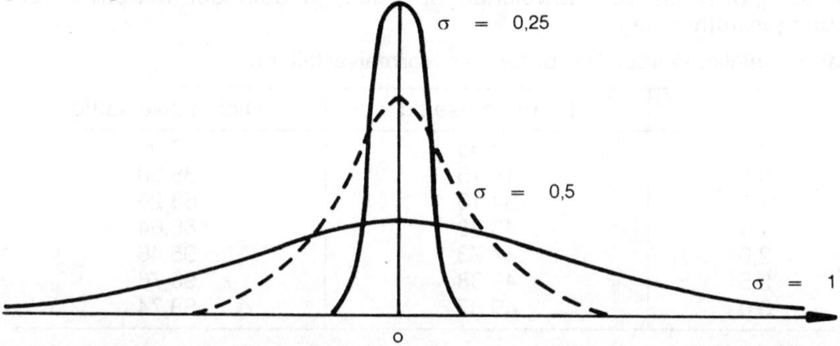

In grafischen Darstellungen werden die Abszisseneinheiten so gewählt, daß das Maximum der Kurve über dem Achsenkreuz liegt, d. h., der Mittelwert ist 0. Die Wahrscheinlichkeit ist am größten, einen Wert zu erhalten, der in der Nähe des Mittelwerts liegt. Der Mittelwert 0 ist der Punkt mit der größten Wahrscheinlichkeit. Die Wahrscheinlichkeit wird um so geringer, je weiter man sich vom Mittelwert entfernt. Die gesamte Fläche unter der Kurve ergibt die Gesamtwahrscheinlichkeit.

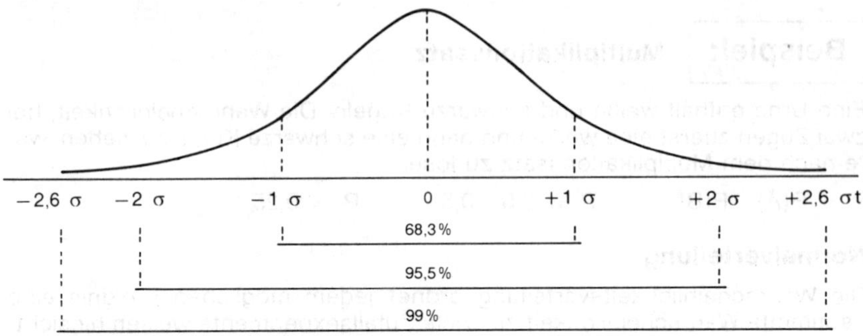

Stichprobe und Grundgesamtheit

Eine Summe von vielen, voneinander unabhängigen Zufallsgrößen ist nach dem zentralen Grenzwertsatz der Wahrscheinlichkeit praktisch immer normalverteilt. Die Grundgesamtheit ist von größerem Interesse als die Stichprobe. So interessiert der Mittelwert der Grundgesamtheit auch mehr als der der Stichprobe. Die statistischen Methoden erlauben es aber, vom Mittelwert $\bar{x}$ der Stichprobe Rückschlüsse auf den der Grundgesamtheit zu ziehen, wobei ein *Sicherheitsgrad* t für die Richtigkeit genannt wird. Man kann mit einer durch t gegebenen Sicherheit vom Stichprobenmittelwert auf den der Grundgesamtheit schließen. Der Abweichungsbereich (die Genauigkeit) wird durch $t \cdot \sigma$ bestimmt. Je größer der Sicherheitsgrad t ist, um so größer ist der Abweichungsbereich, in dem der Mittelwert der Grundgesamtheit liegt.

Wahrscheinlichkeitsdichte unter der Normalverteilung

t	Dichte einseitig	Dichte zweiseitig
0,1	3,98	7,96
0,5	19,15	38,30
1,0	34,13	68,26
1,5	43,32	86,64
2,0	47,73	95,46
2,5	49,38	98,76
3,0	49,87	99,74

Beträgt z. B. der t-Wert ±2, bedeutet dies, daß auch der Mittelwert der Grundgesamtheit mit einer Wahrscheinlichkeit von 95,46 % im Bereich von $\bar{x} \pm 2\,\sigma$ liegt. Den Wert 95,46 für t = ±2 können Sie der Tabelle entnehmen.

Siehe auch:
→ Statistik
→ Tabellen und Diagramme
→ Trendanalyse

Streuungsmaße

Die Struktur einer statistischen Masse bestimmen

Die Streuung ist eine statistische Kenngröße zur Charakterisierung von Massen. Mittelwerte zeigen eine zentrale Tendenz; die Streuung berücksichtigt die durchschnittliche Abweichung der Einzelwerte von einem Mittelwert.

Unterschiedliche Struktur statistischer Massen

Zwei statistische Massen können übereinstimmende Mittelwerte haben und trotzdem eine unterschiedliche Struktur aufweisen.

Reihe A:	10	12	12	15	15	15	18	18	20
Reihe B:		2	10	11	15	15	19	20	28

Arithmetisches Mittel, häufigster Wert und Zentralwert betragen bei beiden Reihen jeweils 15, und trotzdem ist ihre Struktur verschieden. Die Merkmalswerte der Reihe B sind deutlich weiter gestreut als bei der Reihe A.

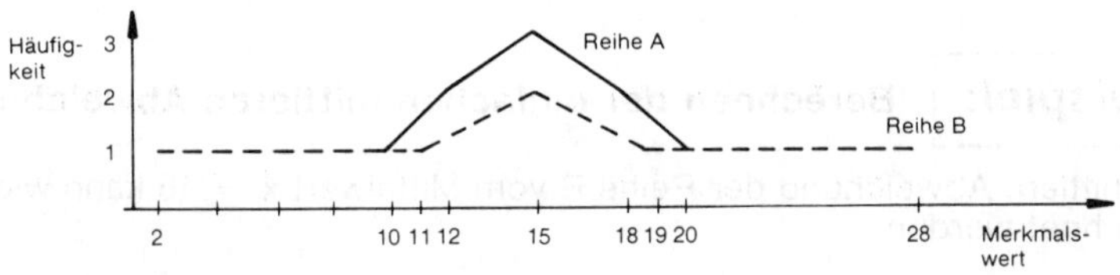

Folgende Streuungsmaße werden unterschieden:

- Spannweite
- durchschnittliche Abweichung
- Varianz

Spannweite

Die Spannweite ist die Differenz zwischen größtem und kleinstem Merkmalswert.

	größter Merkmalswert	kleinster Merkmalswert	Spannweite
Reihe A	20	10	10
Reihe B	28	2	26

Die Spannweite ist in der Reihe A 20 − 10 = 10 und in der Reihe B 28 − 2 = 26.

Die Spannweite ist leicht zu berechnen, hat aber den Nachteil, daß nur die beiden Extremwerte berücksichtigt werden.

Durchschnittliche Abweichung

Die (mittlere) durchschnittliche Abweichung erfaßt die Einzelabweichung jedes Merkmalswertes einer statistischen Masse von einem Mittelwert dieser Masse.

Die *einfache mittlere Abweichung* d einer statistischen Masse aus n Elementen mit den Merkmalswerten x_1 bis x_n wird nach folgender Formel berechnet:

$$d = \frac{\sum_{i=1}^{n} |x_i - M|}{n}$$

Die Differenz $|x_i - M|$ stellt die absolute Differenz eines Merkmalswertes x_i vom Mittelwert M ($\bar{x}$) dar. Die Summe der Einzelabweichungen aller Merkmalswerte vom arithmetischen Mittel wird durch die Anzahl der Merkmalswerte dividiert.

Beispiel: **Berechnen der einfachen mittleren Abweichung**

Die mittlere Abweichung der Reihe B vom Mittelwert $\bar{x} = 15$ kann wie folgt berechnet werden:

i	x_i	$\lvert x_i - \bar{x} \rvert$
1	2	13
2	10	5
3	11	4
4	15	0
5	15	0
6	19	4
7	20	5
8	28	13
	120	44

$d = \frac{44}{8} = 5{,}5$ Durchschnittlich weichen die Werte um 5,5 vom arithmetischen Mittel bzw. Zentralwert 15 ab.

Die *gewogene mittlere Abweichung* berücksichtigt den Tatbestand, daß verschiedene Merkmalswerte mit unterschiedlichen Häufigkeiten auftreten.

$$d = \frac{\sum_{i=1}^{n} |x_i - M| \cdot f_i}{\sum_{i=1}^{n} f_i}$$

Die Einzelabweichung jedes Merkmalswertes vom Mittelwert ist mit der jeweiligen Häufigkeit zu multiplizieren. Die Summe all dieser Produkte ist durch die Summe der Häufigkeiten zu dividieren.

Beispiel: **Durchschnittliche gewogene mittlere Abweichung**

Die mittlere Abweichung der Reihe A vom Mittelwert $\overline{x} = 15$ ergibt sich:

i	x_i	f_i	$\lvert x_i - \overline{x}\rvert$	$\lvert x_i - \overline{x}\rvert \cdot f_i$
1	10	1	5	5
2	12	2	3	6
3	15	3	0	0
4	18	2	3	6
5	20	1	5	5

$\sum_{i=1}^{5} |x_i - \overline{x}| \cdot f_j = 22$ $\quad \sum_{i=1}^{5} f = 9$ $\quad d = \frac{22}{9} = 2{,}\overline{4}$

Standardabweichung

Die *Standardabweichung* σ, auch *mittlere quadratische Abweichung* genannt, bezieht die Abweichungen der einzelnen Merkmalswerte ausschließlich auf das arithmetische Mittel. Die Berechnung ist ähnlich wie bei der mittleren Abweichung. Die Einzelabweichungen vom arithmetischen Mittel werden quadriert und dann wird die Quadratwurzel gezogen.

Einfache Standardabweichung

$$\sigma = \sqrt{\frac{\sum_{i=1}^{n} (x_i - x)^2}{n}}$$

Gewogene Standardabweichung

$$\sigma = \sqrt{\frac{\sum_{i=1}^{n} (x_i - \overline{x})^2 \cdot f_i}{\sum_{i=1}^{n} f_i}}$$

Beispiel: Standardabweichung

Die Standardabweichung σ der Reihe A vom arithmetischen Mittel $\bar{x} = 15$ errechnet sich dann:

i	x_i	f_i	$\lvert x - \bar{x} \rvert$	$\lvert x - \bar{x} \rvert^2$	$\lvert x_i - \bar{x} \rvert^2 \cdot f_i$
1	10	1	5	25	25
2	12	2	3	9	18
3	15	3	0	0	0
4	18	2	3	9	18
5	20	1	5	25	25
		9			86

$$\sigma = \sqrt{\frac{\sum_{i=1}^{n} \lvert x_i - \bar{x} \rvert \cdot f_i}{\sum_{i=1}^{n} f_i}} \qquad \sigma = \sqrt{\frac{86}{9}} \qquad \sigma = 3{,}0912 \qquad \sigma^2 = \frac{86}{9} = 9{,}5$$

Varianz

Die Standardabweichung hat dieselbe Dimension wie die Merkmale der statistischen Masse, z. B. DM, kg. Die Maßeinheit der Originalwerte wird dagegen bei der *Varianz* σ^2, dem Quadrat der Standardabweichung, verändert. Während die Varianz bevorzugt in der theoretischen Statistik benutzt wird, hat die Standardabweichung σ große Bedeutung für praktische Berechnungen. Die Standardabweichung σ ist größer als die mittlere quadratische Abweichung d.

In der *Gaußschen Normalverteilung,* der Grundlage der Stichprobentheorie, liegen die Reihenelemente folgendermaßen um das arithmetische Mittel:

- 68,3 % in den Grenzen von $x \pm 1\,\sigma$
- 95,5 % in den Grenzen von $x \pm 2\,\sigma$
- 99,7 % in den Grenzen von $x \pm 3\,\sigma$

Der *Variationskoeffizient* V ist der Quotient aus der Standardabweichung und dem Mittelwert.

$V = \frac{\sigma}{\bar{x}} \cdot 100$ Die Dimension der Merkmalswerte geht verloren, auch Verteilungen mit verschiedenen Einheiten sind vergleichbar.

Siehe auch:
→ Mittelwerte → Statistik
→ Stichproben → Tabellen und Diagramme

Tabellen und Diagramme

Zahlen übersichtlich und anschaulich präsentieren

Statistisches Zahlenmaterial kann in Form einer Tabelle und durch eine graphische Darstellung wiedergegeben werden. Diagramme zeigen die Zahlen zwar nicht mit der Genauigkeit einer Tabelle, sind dafür aber anschaulicher und übersichtlicher und erleichtern das Merken der Sachverhalte.

Tabellen

Tabellen sollten statistische Zahlen in klarer und übersichtlicher Form wiedergeben. Der Aufbau einer Tabelle erfolgt deshalb nach bestimmten Regeln, einem einheitlichen Schema.

- Die *Überschrift* kennzeichnet den Inhalt der Tabelle, ihren zeitlichen und räumlichen Geltungsbereich.
- Die Tabelle wird durch waagrechte Striche in *Zeilen* eingeteilt, durch senkrechte Striche in *Spalten*.
- Der *Tabellenkopf* informiert über den Inhalt der Spalten.
- Die *Vorspalte* dient zur Kennzeichnung der Zeilen.
- *Tabellenfelder* entstehen durch die Aufteilung in Zeilen und Spalten. Die Zahlen einer Tabelle stehen in den Tabellenfeldern. Leere Tabellenfelder sollten vermieden werden.

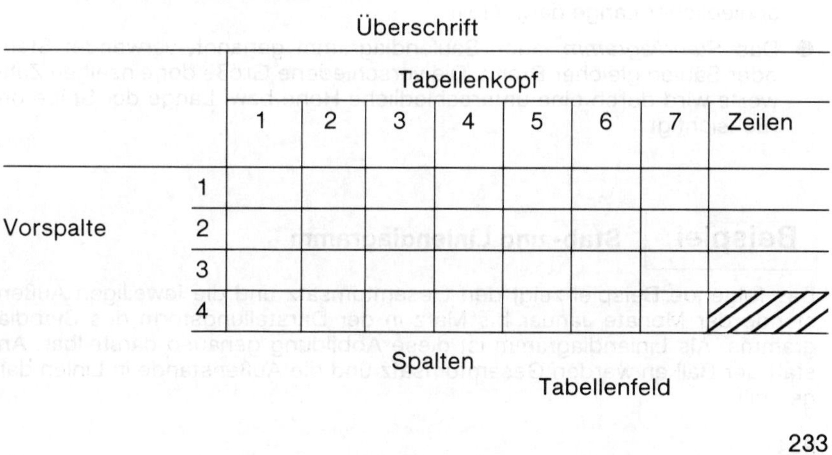

Die folgende Tabelle ist aus dem Bereich der Verkaufsstatistik entnommen. Die Vorspalte weist die Jahre 1992 – 1995 aus, der Tabellenkopf die Produkte.

Umsatzentwicklung 1992 – 1995

	Produkte			
	A	B	C	Summe
1992	3354447 DM	1000739 DM	672951 DM	5028137 DM
1993	3489374 DM	989432 DM	798195 DM	5227001 DM
1994	3792114 DM	990128 DM	918344 DM	5700586 DM
1995	3913872 DM	941684 DM	982477 DM	5838033 DM

Die Zahlenwerte werden in Tabellen absolut genau angegeben. Diesem Vorteil steht insbesondere bei größeren Tabellen der Nachteil der mangelnden Anschaulichkeit gegenüber.

Graphische Darstellung

Eine graphische Darstellung gibt Zahlenmaterial in zeichnerischer Form wieder. Sie dient der Ergänzung der Tabelle und ermöglicht eine rasche Information. Die Zahlenwerte werden mit Linien-, Stab-, Balken-, Flächen- oder Kurvendiagrammen sowie Kartogrammen und anderen zeichnerischen Formen dargestellt.

- Statistische Zahlen werden beim *Liniendiagramm* durch Linien unterschiedlicher Länge dargestellt.
- Das *Stabdiagramm,* auch Säulendiagramm genannt, verwendet Stäbe oder Säulen gleicher Breite. Die verschiedene Größe der einzelnen Zählwerte wird durch eine unterschiedliche Höhe bzw. Länge der Stäbe berücksichtigt.

Beispiel: Stab- und Liniendiagramm

Das folgende Beispiel zeigt den Gesamtumsatz und die jeweiligen Außenstände der Monate Januar bis März in der Darstellungsform des Stabdiagramms. Als Liniendiagramm ist diese Abbildung genauso darstellbar. Anstatt der Balken werden Gesamtumsatz und die Außenstände in Linien dargestellt.

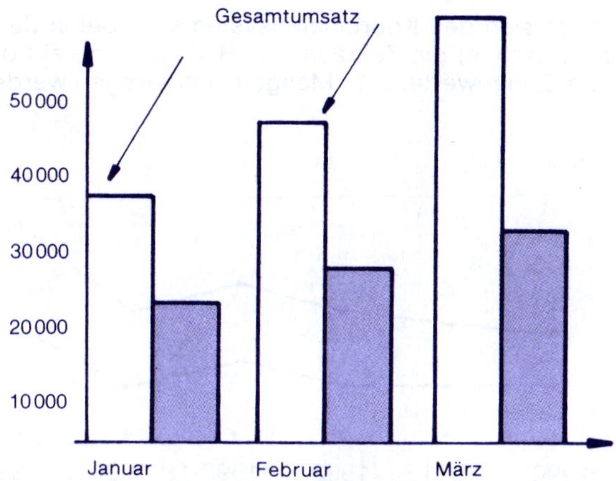

- Werden die Stäbe waagrecht angeordnet, dann liegt ein *Balkendiagramm* vor. Jedes Stabdiagramm läßt sich grundsätzlich durch ein Balkendiagramm ersetzen. Es ist üblich, zeitliche Entwicklungen durch das Stabdiagramm und Zustände bevorzugt durch das Balkendiagramm darzustellen.
- *Flächendiagramme* empfehlen sich zur Darstellung von Gliederungszahlen (→ **Kennzahlen**). Der Anteil einer Teilgröße an der Gesamtgröße kann sowohl als Kreisdiagramm wie als Säulen- oder Blockdiagramm verdeutlicht werden.

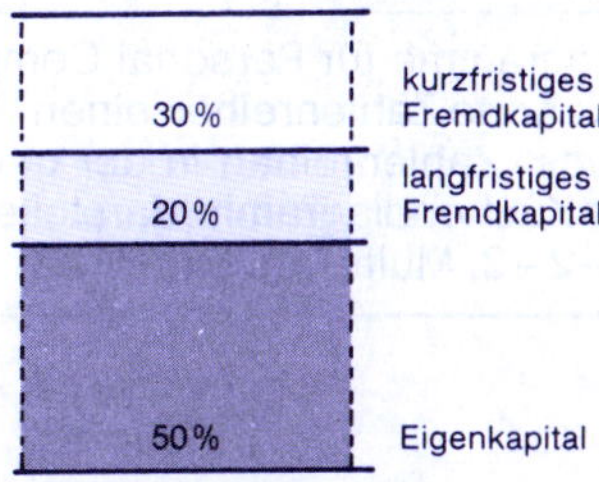

- Das *Kartogramm,* bei dem Zahlen in Verbindung zur geographischen Lage gebracht werden, findet bevorzugt in der Vertriebsstatistik Anwendung.
- Das *Kurvendiagramm* ist das beste Ausdrucksmittel, wenn Zahlen in Beziehung zur Zeit gebracht werden. Entwicklungstendenzen werden so sichtbar.

Man bedient sich des Koordinatensystems, wobei in der Regel auf der Abszisse (x-Achse) die Zeiträume, z. B. Jahre, und auf der Ordinate (y-Achse) die Zahlenwerte, z. B. Mengen, aufgetragen werden.

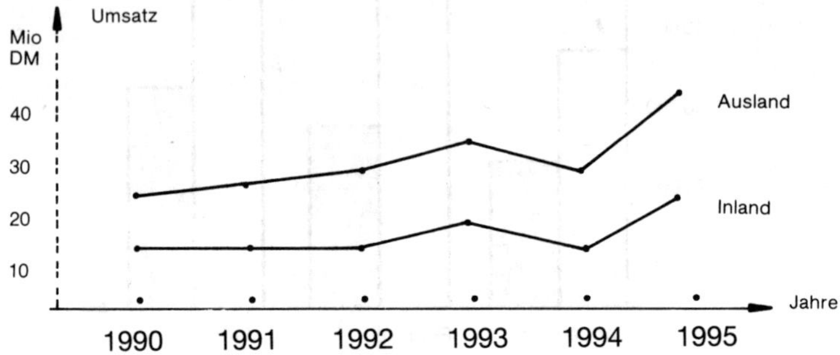

- Die Darstellung wirtschaftlicher Sachverhalte mittels *Schaubilder* wird meistens in Zeitungen praktiziert. Die Verwendung einprägsamer Symbole, z. B. Autos, Schiffe oder Figuren, spricht den Laien und damit einen breiten Personenkreis an.

Praxis-Tip

Tabellenkalkulationsprogramme für Personal Computer bieten als Darstellungsform für abgespeicherte Zahlenreihen einen Graphikteil an. Damit können Sie auf „Knopfdruck" Zahlenreihen in der gewünschten graphischen Form, z. B. Balken- oder Kuchendiagramm, darstellen. Die bekanntesten Programme sind Lotus 1-2-3, Multiplan, Excel u. ä.

Siehe auch:
→ Statistik
→ Trendanalyse

Terminrechnung

Die Berechnung des mittleren Verfalltages

In der Terminrechnung wird für mehrere an verschiedenen Tagen fällige Summen ein gemeinsamer Verfalltag (= mittlerer Verfalltag) ermittelt. Am mittleren Verfalltag hat weder der Schuldner noch der Gläubiger einen Wertstellungsvorteil (Zinsgewinn) bzw. Wertstellungsnachteil (Zinsverlust).
Die Terminrechnung findet bevorzugt im Teilzahlungsgeschäft (Ratenzahlungen) und im Wechselgeschäft Anwendung.

Berechnung des mittleren Verfalltages (MVT) mit gleichen Beträgen

Bei gleich großen Beträgen ist die Laufzeit des Gesamtbetrages das arithmetische Mittel aus den Laufzeiten der Einzelbeträge.

$$\text{Mittlere Verfallzeit (MVZ)} = \frac{\text{Summe der Tage}}{\text{Anzahl der Beträge}}$$

Der mittlere Verfalltag errechnet sich dann aus dem Stichtag plus der mittleren Verfallzeit. Als Stichtag wird der erste Verfalltag gewählt.

$$\text{Mittlerer Verfalltag (MVT)} = \text{Stichtag} + \text{MVZ}$$

Beispiel: **Mittlerer Verfalltag bei gleichen Beträgen**

Eine Hausfrau kauft am 15. 1. eine Waschmaschine, die 1000 DM kostet. Sie zahlt 200 DM an. Der Rest von 800 DM ist in 8 Monatsraten von je 100 DM am 1. des Monats zu zahlen. An welchem Tag kann die Hausfrau die 8 Raten in einer Summe begleichen?

Ausgangspunkt (Stichtag) 1. 2.

Fälligkeit	1.2.	1.3.	1.4.	1.5.	1.6.	1.7.	1.8.	1.9.
Tage	0	30	60	90	120	150	180	210

$$\text{MVZ} = \frac{0+30+60+90+120+150+180+210}{8} = \frac{840}{8} = 105 \text{ Tage}$$

$$\text{MVT} = 1.2. + 105 \text{ Tage} = 16.5.$$

Berechnung des mittleren Verfalltages (MVT) mit ungleichen Beträgen

Die mittlere Verfallzeit bei verschieden großen Beträgen wird von den Laufzeiten und der Höhe der Einzelbeträge bestimmt. Stichtag plus mittlere Verfallzeit ergibt den mittleren Verfalltag.

Beispiel:

Wann kann ein Schuldner ohne Zinsvor- oder -nachteile 4 Wechsel an einen Gläubiger in einem Betrag tilgen?

a) Wechsel 1200 DM, fällig am 16. 8.
b) Wechsel 950 DM, fällig am 18. 9.
c) Wechsel 350 DM, fällig am 9. 10.
d) Wechsel 1800 DM, fällig am 22. 11.

Stichtag 16. 8.

Betrag	Verfall	Tage	Zinszahlen
1200 DM	16. 8.	–	–
950 DM	18. 9.	32	304
350 DM	9. 10.	53	186
1800 DM	22. 11.	96	1728
4300 DM			2218:43 = 51,58 = 52 Tage

MVT = 16. 8. + 52 Tage = 8. 10.

So rechnen Sie richtig:

① Aufstellen der Beträge nach der Fälligkeit; der früheste Verfalltag ist gleich Stichtag.

② Tage ermitteln, Zinszahlen errechnen.

③ $\text{Mittlere Verfallzeit} = \dfrac{\text{Zinszahlen}}{1\,\%\text{ des Kapitals}}$

④ MVT = Stichtag + MVZ

Praxis-Tip

Wenn der Schuldner rechnet, dann wird aufgerundet, d. h. im vorigen Beispiel 52 Tage. Wird die Rechnung vom Gläubiger durchgeführt, dann wird abgerundet (51 Tage).

Wer rechnet, der rundet zu seinem Vorteil auf oder ab.

Sie dürfen sich vom Datum der Warenlieferungen nicht irritieren lassen, entscheidend ist die Fälligkeit, wie Ihnen das folgende Beispiel zeigt (→ **Kommissionsgeschäfte**).

Beispiel: **Mittlerer Verfalltag bei ungleichen Beträgen**

Ein Unternehmen hat an einen Kunden folgende Forderungen aus Warenlieferungen:

Beträge	Datum der Warenlieferung	Fälligkeit
14200 DM	20. 5.	zwei Monate nach Lieferung
1060 DM	16. 5.	14 Tage nach Lieferung
10200 DM	30. 9.	30. 11.

Wann könnte die Zahlung ohne Nachteil für beide Parteien auf einmal erfolgen?

Stichtag 30. 5.

Betrag	Fälligkeit	Tage	#
1060 DM	30. 5.	–	–
14200 DM	20. 7.	50	7100
10200 DM	30. 11.	180	18360
25460 DM	10. 9.	100	25460

MVZ = 25460 : 254,6 = 100 Tage
MVT = 30. 5. + 100 Tage = 10. 9.

Ermittlung des Restzahlungstermins

Sind auf später fällige Verbindlichkeiten schon Teilzahlungen geleistet, dann sind Restbetrag und Restzahlungstermin zu berechnen. Der Restzahlungstermin wird über die Zinszahl des Restbetrags ermittelt.

So rechnen Sie richtig:

① Gegenüberstellung von Schulden und Zahlungen in Kontoform

② Stichtag ist der früheste Verfalltag

③ Vom Stichtag aus sind Tage und Zinszahlen zu berechnen

④ Ermittlung des Restbetrags

⑤ Zinszahlen des Restbetrags sind die Differenz aus den Zinszahlen des Gesamtbetrags und den Zinszahlen der Teilbeträge.

⑥ Tage des Restbetrags: $\frac{\text{Zinszahlen des Restbetrags}}{\text{1 \% des Restbetrags}}$

⑦ Zahlungstag für die Restschuld: Stichtag + Tage des Restbetrags

Beispiel: Berechnung des Restzahlungstermins

Ein Industrieunternehmen hat gegen einen Kunden folgende Forderungen:

10600 DM, fällig am 1. 10.
18400 DM, fällig am 15. 2.
15000 DM, fällig am 30. 4.

Der Kunde hat bereits überwiesen:

14000 DM am 15. 9. und
7000 DM am 1. 4.

Wann ist der Restbetrag fällig?

①

Kunde schuldet | Zahlungen des Kunden

Stichtag 15. 9.

Betrag	Fälligkeit	Tage ③	#	Betrag	Fälligkeit	Tage ③	#
10600 DM	1. 10.	16	1696	14000 DM	15. 9. ②	–	–
18400 DM	15. 2.	150	27600	7000 DM	1. 4.	196	13720
15000 DM	30. 4.	225	33750	23000 DM ④	19. 4. ⑦	214 ⑥	49326 ⑤
44000 DM			63046	44000 DM			63046

Siehe auch:
→ Kommissionsgeschäfte
→ Diskontrechnung

Trendanalyse

Die Entwicklung richtig einschätzen

Ordnet man bestimmte Merkmale nach Zeitpunkten oder Zeiträumen, erhält man eine Zeitreihe. Zeitlich geordnete Beobachtungswerte kommen in der Wirtschaftsstatistik häufig vor. Eine wirtschaftsstatistische Zeitreihe zu interpretieren, bedeutet, den Trend der Zeitreihe zu bestimmen. Dies wird erreicht, indem die Zeitreihe in die verschiedenen Komponenten zerlegt wird. Der Trend zeigt die langfristige Grundentwicklung der Zeitreihe.

Die Komponenten einer Zeitreihe

Bei der Trendanalyse, auch Zeitreihenanalyse genannt, wird eine Zeitreihe in ihre Komponenten gegliedert:

- **Trend (t)**
  Die Trendlinie stellt die langfristige Grundentwicklung dar, z. B. das Bevölkerungswachstum. Der Trend ist grafisch eine monoton steigende oder fallende Kurve.

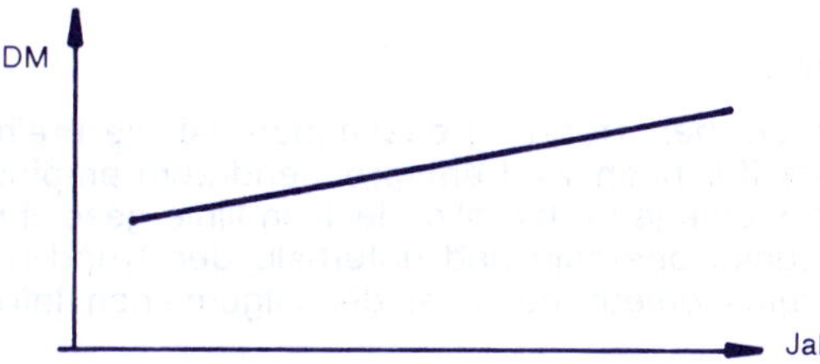

- **Zyklische Komponente (z)**
  Es handelt sich um zyklisch verlaufende Schwankungen, z. B. Konjunkturschwankungen von mehreren Jahren.

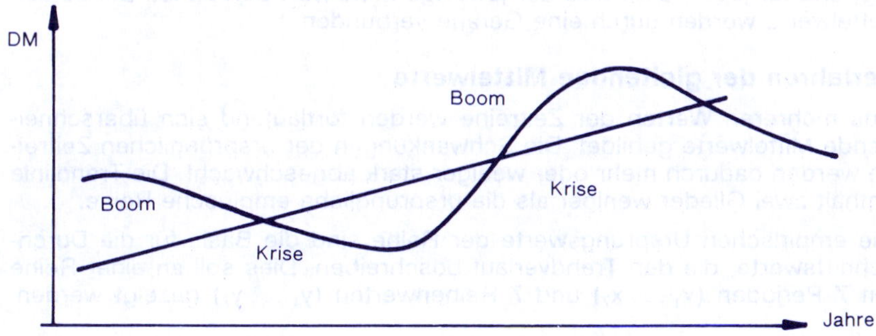

- **Saisonkomponente (s)**
  Regelmäßig wiederkehrende Schwankungen im Jahresverlauf sind z. B. höherer Getränkeverbrauch im Sommer oder mehr Stromverbrauch im Winter.

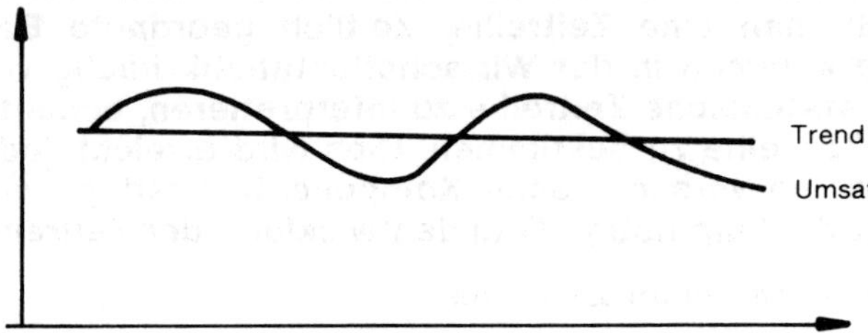

- **Irreguläre Komponente (r)**
  Irreguläre Schwankungen oder Zufallsschwankungen treten unregelmäßig und plötzlich auf, z. B. politische Ereignisse, außergewöhnliche Wetterverhältnisse oder gesetzliche Änderungen.

  $y = t_i + z_i + s_i + r_i$

Freihandmethode

Ein erstes Verfahren, den Trend zu bestimmen, ist die Freihandmethode. Durch freihändiges Zeichnen wird entsprechend zum empirischen Verlauf der Zeitreihe eine steigende oder fallende Trendlinie gezeichnet. Die Summe der Flächenstücke oberhalb und unterhalb der Trendlinie muß gleich groß sein. Die Freihandmethode dient der allgemeinen Information über den Trendverlauf.

Methode der beiden Reihenhälften

Die empirische Reihe wird bei diesem Verfahren in zwei Reihenhälften zerlegt und für jede Hälfte wird der jeweilige Mittelwert berechnet. Die beiden Mittelwerte werden durch eine Gerade verbunden.

Verfahren der gleitenden Mittelwerte

Aus mehreren Werten der Zeitreihe werden fortlaufend sich überschneidende Mittelwerte gebildet. Die Schwankungen der ursprünglichen Zeitreihe werden dadurch mehr oder weniger stark abgeschwächt. Die Trendlinie enthält zwei Glieder weniger als die ursprüngliche empirische Reihe.

Die empirischen Ursprungswerte der Reihe sind die Basis für die Durchschnittswerte, die den Trendverlauf beschreiben. Dies soll an einer Reihe mit 7 Perioden ($x_1 \dots x_7$) und 7 Reihenwerten ($y_1 \dots y_7$) gezeigt werden.

Die gleitenden Mittelwerte $t_2 \dots t_6$ werden aus je drei Gliedern der Ursprungsreihe berechnet.

Werte	y_1	y_2	y_3	y_4	y_5	y_6	y_7
Perioden	x_1	x_2	x_3	x_4	x_5	x_6	x_7

$$\text{Trendwert für } x_2 = \frac{y_1 + y_2 + y_3}{3}$$

$$\text{Trendwert für } x_3 = \frac{y_2 + y_3 + y_4}{3}$$

$$\text{Trendwert für } x_4 = \frac{y_3 + y_4 + y_5}{3}$$

$$\text{Trendwert für } x_5 = \frac{y_4 + y_5 + y_6}{3}$$

$$\text{Trendwert für } x_6 = \frac{y_5 + y_6 + y_7}{3}$$

Das folgende Beispiel zeigt Ihnen Einzelwerte, die stärkere Schwankungen aufweisen. Die allgemeine Tendenz kann mit der Methode der gleitenden Mittelwerte aufgezeigt werden. Der gleitende Durchschnitt (= moving average) eines Jahres wird ermittelt, indem man zum Wert des Beobachtungsjahres den vorangehenden und den nachfolgenden Zahlenwert addiert und durch drei dividiert.

Beispiel: **Methode des gleitenden Mittelwertes**

Der Aktienindex an einem Börsenplatz zeigte von 1983 bis 1994 folgende Jahresendwerte:

Jahr	Jahresendwert (= Ursprungswert)	gleitender Totalwert	gleitender Durchschnitt
1983	303		
1984	406	912	304
1985	203	913	304
1986	304	815	272
1987	308	954	318
1988	342	969	323
1989	319	1066	355
1990	405	1360	453
1991	636	1707	569
1992	666	1769	589
1993	467	1637	545
1994	504		

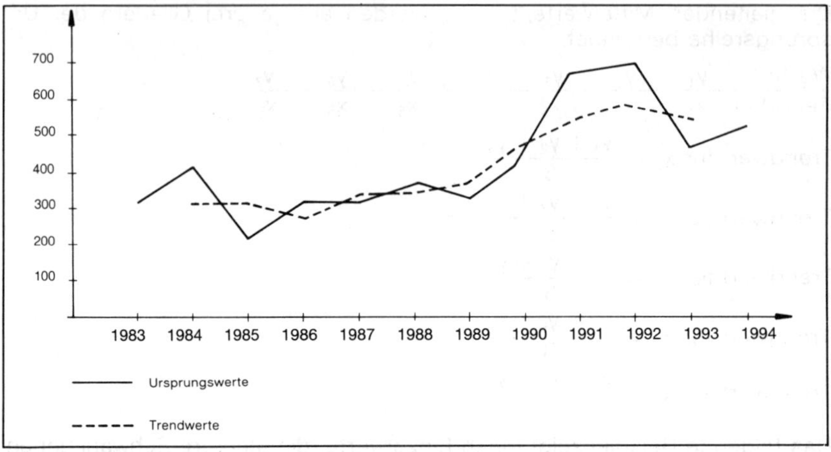

Werden empirische Wirtschaftsreihen nach der Methode der gleitenden Mittelwerte analysiert, verläuft der sich ergebende Trend praktisch nie geradlinig. Dieses Verfahren empfiehlt sich, wenn regelmäßige Schwankungen mit gleicher Periodenlänge, z. B. Saisonschwankungen, zu eliminieren sind. Zyklische Schwankungen werden ausgeschaltet, indem gleitende Durchschnitte aus soviel Werten berechnet werden, wie ein Zyklus umfaßt. Man muß also die Werte eines ganzen Jahres erfassen, wenn man die Saisonkomponente aufheben will.

Die Methode der gleitenden Mittelwerte (gleitenden Durchschnitte) ermittelt lineare und nichtlineare Trends. Es müssen bei der Trendbestimmung auch keine Annahmen über die mathematische Funktion des Trendverlaufs gemacht werden.

Ein Nachteil der Methode der gleitenden Durchschnitte ist der Verlust des Anfangs- und Endwertes. Die Endwerte einer Zeitreihe sind besonders wichtig bei wirtschaftlichen Betrachtungen, da man sich besonders für die Gegenwart und die Zukunft interessiert.

Methode der kleinsten Quadrate

Die den einzelnen Ursprungsdaten (y_i) entsprechenden Trendpunkte (T_i) werden bei der Methode der kleinsten Quadrate nach folgender Formel ermittelt:

$y = a + bx$

y bedeutet den für die einzelne Ursprungszahl gesuchten Trendpunkt. Während x eine veränderliche Größe ist, sind a und b Konstanten (Parameter). a ist der Wert von y im Nullpunkt.

Ziel dieses Verfahrens ist es, eine Kurve zu ermitteln, die sich dem Verlauf der empirischen Zeitreihe weitestgehend anpaßt. Die Summe der absoluten Werte der absoluten Abstände zwischen den Ursprungswerten und den Trendwerten soll möglichst klein sein.

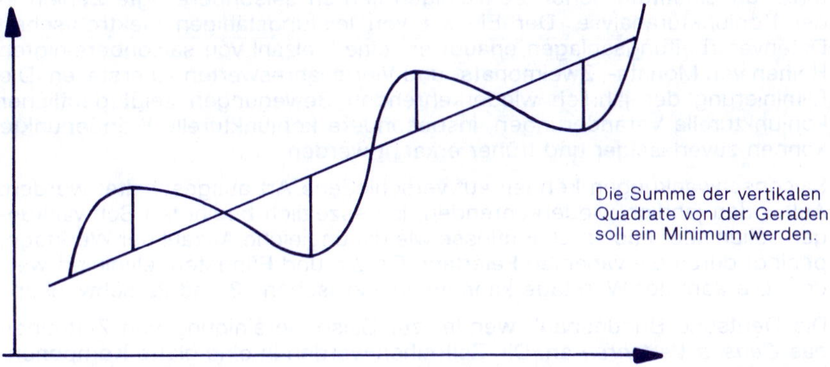

Genaugenommen handelt es sich nicht um die Summe der absoluten Abweichungen zwischen Ursprungswerten (y_i) und Trendwerten (T_i), sondern um die ins Quadrat erhobenen einzelnen Differenzen, die anschließend summiert werden:

$\Sigma (y_i - T_i)^2 = \text{Minium}$

Die Funktion für die T-Werte lautet:

$T_i = a + b\, x_i$

Die Parameter a und b können anhand der beiden folgenden Normalgleichungen bestimmt werden, wobei auf die mathematische Ableitung hier nicht eingegangen werden soll:

$n \cdot a + b\, \Sigma x_i = \Sigma y_i$

$a\, \Sigma x_i + b\, \Sigma x_i^2 = \Sigma x_i\, y_i$

Die Parameter für a und b der Trendgerade können aus diesen Normalgleichungen berechnet werden, wenn eine entsprechende Arbeitstabelle verfügbar ist. Eine Vereinfachung ergibt sich, wenn der Nullpunkt auf der x-Achse zum Mittelpunkt der empirischen Reihe wird. Die Parameter für a und b können dann nach folgenden Gleichungen berechnet werden:

$a = \frac{\Sigma y_i}{n}$ $\qquad$ $b = \frac{\Sigma x_i\, y_i}{x}$

Bereinigung saisonaler Schwankungen

Die Saisonbereinigung von Zeitreihen spielt in der Analyse wirtschaftsstatistischer Reihen eine wichtige Rolle. Während man früher vorwiegend mit „Zuwachsraten gegenüber dem Vorjahr" arbeitete, verwenden Wirtschaftsforschungsinstitute schon seit einigen Jahren saisonbereinigte Zahlen in der Konjunkturanalyse. Der Einsatz von leistungsfähigen elektronischen Datenverarbeitungsanlagen erlaubt es, eine Vielzahl von saisonbereinigten Reihen von Monats-, Zweimonats- und Vierteljahreswerten zu erstellen. Die Eliminierung der jährlich wiederkehrenden Bewegungen zeigt deutlicher konjunkturelle Veränderungen, insbesondere konjunkturelle Wendepunkte können zuverlässiger und früher erkannt werden.

Saisonschwankungen können auf verschiedene Art ausgeschaltet werden. Außer den jährlich wiederkehrenden, jahreszeitlich bedingten Schwankungen sollen aber auch z. B. Einflüsse wie die ungleiche Anzahl der Werktage, bedingt durch die variablen Feiertage Ostern und Pfingsten, eliminiert werden. Die Zahl der Werktage kann im Juni zwischen 18 und 22 schwanken.

Die Deutsche Bundesbank wendet zur Saisonbereinigung von Zeitreihen das *Census-Verfahren* an. Die Zeitreihen werden in eine glatte Komponente (= Trend- und Konjunkturkomponente), die Saisonkomponente und die Restkomponente (= irreguläre Komponente) zerlegt. Die glatte Komponente der monatlichen Indizes wird aus gleitenden Zwölfmonatsdurchschnitten abgeleitet. Daran schließt sich die Herausrechnung von Kalenderunregelmäßigkeiten an.

Siehe auch:
→ Mittelwerte
→ Streuungsmaße
→ Statistik
→ Tabellen und Diagramme

Verteilungsrechnung

Wie wird der Gewinn verteilt?

Bei der Verteilungsrechnung wird eine Gesamtsumme nach einem bestimmten Verteilungsschlüssel auf einzelne Positionen verteilt, z. B. Gewinne, Kosten, Spesen und Prämien. Frachtkosten lassen sich z. B. mit dem Verteilungsschlüssel Gewicht auf die einzelnen Erzeugnisse verteilen (→ Einkaufskalkulation). Verkaufsprämien können nach der Höhe der erzielten Umsätze auf die einzelnen Verkäufer umgelegt werden. Verteilungsschlüssel können Prozentsätze, ganze Zahlen oder Brüche sein.

Beispiel: **Gewinnverteilung**

An einer OHG sind drei Gesellschafter mit folgenden Kapitaleinlagen beteiligt:

Rolf Müller 403 000 DM
Ulrich Klein 166 000 DM
Emil Fischbach 257 000 DM

Der Gewinn in Höhe von 185 900 DM soll so verteilt werden, daß zunächst jeder Gesellschafter 4 % seiner Kapitaleinlage erhält. Der Rest ist nach Köpfen zu verteilen. Müller entnahm 40 000 DM privat, Klein 42 000 DM und Fischbach 15 000 DM.

Gesellschafter	Anfangskapital DM	② Verzinsung 4 % DM	Restanteil DM	④ Gesamtgewinn DM	Privatentnahmen DM	⑤ Gewinnvortrag DM	⑥ Endkapital DM
Müller	403 000	16 120	50 954	67 074	40 000	27 074	430 074
Klein	166 000	6 640	50 953	57 593	42 000	15 593	181 593
Fischbach	257 000	10 280	50 953	61 233	15 000	46 233	303 233
	826 000 ①	33 040	152 860 ③	185 900	97 000	88 900	914 900

So rechnen Sie richtig:

① Dem Gesamtkapital von 826 000 DM entspricht der Gesamtgewinn von 185 900 DM.

② Jeder Gesellschafter erhält eine Verzinsung von 4 % seiner Kapitaleinlage (insgesamt 33040 DM).

③ Unter Berücksichtigung der Kapitalverzinsung verbleibt noch ein Gewinn von 152860 DM (185900 DM abzüglich 33040 DM). Der um die Verzinsung der Kapitaleinlagen verminderte Gesamtgewinn ergibt den nach Köpfen zu verteilenden Gewinn, d. h. 152860 : 3 = 50953,33 DM.

④ Verzinsung der Kapitaleinlagen plus Verteilung nach Köpfen ergibt den Gesamtgewinn eines Gesellschafters.

⑤ Der Gesamtgewinn ist um Privatentnahmen zu kürzen.

⑥ Anfangskapital plus Gewinnvortrag (bzw. Verlustvortrag) ergibt das Endkapital.

Im Gesellschaftsvertrag hätte auch vereinbart sein können, daß ein nach der Verzinsung der Kapitaleinlage verbleibender Rest im Verhältnis 3:1:2 zu verteilen sei. 152860 DM wären dann durch 6 zu dividieren, und Müller erhielte drei Teile, Klein einen Teil und Fischbach zwei Teile.
Die Gewinnverteilung gestaltet sich etwas schwieriger, wenn sogenannte *Vor- und Nachleistungen* zu berücksichtigen sind. Der Gesellschafter Fischbach könnte z. B. für besondere Bemühungen für die Gesellschaft zusätzlich 8500 DM erhalten oder Klein würden für die private Nutzung des Firmenwagens 1500 DM berechnet werden.

Der Restgewinn nach Köpfen im besprochenen Beispiel würde folgende Veränderung erfahren:

152860 DM
− 8500 DM zusätzlich für Gesellschafter Fischbach
144360 DM
+ 1500 DM weniger für Gesellschafter Klein
145860 DM

Der Kopfanteil je Gesellschafter ermittelt sich dann: 145860 DM : 3 = 48620 DM.

Der Gesellschafter Müller erhielte 48620 DM. Gesellschafter Klein bekäme 47120 DM, 48620 DM abzüglich 1500 DM. Gesellschafter Fischbach erhielte 57120 DM, 48620 DM zuzüglich 8500 DM.

Gesetzliche Gewinnverteilung

Die Gewinnverteilung sieht nach HGB bei der KG vor, daß Komplementäre und Kommanditisten eine Verzinsung von 4% p. a. auf ihren Kapitalanteil erhalten. Darüber hinausgehende Gewinne sind nach § 186 HGB angemessen zu verteilen. Die Komplementäre erhalten häufig für ihre persönliche Haftung und unternehmerische Leistung einen Gewinnvoraus von 10 bis 30%. Es ist auch üblich, daß die Komplementäre für ihre Arbeit im Unternehmen eine feste Vergütung erhalten.

Vorkalkulation

Den richtigen Angebotspreis ermitteln

Die Vorkalkulation (Angebotskalkulation) ermittelt die voraussichtlichen Kosten (Sollkosten) eines selbständigen Endproduktes oder eines speziellen Kundenauftrags. Die Gemeinkosten werden mit Hilfe der im BAB ermittelten Zuschlagssätze anteilsmäßig über die Einzelkosten Fertigungsmaterial und Fertigungslöhne auf die Produkte verrechnet. Die Vorkalkulation liefert die notwendigen Unterlagen für Preisangebote und hat damit einen gewissen Einfluß auf den Preis.

Kalkulation zu verschiedenen Zeitpunkten

- *Vorkalkulation* erfolgt als Vorschaurechnung zeitlich vor dem Fertigungsprozeß.
- *Zwischenkalkulation* wird insbesondere bei langen Fertigungszeiten durchgeführt und hat die Aufgabe, festzustellen, inwieweit die in der Vorkalkulation ermittelten Werte mit den bereits angefallenen Istkosten übereinstimmen. Die bis zum Kalkulationszeitpunkt angefallenen Herstellungskosten werden zudem für die bilanzielle Bewertung unfertiger Erzeugnisse benötigt.
- *Nachkalkulation*, die nach Abschluß der Produktion erfolgt, rechnet mit tatsächlich entstandenen Kosten (Istkosten).

Die Vorkalkulation kann als Periodenrechnung oder als Stückrechnung durchgeführt werden. Die Periodenrechnung hat die Aufgabe, die gesamten Kosten in der betreffenden zukünftigen Periode zu ermitteln. Die Stückrechnung ist eine Angebotsrechnung, sie ermittelt die für ein bestimmtes Produkt voraussichtlich entstehenden Kosten.

In der Vorkalkulation geht es wie in allen Kostenrechnungen um die Feststellung des mengenmäßigen Verbrauchs und den betreffenden Wertansatz. Die Mengenangaben werden von der Arbeitsvorbereitung, die Wertansätze vom Rechnungswesen bezogen. Die Abteilung Arbeitsvorbereitung, die für Fertigungsplanung und Fertigungssteuerung zuständig ist, erstellt Stücklisten sowie Arbeitspläne und kennt somit Vorgabezeiten, Materialverbrauch und Betriebsmittelnutzung. Das Rechnungswesen liefert die Wertansätze, z. B. Fertigungslohnsätze, Materialpreise und Gemeinkostenzuschlagssätze.

Der voraussehbare Verbrauch ist der Mengenansatz in der Vorkalkulation. Fertigungsstoffe, Fertigungslöhne und Sondereinzelkosten der Fertigung sind *Einzelkosten* und können dem Kostenträger direkt zugerechnet werden (→ **Industrielle Kalkulation**). Für das Fertigungsmaterial werden die geltenden Marktpreise zugrundegelegt. Fertigungslöhne werden in der Höhe der geltenden Tariflöhne angesetzt. Die Gemeinkostenzuschlagssätze, mit denen kalkuliert wird, sind Durchschnittssätze aus früheren Perioden. *Normalzuschlagssätze* sind Erfahrungssätze aus mehreren früheren Betriebsabrechnungen (→ **Zuschlagssätze**).

Praxis-Tip

Bei schlechter Kapazitätsauslastung ist es für ein Unternehmen kurzfristig empfehlenswert, auch Aufträge anzunehmen, die nur einen Teil der Kosten decken. Die Unternehmensleitung muß dann aber die Kostenstruktur genau kennen; denn sie muß wissen, auf welchen Teil der Kostendeckung man vorübergehend verzichten kann und auf welchen nicht (→ **Deckungsbeitragsrechnung**).

Das folgende Beispiel zeigt eine Vorkalkulation eines Industriebetriebs auf Grundlage der *Vollkostenrechnung*.

Beispiel: **Vorkalkulation auf der Basis der Vollkostenrechnung**

Die Kalkulationsabteilung der Firma Berger & Löffler GmbH, Essen, hat für die Geschäftsleitung in einer Vorkalkulation den Angebotspreis für eine Maschine zu errechnen.

An Materialkosten fallen an: 610 kg Eisen und Stahl zu 2 DM je kg, 12 kg Lack zu 3 DM je kg. Das Unternehmen rechnet mit einem Materialgemeinkostenzuschlagssatz von 15 %. Außerdem wurden für 1070 DM Zwischen- und Endprodukte von fremden Unternehmen bezogen.

Die Hauptkostenstelle Fertigung gliedert sich in die Kostenstelle A (Formung), die Kostenstelle B (Montage) und die Fertigungsstelle C (Lackiererei).

Kostenstelle A:
- Fertigungslöhne: 80 Stunden zu einem Stundensatz von 15 DM
- Fertigungsgemeinkostenzuschlagssatz (FGKZ): 70 %

Kostenstelle B:
- Fertigungslöhne: 25 Stunden zu einem Stundensatz von 14 DM
- Fertigungsgemeinkostenzuschlagssatz (FGKZ): 110 %

Kostenstelle C:
- Fertigungslöhne: 5 Stunden zu einem Stundensatz von 15 DM
- Fertigungsgemeinkostenzuschlagssatz (FGKZ): 80 %

Sondereinzelkosten der Fertigung in Höhe von 470 DM sind angefallen. Das Unternehmen rechnet mit 20 % Verwaltungsgemeinkosten, 10 % Vertriebsgemeinkosten und 350 DM Sondereinzelkosten des Vertriebs. Welchen Bruttoverkaufspreis ermittelt die Kalkulationsabteilung, wenn außerdem 10 % Gewinn, 2 % Vertreterprovision, 5 % Kundenrabatt, 2 % Skonto und 15 % Mehrwertsteuer zu berücksichtigen sind?

So rechnen Sie richtig:

	Fertigungsmaterial			
	Eisen und Stahl (610 · 2)		1220,00	
	Lack (12 · 3)		36,00	
	Zwischen- und Endprodukte		1070,00	2326,00 DM
	MGK 15 % von 1256		188,40	188,40 DM
	Stoffkosten			2514,40 DM
	Fertigungslöhne (15 · 80)		1200,00	
+	FGKZ (12 · 70)		840,00	2040,00 DM
+	Fertigungslöhne (25 · 14)		350,00	
+	FGKZ (3,5 · 110)		385,00	735,00 DM
+	Fertigungslöhne (5 · 15)		75,00	
+	FGKZ (80 · 0,75)		60,00	135,00 DM
+	Sondereinzelkosten der Fertigung			470,00 DM
	Herstellkosten			5894,40 DM
+	VwGK 20 %			1178,88 DM
+	VGK 10 %			589,44 DM
+	Sondereinzelkosten des Vertriebs			350,00 DM
	Selbstkosten			8012,72 DM
+	10 % Gewinn			801,27 DM
	Barverkaufspreis	96 %		8813,99 DM
+	2 % Skonto	2 %		183,63 DM
+	2 % Vertreterprovision	2 %		183,62 DM
	Zielverkaufspreis	100 %	95 %	9181,24 DM
+	5 % Rabatt		5 %	483,22 DM
	Verkaufspreis (netto)		100%	9664,46 DM
+	15% MwSt			1449,66 DM
	Verkaufspreis (brutto)			11114,12 DM

Kostenkontrolle

Die Istkalkulation (Nachkalkulation) erfolgt nachträglich, sie basiert auf tatsächlich entstandenen Kosten. Ihre Gemeinkostenzuschlagssätze sind aus dem BAB abgeleitete Istzuschlagssätze.

Nr. 49 Vorkalkulation

In einem Soll-Ist-Vergleich ist festzustellen, ob die effektiv angefallenen Kosten durch die Verkaufserlöse gedeckt worden sind. Wenn die Kosten der Vorkalkulation höher sind als die der Nachkalkulation, dann liegt eine Kostenüberdeckung vor. Ist der in der Vorkalkulation ermittelte Nettoverkaufspreis ein verbindlicher Angebotspreis, dann bewirkt eine *Kostenüberdeckung* eine Erhöhung des Gewinns. Der tatsächlich erzielte Gewinn übersteigt in der Höhe der *Kostenüberdeckung* den vorkalkulierten Gewinn.

Kostenunterdeckungen liegen vor, wenn die verrechneten Sollkosten kleiner sind als die entstandenen Istkosten. In diesem Fall liegt der tatsächlich erzielte Gewinn unter dem kalkulierten Gewinn (→ **Zuschlagssätze**).

Siehe auch:
→ Äquivalenzziffernkalkulation
→ Differenzkalkulation
→ Divisionskalkulation
→ Handelskalkulation
→ Maschinenstundensätze

Wirtschaftlichkeitsrechnung

Das wirtschaftliche Investitionsobjekt auswählen

Wirtschaftlichkeits- oder Investitionsrechnungen werden vorwiegend im Rahmen der kurz-, mittel- und langfristigen Planung durchgeführt. Sie leisten einen wichtigen Beitrag bei der Auswahl von Investitionsprojekten.

Investitionsplan

Die aus dem Marketingplan abgeleiteten Verkaufsmengen bilden die Grundlage für den Fertigungsplan, der wiederum Ausgangsbasis für die Investitionsplanung ist. Da jede Investition zugleich eine Kapitalbindung verursacht, sind bei Investitionsentscheidungen finanzwirtschaftliche Kriterien ebenfalls zu berücksichtigen.

Der Investitionsplan beinhaltet hauptsächlich die Planung neuer Sachanlagen, die sich aus dem Produktionsplan ergeben. Er umfaßt aber noch weitere Positionen, die aus anderen Unternehmensplänen abgeleitet sind, z. B. den Bau eines Laborgebäudes aus dem Forschungs- und Entwicklungsplan oder den Bau eines Verwaltungs- und Sozialgebäudes aus dem langfristigen Personalplan.

Die Investitionsplanung wird häufig bei größeren Vorhaben, insbesondere bei großen Neubauten und tiefgreifenden Produktionsumstellungen, im Rahmen einer Sonderplanung abgewickelt. Diese zeitlich befristete und organisatorisch getrennt stattfindende Planung wird als *Projektmanagement* bezeichnet.

Investitionsarten

Die Grenzen zwischen Ersatz-, Rationalisierungs- und Erweiterungsinvestitionen sind in der Praxis fließend. Eine verbrauchte Anlage wird bei kleinen und mittleren Unternehmen häufig durch eine leistungsfähigere neue ersetzt. Hat die neue Anlage dieselbe Kapazität wie die alte, arbeitet aber nach einem moderneren technischen Verfahren, dann ist mit der Ersatzbeschaffung ein Rationalisierungseffekt verbunden. Eine reine Ersatzbeschaffung wird vorwiegend von Wirtschaftszweigen vorgenommen, die kein nennenswertes quantitatives Wachstum mehr aufzuweisen haben.

Eine Ersatzinvestition ist mit einem Rationalisierungseffekt und einer Kapazitätserweiterung verbunden, wenn die neue Anlage eine größere Kapazität aufweist und nach einem effizienteren Verfahren arbeitet.

Wirtschaftlichkeitsrechnungen und Investitionsentscheidungen

Die Investitionsvorhaben, wie auch viele andere Vorhaben eines Unternehmens, durchlaufen einen Entscheidungsprozeß. Die Betriebswirtschaftslehre versteht sich zudem immer mehr als eine Disziplin, die Entscheidungen systematisch vorbereitet.

- Der erste Schritt ist die Ermittlung des Investitionsbedarfs.
- Die verschiedenen Investitionsprojekte sind näher zu erklären, d. h. die für die Durchführung erforderlichen Daten sind zu beschaffen.
- In einer dritten Phase sind die günstigsten Vorhaben zu ermitteln, wobei Wirtschaftlichkeits- oder Investitionsrechnungen zum Einsatz kommen.

Man unterscheidet statische und dynamische Investitionsverfahren. Zu den wichtigsten statischen Verfahren zählt die Kostenvergleichsrechnung, die Gewinnvergleichsrechnung, der Rentabilitätsvergleich, die Payback-Period-Methode sowie die Kapitalrückflußmethode. Wichtige dynamische Verfahren sind → **die Barwertmethode,** → **die Interne Zinsfuß-Methode** und → **die Annuitätenmethode**.

Investitionsrechnungen sind wichtige Bestandteile einer Investitionsentscheidung, beachten muß man dabei, daß viele Informationen unsicher sind und daß auch Ertrags-, Risiko- und Finanzierungsgesichtspunkte eine wichtige Rolle spielen. Investitionsentscheidungen gehören aufgrund ihrer Tragweite in die Kompetenz der Unternehmensleitung.

Siehe auch:
→ Kapitalrückflußrechnung

Zinseszinsrechnung

Zins für den Zins

Die Zinseszinsrechnung gehört neben der Abschreibungs-, Renten- und Tilgungsrechnung zu den Hauptgebieten der Finanzmathematik. Die Zinsen werden am Ende der Periode dem Kapital hinzugefügt und in den Folgeperioden mitverzinst. Die Zinseszinsrechnung wird vor allem bei langfristigen Geldgeschäften, insbesondere zur Berechnung der Entwicklung des Kapitalvermögens bei Spareinlagen oder Berechnung des Barwerts zukünftiger Leistungen angewendet.

Gegenüberstellung von Zinsrechnung und Zinseszinsrechnung

Zinsen sind für die zeitweilige Überlassung von Geld oder Kapital zu entrichten. Der Preis, der für 100 DM des ausgeliehenen Kapitals für eine Periode zu bezahlen ist, wird als Zinsfuß bezeichnet. Die Laufzeit gibt die Anzahl der Perioden an, in denen das Kapital ausgeliehen ist. (→ **Zinsrechnung → Kaufmännische Zinsrechnung**)

Während in der *Zinsrechnung* nur das Kapital verzinst wird, werden bei der *Zinseszinsrechnung* nicht ausgezahlte Zinsen dem Kapital hinzugefügt und mit diesem verzinst. Die im voraus getroffene Vereinbarung von Zinseszinsen ist nach §§ 248, 289, 291 BGB und § 352 HGB verboten.

Sparkassen und andere Bankinstitute sind aber nach § 248 Abs. 2 BGB vom Zinseszinsverbot ausgenommen und dürfen im voraus versprechen, nicht abgehobene Zinsen von Einlagen zu verzinsen.

§ 355 Abs. 1 HGB erlaubt es, im Kontokorrentgeschäft zwischen Kaufleuten aus dem gesamten Saldo Zinsen zu berechnen, auch wenn darin Zinsen enthalten sind.

Zinsrechnung	Zinseszinsrechnung
● nur Kapital wird verzinst ● Endkapital steigt linear bzw. proportional im Zeitablauf ● lineare Funktion	● Kapital und Zinsen werden verzinst ● Endkapital wächst überproportional im Zeitablauf ● Exponentialfunktion

Formeln der Zinseszinsrechnung

Die Zinsen werden am Ende des jeweiligen Zeitabschnitts dem Kapital hinzugefügt und in den Folgeperioden ebenfalls verzinst. Die Berechnung des

Endwerts eines Kapitals wird als *Aufzinsung* bezeichnet. Der Aufzinsungsfaktor für einen bestimmten Zinssatz kann sowohl durch 1 + i wie auch durch q ausgedrückt werden

$\left(1+i=q=1+\frac{p}{100}\right)$.

Erfolgt die Verzinsung am Ende einer Periode, dann sprich man von dekursiver Verzinsung. Die *„nachschüssige"* Verzinsung ist der Normalfall.

Die Beziehungen zwischen Anfangskapital und Endkapital:

Jahr	Endkapital	Berechnung
0	K_o	
1	K_1	$K_1 = K_o \cdot q$
2	K_2	$K_2 = K_1 \cdot q$ oder $K_2 = K_o \cdot q^2$
3	K_3	$K_3 = K_2 \cdot q$ oder $K_3 = K_o \cdot q^3$
.	.	.
.	.	.
.	.	.
n	K_n	$K_n = K_{n-1} \cdot q$ oder $K_n = K_o \cdot q^n$

Wir haben damit die Formel zur Berechnung des *Endkapitals* bei der Zinseszinsrechnung hergeleitet:

$K_n = K_o \cdot q^n$

Beispiel: **Berechnung von Endkapital inklusive Zinseszinsen**

Sie können nun mit dieser Formel das Endkapital mit Zinseszinsen ermitteln (Anfangskapital 1000 DM, Laufzeit 5 Jahre, Zinsfuß 5 %).

$K_5 = 1000 \cdot 1{,}05^5$

$K_5 = 1000 \cdot 1{,}27628$ $\quad K_5 = 1276{,}28$ DM

Tabellen und Zinstafeln

Sie finden die Werte für $q = \left(1 + \frac{p}{100}\right)$ für die gängigen Zinssätze und für bis zu 30 bzw. 50 Jahren in Tabellen. Solche Tabellen gibt es auch für Abzinsungs-, Rentenendwert-, Rentenbarwert- sowie Annuitätenfaktoren.

Wenn Sie eine Zinseszinstafel verwenden, ergibt sich das Endkapital aus dem Produkt aus Tabellenzahl (= Aufzinsungsfaktor) und Anfangskapital.

Endkapital = Anfangskapital · Aufzinsungsfaktor

Durch Umformung: $\text{Anfangskapital} = \frac{\text{Endkapital}}{\text{Aufzinsungsfaktor}}$

Entwicklung des Endkapitals bei Zins- und Zinseszinsrechnung

Das folgende Beispiel mit einer Kapitalanlage von 10000 DM und einem Zinsfuß von 6 % zeigt Ihnen die Auswirkungen der Zinsrechnung und der Zinseszinsrechnung auf die Entwicklung des Kapitalendwertes über mehrere Jahre hinweg. Es wird dabei deutlich, daß mit fortschreitendem Zeitablauf die Unterschiede zwischen der Zins- und der Zinseszinsrechnung immer größer werden.

Beispiel: **Entwicklung des Endkapitals bei Zins- oder Zinseszinsrechnung**

Berechnung des Endkapitals				
	Zinsrechnung	Zinseszinsrechnung		
Jahr	Endkapital	q	Aufzinsungsfaktor	Endkapital
0	10000,00			10000,00
1	10600,00	$1{,}06^{1}$	1,060000	10600,00
2	11200,00	$1{,}06^{2}$	1,123600	11236,00
3	11800,00	$1{,}06^{3}$	1,191016	11910,16
4	12400,00	$1{,}06^{4}$	1,262477	12624,77
5	13000,00	$1{,}06^{5}$	1,338226	13382,26
6	13600,00	$1{,}06^{6}$	1,418519	14185,19
7	14200,00	$1{,}06^{7}$	1,503630	15036,30
8	14800,00	$1{,}06^{8}$	1,593848	15938,48
9	15400,00	$1{,}06^{9}$	1,689479	16894,79
10	16000,00	$1{,}06^{10}$	1,790848	17908,48
15	19000,00	$1{,}06^{15}$	2,396558	23965,58
20	22000,00	$1{,}06^{20}$	3,207135	32071,35
25	25000,00	$1{,}06^{25}$	4,291871	42918,71
30	28000,00	$1{,}06^{30}$	5,743491	57434,91

Wenn Sie wissen möchten, wie lange Sie sparen müssen, um ein bestimmtes Anlageziel zu erreichen, dann benutzen Sie doch einfach den Rechner **„Spardauer"**. Der Rechner berücksichtigt ebenso den einmaligen Anlagebetrag wie auch monatliche Sparraten sowie den Zinseszins.

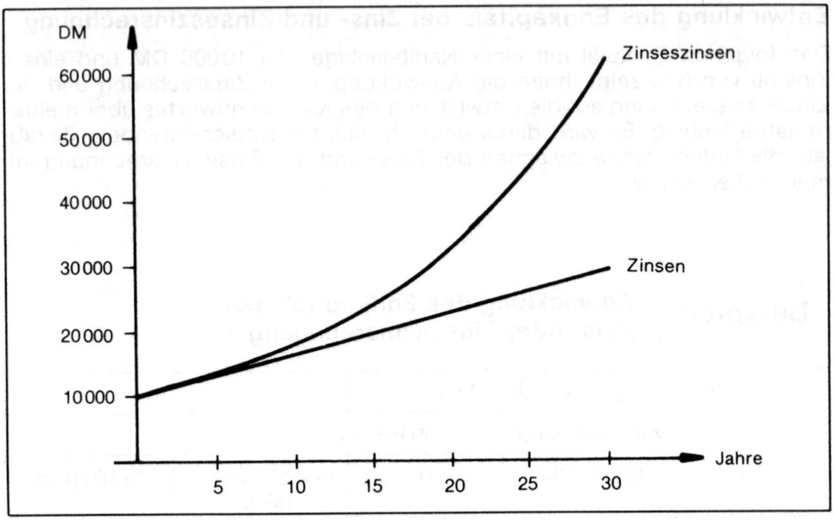

Beispiel: Abzinsung von Kapital

Die Abzinsung ist das Gegenstück zur Aufzinsung. Der Kapitalendwert K_n nach n Jahren ist bekannt; man will den entsprechenden *Barwert* (Gegenwartswert) des Kapitals kennen (→ **Barwertmethode**). Die Berechnung des Barwerts, die man als Diskontierung bezeichnet, zinst K_n um die betreffenden Jahre ab. Der *Abzinsungsfaktor v* entspricht dem Kehrwert des Aufzinsungsfaktors:

$$v^n = \frac{1}{q^n} = \frac{1}{(1+i)^n} \qquad \text{Barwert: } K_o = K_n \cdot v^n$$

Wie groß ist der Barwert eines Kapitals, das in 5 Jahren bei einem Zinsfuß von 6 % auf 8000 DM wächst?

$$K_o = 8000 \cdot \frac{1}{(1+0{,}06)^5} = 8000 \cdot 0{,}7472582 = 5978{,}07 \text{ DM}$$

Siehe auch:
→ Barwertmethode
→ Zinsrechnung

Zinsrechnung

Die Berechnung von Zinsen, Kapital, Zinsfuß und Zeit

Zinsen sind der Preis für überlassenes Kapital. Die Zinsrechnung bezieht im Gegensatz zur Prozentrechnung die Zeitkomponente mit ein.

Gegenüberstellung von Zinsrechnung und Prozentrechnung

Prozentrechnung	Zinsrechnung
Grundwert (G)	Kapital (K)
Prozentsatz (p)	Zinsfuß (p)
Prozentwert (W)	Zinsen (Z)
	Zeit (t)

Allgemeine Zinsformel

Die Zinsformel besteht aus vier Größen:

$$\text{Zinsen} = \frac{\text{Kapital} \cdot \text{Zinsfuß} \cdot \text{Zeit}}{100} \qquad Z = \frac{K \cdot p \cdot t}{100}$$

Die Formeln zur Berechnung der Jahres-, Monats- und Tageszinsen können leicht aus der allgemeinen Zinsformel abgeleitet werden.

Beispiel: **Berechnung der Jahreszinsen**

(i = Jahre)

$$\text{Jahreszinsen} = \frac{\text{Kapital} \cdot \text{Zinsfuß} \cdot \text{Jahre}}{100} \qquad Z = \frac{K \cdot p \cdot i}{100}$$

Ein Sparer legt 3750 DM für 5 Jahre fest an. Wie hoch ist sein Kapital danach, wenn das Geld zu 4 % angelegt wird?

$$\text{Jahreszinsen} = \frac{\text{Kapital} \cdot \text{Zinsfuß} \cdot \text{Jahre}}{100}$$

$$\text{Jahreszinsen} = \frac{3750 \cdot 4 \cdot 5}{100} = 750 \text{ DM}$$

Endkapital = Anfangskapital + Zinsen

Endkapital = 4500 DM

Beispiel: **Berechnung der Tageszinsen**

(t = Tage) $Z = \frac{K \cdot p \cdot t}{100 \cdot 360}$

Eine Bank gewährt einem Gewerbetreibenden einen Kredit von 18000 DM zu folgenden Konditionen: 6 % Zinsen und 2 % Bearbeitungsgebühren.

Welchen Betrag muß der Gewerbetreibende zurückzahlen, wenn er den Kredit vom 12. Mai bis zum 29. Oktober beansprucht?

12. Mai bis 29. Oktober = 167 Tage

$Z = \frac{K \cdot p \cdot t}{100 \cdot 360}$ $Z = \frac{18000 \cdot 6 \cdot 167}{100 \cdot 360} = 501 \text{ DM}$

2 % Bearbeitungsgebühr von 18000 DM = 360 DM

Kreditsumme	18000 DM
+ Zinsen	501 DM
+ Bearbeitungsgebühr	360 DM
Rückzahlungsbetrag	18861 DM

Berechnung der Tage in der Zinsrechnung

Das Jahr hat in der (bürgerlichen) Zinsrechnung 365 Tage, die Monate werden genau gerechnet (Januar 31 Tage, Februar 28 Tage, März 31 Tage).

Kaufleute rechnen aus Gründen der Vereinfachung das Jahr zu 360 Tagen und jeden Monat mit 30 Tagen (→ **Kaufmännische Zinsrechnung**). Bei deutschen Kaufleuten wird der Februar mit 30 Tagen berechnet, wenn die Tageberechnung über den Februar hinausgeht. Ist ein Betrag nur bis zum 28. Februar zu verzinsen, wird der Februar nur mit 28 Tagen bzw. im Ausnahmefall mit 29 Tagen angesetzt.

Ableitung von Kapital, Zinsfuß und Tagen aus der Zinsformel

Die Zinsformel zur Berechnung der Tageszinsen (bzw. Monats- oder Jahreszinsen) wird nach der jeweils gesuchten Größe aufgelöst.

$$Z = \frac{K \cdot p \cdot t}{100 \cdot 360}$$

Wird die Größe Kapital (K) gesucht, dann darf in der obigen Formel nur noch K auf der linken Seite stehen. Die Größen 100 · 360 kommen in den Zähler der Formel, p · t in den Nenner.

$$K = \frac{Z \cdot 100 \cdot 360}{p \cdot t}$$

Beispiel: **Berechnung des Kapitals**

Ein Pensionär erhält eine monatliche Rente von 900 DM. Welches Kapital, das in festverzinslichen Wertpapieren zu 6 % angelegt ist, ergibt denselben Ertrag?

$$\text{Kapital} = \frac{\text{Zinsen} \cdot 100 \cdot 360}{\text{Zinsfuß} \cdot \text{Tage}} \qquad \text{Kapital} = \frac{\text{Zinsen} \cdot 100 \cdot 12}{\text{Zinsfuß} \cdot \text{Monate}}$$

$$\text{Kapital} = \frac{900 \cdot 100 \cdot 12}{6 \cdot 1} = 180\,000 \text{ DM}$$

Entsprechend kann die Zinsformel nach p bzw. t abgeleitet werden.

Beispiel: **Berechnung des Zinssatzes**

Zu welchem Zinssatz ist ein Kapital von 12600 DM angelegt, das in 45 Tagen 94,50 DM Zinsen einbringt?

$$p = \frac{Z \cdot 100 \cdot 360}{K \cdot t}$$

$$p = \frac{94{,}50 \cdot 100 \cdot 360}{12600 \cdot 45} \qquad p = 6\ \%$$

Beispiel: **Berechnung der gesuchten Verzinsungszeit**

In welchem Zeitraum erbringt ein Kapital von 8940 DM bei einem Zinssatz von 5,5 % 90,30 DM Zinsen?

$$t = \frac{Z \cdot 100 \cdot 360}{K \cdot p} \qquad \text{Tage} = \frac{\text{Zinsen} \cdot 100 \cdot 360}{\text{Kapital} \cdot \text{Zinsfuß}}$$

$$\text{Tage} = \frac{90{,}30 \cdot 100 \cdot 360}{8940 \cdot 5{,}5} \qquad \text{Tage} = 66{,}1 \text{ (aufgerundet 67 Tage)}$$

Beispiel: **Wie lange war das Kapital für den erwirtschafteten Zins verliehen?**

Ein Geschäftsmann lieh 7200 DM und 9400 DM zu 9 % aus. Die zwei Kapitalien erbrachten 126,40 DM Zinsen. Wie lange waren die beiden Kapitalien ausgeliehen, wenn das zweite Kapital doppelt soviel Zinsen wie das erste Kapital erbrachte?

$$2x + x = 126{,}40$$
$$3x = 126{,}40$$
$$x = 42{,}13$$

Das erste Kapital brachte 42,13 DM Zinsen, das zweite Kapital 84,26 DM.

$$t = \frac{Z \cdot 100 \cdot 360}{p \cdot K}$$

$$t_1 = \frac{42{,}13 \cdot 100 \cdot 360}{9 \cdot 7200} \qquad t_1 = 23{,}4 \text{ Tage}$$

Das zweite Kapital:

$$t_2 = \frac{84{,}26 \cdot 100 \cdot 360}{9 \cdot 9400} \qquad t_2 = 35{,}8 \text{ Tage}$$

Zinsrechnung auf und im Hundert

Der Zinsfuß p gibt an, wieviel 100 DM in einem Jahr (360 Tage) Zinsen einbringen. Zinsfuß und Prozentsatz stimmen in diesem Fall überein. Bei Verzugszinsen von 9 % in 60 Tagen ist diese Übereinstimmung nicht mehr gegeben. Der Zinsfuß kann aber trotzdem mit Hilfe des Dreisatzes in einem Prozentsatz angegeben werden:

360 Tage – 9 % 60 Tage – 1,5 %

Man spricht in diesem Zusammenhang auch vom *angepaßten* Zinsfuß (→ **Effektivzins**).

Die Umwandlung des Zinsfußes in einen Prozentsatz erfolgt auch bei der Zinsrechnung vom vermehrten und verminderten Kapital.

Beispiel: Zinsberechnung auf Hundert

A legt sein Geld zu 4 % für 90 Tage bei der Volksbank an. Nach Ablauf der Zeit erhält er 7575 DM zurück. Wie hoch sind das Anfangskapital und die Zinsen?

Kaufmännische Rechnung:

Anfangskapital	100 %	7500 DM
Zinsen	1 %	75 DM
Endkapital (= vermehrter Grundwert)	101 %	7575 DM

So rechnen Sie richtig:

① Anfangskapital + Zinsen = Endkapital

② Verwandeln des Zinsfußes in einen Prozentsatz

360 Tage – 4 %
90 Tage – 1 %

③ Anfangskapital + Zinsen = vermehrter Grundwert

101 % – 7575 DM
1 % – x DM

1 % = 75 DM
100 % = 7500 DM

Oder mit Hilfe der Algebra:

$$Z = \frac{K \cdot i \cdot p}{100 \cdot 360}$$

Bezeichnen wir das unbekannte Kapital (Anfangskapital) mit x, dann ergibt sich der Zins wie folgt.

$$Z = \frac{x \cdot 4 \cdot 90}{100 \cdot 360}$$

Unter Berücksichtigung des um den Zins vermehrten Kapitals (Endkapital) ergibt sich folgende Gleichung:

$$x + \frac{x}{100} = 7575 \text{ DM} \qquad 101\,x = 757\,500 \text{ DM}$$

$$100\,x + x = 757\,500 \text{ DM} \qquad x = 7500 \text{ DM}$$

Die folgende Aufgabe ist ein Beispiel für die Zinsrechnung im Hundert. Der Darlehensauszahlungsbetrag entspricht hier dem verminderten Grundwert.

Beispiel: Zinsberechnung im Hundert

Der Gläubiger zieht von einem am 17. Oktober gewährten Darlehen die Zinsen von 9 % im voraus ab. Welchen Betrag muß der Schuldner nach 1½ Jahren zurückzahlen, wenn er am 17. Oktober 13580,50 DM ausbezahlt erhält?

Kaufmännische Rechnung:

Darlehenssumme	100,00 %	15700,00 DM
Zinsen 9 % 1,5 Jahre	13,50 %	2119,50 DM
Darlehensauszahlung (= verminderter Grundwert)	86,50 %	13580,50 DM

So rechnen Sie richtig:

① Darlehenssumme − Zinsen = Darlehensauszahlungsbetrag

② Umwandlung des Zinsfußes in einen Prozentsatz

1 Jahr − 9 %
1,5 Jahre − 13,5 %

③ Darlehenssumme − Zinsen entspricht dem verminderten Grundwert

86,5 % − 13 580,50 DM
100,0 % − x DM

$$x = \frac{13580{,}50 \cdot 100}{86{,}5}$$

$$x = 15700 \text{ DM}$$

Oder mit Hilfe der Algebra:

$$Z = \frac{K \cdot i \cdot p}{100}$$

Wird die Darlehenssumme mit x bezeichnet, dann berechnet man den Zins wie folgt:

$$Z = \frac{x \cdot 9 \cdot 1{,}5}{100}$$

Zwischen der Darlehenssumme (Grundwert) und dem Darlehensauszahlungsbetrag (verminderter Grundwert) besteht ein Zusammenhang.

$$x - \frac{13{,}5\,x}{100} = 13580{,}50 \text{ DM}$$

$$100\,x - 13{,}5\,x = 1358050 \text{ DM}$$

$$86{,}5\,x = 1358050 \text{ DM} \qquad x = 15700 \text{ DM}$$

Finanzierungsmodelle

Die Finanzierung eines Eigenheimes oder der Kauf eines Autos kann über verschiedene Finanzierungsformen erfolgen. Die Höhe der jährlichen Belastung durch Zinsen und Tilgung muß tragbar sein.

Beispiel: **Kreditkauf oder Leasing**

Der Kaufpreis für ein Auto beträgt 25000 DM. Die Finanzierung soll über einen fünfjährigen Bankkredit oder über Leasing erfolgen.

Die *Bankbedingungen* lauten:
- Der Kredit ist in jährlichen Raten von 5000 DM zu tilgen.
- Der Zinsfuß beträgt 6% aus der um die Tilgung verminderten Summe.

Die *Leasingbedingungen* sind:
- Monatliche Leasingrate 500 DM.
- Leasingdauer 5 Jahre.

Wenn Sie wissen wollen, welche der beiden Finanzierungsformen für Sie rechnerisch günstiger ist, dann ist der Gesamtbetrag bei Bank- und Leasingfinanzierung zu ermitteln.

Bankfinanzierung

Jahr	Schuld am Jahresbeginn	Zinsen 6%	Tilgung	Zins und Tilgung	Schuld am Jahresende
1	25000	1500	5000	6500	20000
2	20000	1200	5000	6200	15000
3	15000	900	5000	5900	10000
4	10000	600	5000	5600	5000
5	5000	300	5000	5300	–
		4500	25000	29500	

Leasingfinanzierung

Eine monatliche Belastung von 500 DM ergibt in 5 Jahren 30000 DM. Die **Leasing**finanzierung ist mit einer Gesamtbelastung von 30000 DM rechnerisch ungünstiger als die **Bank**finanzierung, die 29500 DM erreicht. Im Falle der Bankfinanzierung wird auch Eigentum an dem Auto erworben; man hat auch nach 5 Jahren noch ein Fahrzeug. Der Pkw wäre von einem Unternehmen zu bilanzieren und jährlich abzuschreiben.

Für Leasing sprechen einige nicht rechenbare Kriterien:

- Die Wartung und technische Betreuung dürfte bei Leasing besser sein – möglicherweise ein wichtiges Argument beim Autokauf.
- Leasing ist auch dann eine interessante Finanzierungsalternative, wenn die Liquidität und die Kreditlinie geschont werden sollen.

Die vorliegende Bankfinanzierung führt zu einer jährlich *fallenden Gesamtbelastung* (=Annuität). Bei gleichbleibendem Zinsfuß verringert sich die jährliche Zinsbelastung, da der Zins auf eine immer kleiner werdende Kapitalschuld zu leisten ist.

Die Banken bieten auch Finanzierungsmodelle mit gleichbleibender bzw. *fester Annuität* an. Die Belastung aus Rückzahlung und Zins bleibt konstant. Dies wird erreicht, weil die Tilgung (Rückzahlung) sich um die eingesparten Zinsen des bereits zurückgezahlten Kapitals erhöht. Die vorher gezeigte Bankfinanzierung als Annuitätendarlehen würde dann über fünf gleiche Jahresraten von 5934,91 DM erfolgen. Zins und Zinseszins sind berücksichtigt. Die jährliche Annuität wird über den Kapitalwiedergewinnungs- oder Annuitätenfaktor ermittelt (→ *Annuitätenmethode*).

Jahr	Schuld am Jahresbeginn	Zinsen 6 %	Tilgung	Zins und Tilgung	Schuld am Jahresende
1	25000,00	1500,00	4434,91	5934,91	20565,09
2	20565,09	1233,91	4701,00	5934,91	15864,09
3	15864,09	951,85	4983,06	5934,91	10881,03
4	10881,03	652,86	5282,05	5934,91	5598,98
5	5598,98	335,93	5598,98	5934,91	–
		4674,55	25000,00	29674,55	

Die Annuitätenhypothek mit praktisch periodisch gleich hohen Zahlungen (Annuitäten) eignet sich gut für die Hausfinanzierung. Der Bauherr kann so mit einem festen Betrag für eine lange Laufzeit rechnen.

Siehe auch: → Aktienrendite → Kaufmännische Zinsrechnung
→ Barwertmethode → Prozentrechnung
→ Diskontrechnung → Zinseszinsrechnung
→ Effektivzins

Bei der Frage, ob eine Investition über einen Bankkredit oder Leasing finanziert werden soll, ist zuerst die rechnerisch günstigste Lösung zu ermitteln. Mit dem Rechner **„Kredit- und Leasingfinanzierung"** können Sie ein Leasingangebot durch einen Bezug auf die sonst üblichen Anschaffungskosten vergleichen. Vergleichen Sie anschließend das Leasingangebot, indem Sie es dem Angebot der Bank gegenüberstellen, das am ermittelten Effektivzins gemessen wird.

Zuschlagssätze

Zuschlagssätze für die Kalkulation ermitteln

Die nach Kostenarten gegliederten Gemeinkosten werden im BAB auf die Hauptkostenstellen Material, Fertigung, Verwaltung und Vertrieb umgelegt, bevor sie den Erzeugnissen anteilig zugerechnet werden können. Dies erfolgt mit Hilfe von Gemeinkostenzuschlagssätzen. Sollkosten sind mit Normalzuschlagssätzen der Vergangenheit kalkulierte Gemeinkosten. Kostenüber- und Kostenunterdeckungen ergeben sich aus der Gegenüberstellung der Sollkosten mit den tatsächlich angefallenen Kosten, den Istkosten.

Einzel- und Gemeinkostenarten

Jede in der Abrechnungsperiode angefallene Kostenart wird in der vergangenheitsorientierten Zuschlagskalkulation zu den Einzel- oder Gemeinkosten geordnet (→ **Industrielle Kalkulation**).

Einzelkostenarten, die sich dem einzelnen Erzeugnis direkt zurechnen lassen, sind:

- Fertigungsmaterial (Rohstoffaufwendungen)
- Fertigungslöhne
- Sondereinzelkosten der Fertigung (z. B. Modelle)
- Sondereinzelkosten des Vertriebs (z. B. Vertreterprovision)

Gemeinkostenarten sind für alle oder mehrere Erzeugnisse gemeinsam angefallene Kosten, z. B. Gehälter, Abschreibungen, Zinsen, Miete, Steuern, Versicherungen. Sie können nur indirekt über den Betriebsabrechnungsbogen (BAB) und die Bildung von Zuschlagssätzen anteilig auf die einzelnen Produkte des Unternehmens verrechnet werden.

Verteilung der Gemeinkosten

Während die Einzelkosten direkt den verschiedenen Kostenträgern, den Produkten, zugerechnet werden können, ist dies bei den Gemeinkosten nur über den Umweg der Kostenstellen möglich. Die Gemeinkostenarten der Klasse 9 des Industriekontenrahmens (IKR) der Buchhaltung werden im BAB unmittelbar oder mit Hilfe von Schlüsseln den verschiedenen Kostenstellen zugeordnet.

Es ist üblich, ein Unternehmen in folgende *Hauptkostenstellen* zu gliedern:

- *Materialbereich* (Rohstoff-, Hilfsstoff- und Betriebsstofflager, Einkauf, Rechnungsprüfung)

- *Fertigungsbereich* (Fertigungsabteilungen, Arbeitsvorbereitung, Entwicklungsabteilung, Reparaturwerkstätten)
- *Verwaltung* (Direktion, Sekretariat, Personalabteilung, Rechtsabteilung, Rechnungswesen, Finanzwesen, Steuerabteilung)
- *Vertrieb* (Verkaufsabteilungen, Werbung, Marktforschung, Versandabteilung)

Die in der Kostenartenrechnung erfaßten Gemeinkosten sind nach einer bestimmten Verteilungsgrundlage auf die einzelnen Hauptkostenstellen zu verteilen, z. B. nach der beanspruchten Fläche, den verbrauchten Mengen oder nach der Zahl der Beschäftigten. Die Verteilung der Gemeinkosten hat nach dem *Verursachungsprinzip* zu erfolgen.

Kostenstellenrechnung mit dem Betriebsabrechnungsbogen

Der Betriebsabrechnungsbogen (BAB) ist ein organisatorisches Hilfsmittel, um den Kostenträgern die durch sie verursachten Gemeinkosten über den Umweg der Kostenstellenrechnung zu belasten. Während kleinere und mittlere Unternehmen die tabellarische oder statistische Form des BAB wählen, verwenden größere Unternehmen unter Einsatz der EDV die buchhalterische Form, da die Vielzahl der Kostenstellen eine kontenmäßige Kostenstellenrechnung erfordert.

Die Gliederung des Unternehmens in Kostenstellen hängt von der Betriebsgröße und den technischen Gegebenheiten ab. Im Fertigungsbereich bestimmt die Technologie maßgebend die Untergliederung der Hauptkostenstelle Fertigung.

Das müssen Sie bei der Bildung von Kostenstellen beachten:

① Kostenstellen sollen räumlich und funktional abgrenzbare Bereiche umfassen.

② Nur solche Maschinen sollen zu einer Kostenstelle zusammengefaßt werden, die eine ähnliche Kostenstruktur aufweisen.

③ Verantwortungsmäßige und verrechnungstechnische Gesichtspunkte sind zu berücksichtigen.

④ Der Kostenstellenleiter, der für die anfallenden Kosten verantwortlich ist, muß laufend unterrichtet werden.

Es ist üblich, daß die Kostenstellenleiter in regelmäßigen Abständen, gewöhnlich monatlich, über die Kostenentwicklung in ihrem Verantwortungsbereich informiert werden. Sie erhalten einen nach Kostenarten untergliederten Kostenstellenbogen.

Die Kostenkontrolle erfolgt bei Fertigungs- und Hilfskostenstellen durch die Vorgabe von Verrechnungspreisen und Richtsätzen. Die Kontrolle bei Kostenstellen, die keine klar meßbaren Leistungen erbringen, hauptsächlich im Verwaltungs- und Vertriebsbereich, erfolgt durch die Vorgabe von Etats.

Kostenbereiche, die unmittelbar an der Erstellung der Erzeugnisse für den Markt beteiligt sind, nennt man *Hauptkostenstellen* (Material-, Fertigungs-, Forschungs-, Verwaltungs- und Vertriebsbereich). Die in den Hauptkostenstellen anfallenden Gemeinkosten werden mit Hilfe von Kalkulationszuschlagssätzen auf die verschiedenen Kostenträger verrechnet. Die *Allgemeinen Kostenstellen* (z. B. Kantine) und *Hilfskostenstellen* (z. B. Reparaturwerkstätten) sind zuvor auf die Hauptkostenstellen umzulegen (→ **Verrechnung innerbetrieblicher Leistungen**).

Beispiel: Ein Betriebsabrechnungsbogen (BAB)

Die Zahlen der Betriebsbuchführung eines Unternehmens sind im Beispiel mit Hilfe des BAB ausgewertet worden:

Kostenarten	Zahlen der Betriebsbuchhaltung	Verteilungsgrundlage	Hauptkostenstellen			
			Material	Fertigung	Verw.	Vertr.
Betriebsstoffe	8 000	Materialentnahmescheine	1 000	7 000	–	–
Stromkosten	2 000	verbr. kWh	300	1 400	200	100
Gehälter	40 000	Gehaltslisten	2 500	10 000	20 000	7 500
Sozialkosten	20 000	Gehälter	1 250	5 000	10 000	3 750
Steuern	25 000	1 : 4 : 4 : 1	2 500	10 000	10 000	2 500
Miete, Verkaufsk. Bürokosten	70 000	1 : 6 : 8 : 5	3 500	21 000	28 000	17 500
Abschreibungen	40 000	1 : 5 : 2 : 2	4 000	20 000	8 000	8 000
Summe der Gemeinkosten	205 000		15 050	74 400	76 200	39 350

So rechnen Sie richtig:

① Übertragen der Gemeinkostenarten aus der Buchhaltung in den BAB.

② Die Gemeinkostenarten sind nach den jeweiligen Verteilungsschlüsseln bzw. auf der Grundlage von Belegen auf die Hauptkostenstellen Material, Fertigung, Verwaltung und Vertrieb zu verteilen.

③ Ermittlung der Summe der Material-, Fertigungs-, Verwaltungs- und Vertriebsgemeinkosten.

④ Probe: Die Summe aus Material-, Fertigungs-, Verwaltungs- und Vertriebsgemeinkosten muß mit den Zahlen der Betriebsbuchführung übereinstimmen.

Gemeinkostenzuschlagssätze berechnen

Die im BAB ermittelten Material-, Fertigungs-, Verwaltungs- und Vertriebsgemeinkosten werden mit Hilfe von Gemeinkostenzuschlagssätzen auf die verschiedenen Erzeugnisse des Unternehmens verteilt.

Formeln für die Zuschlagssätze

Materialgemeinkostenzuschlagssatz (MGKZ)

$$= \frac{\text{Materialgemeinkosten} \cdot 100}{\text{Fertigungsmaterial}} = \frac{\text{Materialgemeinkosten}}{1\ \%\ \text{des Fertigungsmaterials}}$$

Fertigungsgemeinkostenzuschlagssatz (FGKZ)

$$= \frac{\text{Fertigungsgemeinkosten} \cdot 100}{\text{Fertigungslöhne}} = \frac{\text{Fertigungsgemeinkosten}}{1\ \%\ \text{der Fertigungslöhne}}$$

Fertigungsgemeinkostenzuschlagssatz (FGKZ)

$$= \frac{\text{Fertigungsgemeinkosten} \cdot 100}{\text{Stoffkosten}} = \frac{\text{Fertigungsgemeinkosten}}{1\ \%\ \text{der Stoffkosten}}$$

Verwaltungsgemeinkostenzuschlagssatz (VwGKZ)

$$= \frac{\text{Verwaltungsgemeinkosten} \cdot 100}{\text{Herstellkosten}} = \frac{\text{Verwaltungsgemeinkosten}}{1\ \%\ \text{der Herstellkosten}}$$

Vertriebsgemeinkostenzuschlagssatz (VGKZ)

$$= \frac{\text{Vertriebsgemeinkosten} \cdot 100}{\text{Herstellkosten}} = \frac{\text{Vertriebsgemeinkosten}}{1\ \%\ \text{der Herstellkosten}}$$

Beispiel: Ermitteln der Gemeinkostenzuschlagssätze

Fertigungsmaterial	100 000 DM
+ Materialgemeinkosten	15 050 DM
Materialkosten insgesamt	115 050 DM
+ Fertigungslöhne	60 000 DM
+ Fertigungsgemeinkosten	74 400 DM
Herstellkosten der Rechnungsperiode	249 450 DM

Materialgemeinkostenzuschlagssatz (MGKZ)

$$= \frac{\text{Materialgemeinkosten} \cdot 100}{\text{Fertigungsmaterial}} = \frac{15\,050 \cdot 100}{100\,000} = 15{,}05\ \%$$

Fertigungsgemeinkostenzuschlagssatz (FGKZ)

$$= \frac{\text{Fertigungsgemeinkosten} \cdot 100}{\text{Fertigungslöhne}} = \frac{74\,400 \cdot 100}{60\,000} = 124\ \%$$

Verwaltungsgemeinkostenzuschlagssatz (VwGKZ)

$$= \frac{\text{Verwaltungsgemeinkosten} \cdot 100}{\text{Herstellkosten}} = \frac{76\,200 \cdot 100}{249\,450} = 30{,}55\ \%$$

Vertriebsgemeinkostenzuschlagssatz (VGKZ)

$$= \frac{\text{Vertriebsgemeinkosten} \cdot 100}{\text{Herstellkosten}} = \frac{39\,350 \cdot 100}{249\,450} = 15{,}77\ \%$$

Herstellkosten der Fertigung und des Umsatzes

Werden alle hergestellten Erzeugnisse im Berichtszeitraum verkauft, sind die Herstellkosten der Fertigung identisch mit den Herstellkosten des Umsatzes. In der Kalkulation müssen auch Bestandsveränderungen bei unfertigen und fertigen Erzeugnissen berücksichtigt werden.

- Eine *Bestandsminderung* ergibt sich, wenn in der Berichtsperiode außer den hergestellten Gütern noch Lagerbestände verkauft worden sind. Da mehr abgesetzt als hergestellt worden ist, verringert sich der Lagerbestand. Um die Bestandsminderung (an fertigen und unfertigen Erzeugnissen) sind die Herstellkosten des Umsatzes höher als die Herstellkosten der Fertigung.

  Herstellkosten der Fertigung
  \+ Minderbestand an unfertigen und fertigen Erzeugnissen
  = Herstellkosten des Umsatzes

  Bestandsminderungen müssen zu den Herstellkosten der Fertigung addiert werden, um die richtige Zuschlagsbasis für die Vertriebs- und Verwaltungsgemeinkosten zu erhalten.

- *Bestandsmehrungen* treten auf, wenn in einem Zeitraum nicht alle hergestellten Erzeugnisse abgesetzt werden konnten. Der Lagerbestand an unfertigen und fertigen Erzeugnissen nimmt zu. Um die Bestandsmehrungen sind die Herstellkosten des Umsatzes niedriger als die Herstellkosten der Fertigung.

  Herstellkosten der Fertigung
  − Mehrbestand an unfertigen und fertigen Erzeugnissen
  = Herstellkosten des Umsatzes

Bestandsveränderungen haben Auswirkungen auf die Höhe der Verwaltungs- und Vertriebsgemeinkostenzuschlagssätze. Nehmen wir an, daß im bereits besprochenen Fall bei fertigen Erzeugnissen eine Bestandsmehrung von 30 000 DM und bei unfertigen Erzeugnissen eine Bestandsminderung von 10 000 DM noch eingetreten wäre. Die neuen Zuschlagssätze lauten dann:

	Herstellkosten der Rechnungsperiode	249 450 DM
–	Bestandsvermehrung an fertigen Erzeugnissen	30 000 DM
+	Bestandsminderung an unfertigen Erzeugnissen	10 000 DM
	Herstellkosten des Umsatzes	229 450 DM

Verwaltungsgemeinkostenzuschlagssatz (VwGKZ)

$$= \frac{\text{Verwaltungsgemeinkosten} \cdot 100}{\text{Herstellkosten des Umsatzes}} = \frac{76\,200 \cdot 100}{229\,450} = 33{,}21\ \%$$

Vertriebsgemeinkostenzuschlagssatz (VGKZ)

$$= \frac{\text{Vertriebsgemeinkosten} \cdot 100}{\text{Herstellkosten des Umsatzes}} = \frac{39\,350 \cdot 100}{229\,450} = 17{,}15\ \%$$

Kalkulation mit Ist- und Normalzuschlagssätzen

Die Stellengemeinkosten, die im BAB ermittelt werden, sind tatsächlich entstandene Kosten. Bei den meisten Unternehmen wird der BAB monatlich erstellt; die Zahlen des jeweiligen Vormonats stellen das Datenmaterial. Die aus dem BAB abgeleiteten Material-, Fertigungs-, Verwaltungs- und Vertriebsgemeinkostenzuschlagssätze sind *Istsätze*.

Die mit Hilfe des BAB errechneten Zuschlagssätze zeigen von Monat zu Monat gewisse Abweichungen. Diese Differenzen können verschiedene Ursachen haben:

- Unterschiedliche Preise für Roh-, Hilfs- und Betriebsstoffe in den einzelnen Monaten
- Änderungen im Fertigungsverfahren
- Lohn- und Gehaltserhöhungen
- Schwankungen im Beschäftigungsgrad

In der Praxis ist es häufig so, daß für die Vorkalkulation nicht die Zuschlagssätze eines bestimmten Monats verwendet werden, sondern ein Durchschnittssatz aus mehreren Monaten (z. B. aus 6 oder 12 Monaten), ein sogenannter *Normalzuschlagssatz*, gebildet wird.

Die Normalzuschlagssätze, die aus mehreren BABs ermittelt werden, stimmen natürlich meistens nicht mit den tatsächlich entstandenen Kosten eines Monats überein. Es ergeben sich zwangsläufig Differenzen zwischen den verrechneten Normalgemeinkosten und den tatsächlich angefallenen Istkosten.

Beispiel: **Kalkulation mit Ist- und Normalzuschlagssätzen**

Für die Kalkulation mit Ist- und Normalzuschlagssätzen eignet sich das Kostenträgerzeitblatt (→ **Industrielle Kalkulation**).

- Die tatsächlich angefallenen Kosten und die Gemeinkostenzuschlagssätze sind im Beispielsfall bereits bekannt, so daß eine *Ist-Kalkulation* der Selbstkosten durchgeführt werden kann. Werden auch die Verkaufserlöse von 380 000 DM und die Sondereinzelkosten des Vertriebs von 5000 DM einbezogen, dann ergibt sich ein Gewinn von 30 000 DM.
- Das Unternehmen rechnete bisher mit folgenden Normalkostenzuschlagssätzen: MGKZ 15 %; FGKZ 125 %; VwGKZ 30 %; VGKZ 20 %. Diese Angaben genügen, um auch eine *Normalkalkulation* erstellen zu können.

Kostenträgerzeitblatt

	Ist-kosten	Ist-zuschläge	Normal-kosten	Normal-zuschläge	Kosten-überdeckung	Kosten-unterdeckung
	DM	%	DM	%	DM	DM
Fertigungsmaterial	100 000		100 000			
+ Materialgemeinkosten	15 050	15,05	15 000	15		−50
Materialkosten	115 050		115 000			
+ Fertigungslöhne	60 000		60 000			
+ Fertigungsgemeinkosten	74 400	124	75 000	125	+600	
Herstellkosten der Rechnungsperiode	249 450		250 000			
− Bestandsmehrung an fertigen Erzeugnissen	30 000		30 000			
+ Bestandsminderung an unfertigen Erzeugnissen	10 000		10 000			
Herstellkosten des Umsatzes	229 450		230 000			
+ Verwaltungskosten	76 200	33,21	69 000	30		−7200
+ Vertriebskosten	39 350	17,15	46 000	20	+6650	
+ Sondereinzelkosten des Vertriebs	5 000		5 000			

Kostenträgerzeitblatt

	Ist-kosten	Ist-zu-schläge	Normal-kosten	Normal-zu-schläge	Kosten-über-deckung	Kosten-unter-deckung
	DM	%	DM	%	DM	DM
Selbstkosten des Umsatzes	350000		350000		+7250	−7250
+ Gewinn	30000		30000		–	–
Verkaufserlöse	380000		380000		–	–

Da sich Kostenüberdeckungen und Kostenunterdeckungen per Saldo ausgleichen, stimmt der ermittelte Gewinn der Istkalkulation mit dem der Normalkalkulation überein.

Beispiel: Kalkulation eines Kundenauftrags mit den neuen Ist-Zuschlagssätzen

Sie können jetzt einen Kundenauftrag mit den ermittelten neuen Ist-Zuschlagssätzen durchkalkulieren.

Ein Kundenauftrag, für den 500 DM Fertigungsmaterial und 300 DM Fertigungslöhne benötigt werden, soll vorkalkuliert werden. Wie hoch sind die Selbstkosten des Auftrags, wenn die Geschäftsleitung beschließt, die im vorigen Monat ermittelten Gemeinkostenzuschlagssätze auf volle Prozentzahlen aufgerundet anzuwenden?

Fertigungsmaterial	500,00 DM	
+ Materialgemeinkosten 16 %	80,00 DM	
Gesamte Materialkosten		580,00 DM
+ Fertigungslöhne	300,00 DM	
+ Fertigungsgemeinkosten 124 %	372,00 DM	672,00 DM
Gesamte Fertigungskosten		672,00 DM
Herstellkosten		1252,00 DM
+ Verwaltungskosten 34 %		425,68 DM
+ Vertriebskosten 18 %		225,36 DM
Selbstkosten		1903,04 DM

Praxis-Tip

Eine *Überdeckung* liegt vor, wenn die verrechneten Gemeinkosten in der Vorkalkulation über den Istkosten liegen. Bei einer *Unterdeckung* liegen die verrechneten Normalkosten unter den Istkosten.

Anhang

- Formeln
- Rechenhilfen
- Maße und Gewichte
- Aufzinsungstabellen
- Abzinsungstabellen

Formeln

Sie finden hier wichtige Formeln aus den verschiedenen Fachgebieten. Die Formeln werden an dieser Stelle nicht näher erklärt, das *Verweisstichwort* zeigt die in Frage kommende Informationsquelle. Sie finden dort Erklärungen, Beispiele und praktische Tips.

Prozentrechnung

Grundwert = G vermehrter Grundwert = 100% + p
Prozentwert = W verminderter Grundwert = 100% − p
Prozentsatz = p

Berechnung von	Formel	Beispiele
Prozentwert	$W = \frac{G \cdot p}{100}$	2% von 300 DM ergibt 6 DM (2% = Prozentsatz, 300 DM = reiner Grundwert, 6 DM = Prozentwert)
Prozentsatz	$p = \frac{W \cdot 100}{G}$	6 DM von 300 DM = 2%
Grundwert (= reiner Grundwert = 100%)	$G = \frac{W \cdot 100}{p}$	$300\ DM = \frac{6\ DM \cdot 100}{2}$
	$G = \frac{(G+W) \cdot 100}{100+p}$	vermehrter Grundwert bekannt (auf Hundert)
	$G = \frac{(G-W) \cdot 100}{100-p}$	verminderter Grundwert bekannt (im Hundert)

Siehe:
→ **Verteilungsrechnung** → **Prozentrechnung**

Zinsrechnung

Gegenüberstellung von Zinsrechnung und Prozentrechnung

Prozentrechnung	Zinsrechnung
Grundwert (G)	Kapital (K)
Prozentsatz (p)	Zinsfuß (p)
Prozentwert (W)	Zinsen (Z)
	Zeit (t)

Das Jahr hat in der (bürgerlichen) Zinsrechnung 365 Tage; die Monate werden genau gerechnet. Kaufleute rechnen das Jahr mit 360 Tagen und den Monat mit 30 Tagen.

Allgemeine Zinsformel

Kapital = K Zinsfuß = p Zinsen = Z
Zeit = t (Jahr = i; Monat = m; Tage = t)

Berechnung von	Formel	Beispiele
Jahreszinsen	$Z = \frac{K \cdot p \cdot i}{100}$	10000 DM ergeben zu 5% angelegt in 7 Jahren 3500 DM Zinsen. Das Endkapital beträgt 13500 DM.
Monatszinsen	$Z = \frac{K \cdot p \cdot m}{100 \cdot 12}$	10000 DM zu 5% angelegt erbringen in 2 Monaten 83,33 DM.
Tageszinsen (= allgemeine Zinsformel)	$Z = \frac{K \cdot p \cdot t}{100 \cdot 360}$	10000 DM erwirtschaften bei 5% in 14 Tagen 19,44 DM.
Kapital	$K = \frac{Z \cdot 100 \cdot 360}{p \cdot t}$	Allgemeine Zinsformel wird nach den jeweils gesuchten Größen K, p bzw. t aufgelöst.
Zinsfuß	$p = \frac{Z \cdot 100 \cdot 360}{K \cdot t}$	Der effektive Jahreszins ist objektiver als der Nominalzinssatz (→ **Effektivzins**)
Tage	$t = \frac{Z \cdot 100 \cdot 360}{K \cdot p}$	

Siehe:
→ **Zinsrechnung**
→ **Effektivzins**
→ **Aktienrendite**
→ **Guthabenkonten**
→ **Kontokorrentrechnung**

Kaufmännische Zinsrechnung

$\text{Zinszahl} = \frac{K \cdot t}{100}$ $\text{Zinsdivisor} = \frac{360}{p}$

Berechnung von	Formel	Beispiele
Zinsen	$Z = \frac{K \cdot t}{100} : \frac{360}{p}$ Zinszahl Zinsdivisor $Z = \frac{\text{Zinszahl (\#)}}{\text{Zinsdivisor}}$	Wieviel kostet ein Überziehungskredit von 30000 DM zu 9% für 90 Tage? $Z = \frac{300 \cdot 90}{40} = 675\ \text{DM}$

Diskont	$\frac{\text{Diskontzahl}}{\text{Zinsdivisor}} = \text{Diskont}$	Wechselbetrag 12000 DM, Abrechnungssatz 6 % und 90 Tage ergibt 180 DM
Mindestdiskont	$\text{Mindestdiskont} = \frac{\text{Mindestdiskontzahl}}{\text{Zinsdivisor}}$	
	Mindestdiskontzahl = Mindestdiskont · Zinsdivisor	Wie hoch ist die Mindestdiskontzahl bei 4 DM Mindestdiskont und 4 %? Mindestdiskontzahl = 4·90 = 360

Siehe:
→ **Kaufmännische Zinsrechnung**
→ **Diskontierung**
→ **Prolongationswechsel**
→ **Terminrechnung**
→ **Kommissionsgeschäfte**

Zinseszinsrechnung

K_o = Anfangskapital
n = Jahre
i = Zinsfuß $(i = \frac{p}{100})$

q = Aufzinsungsfaktor $q = 1 + \frac{p}{100}$

K_n = Endkapital

v = Abzinsungsfaktor $v = \frac{1}{q} = \frac{1}{1+i} = \frac{1}{(1+p/100)}$

Berechnung von	Formel	Beispiele
Endkapital	$K_n = K_o \cdot q^n$	K = 10000 DM; p = 5 %; n = 7 $K = 10000 \cdot 1{,}05^7$ K = 10000 · 1.4071 = 14071,00 DM Das Endkapital wächst ohne Zinseszinsen auf 13500 DM an. Der Zins aus dem Zins beträgt 4071 DM abzüglich 3500 DM = 571 DM.
Anfangskapital	$K_o = \frac{K_n}{q^n}$	Die Abzinsung ist das Gegenstück zur Aufzinsung. Ist der Kapitalendwert nach n Jahren bekannt und will man den Gegenwartswert kennen, dann spricht man von der Berechnung des Barwerts. **(→ Barwertmethode)**
Anfangskapital	$K_o = K_n \cdot v^n$	Der Abzinsungsfaktor v entspricht dem Kehrwert des Aufzinsungsfaktors.

Siehe:
→ **Zinseszinsrechnung**
→ **Barwertmethode**
→ **Wirtschaftlichkeitsrechnung**
→ **Kapitalrückflußrechnung**
→ **Annuitätenmethode**
→ **Interne Zinsfuß-Methode**

Abschreibung

A = Abschreibung
B_o = Anschaffungs- oder Herstellkosten
B_n = Restbuchwert
n = Nutzungsdauer
p = Abschreibungssatz

Berechnung von	Formel	Beispiele
lineare Abschreibung	$A = \frac{B_o}{n}$	Der jährliche Abschreibungsbetrag wird aus der Anschaffungssumme, dividiert durch die Anzahl der Jahre, errechnet.
Restbuchwert bei degressiver Abschreibung	$B_n = B_o \left(1 - \frac{P}{100}\right)^n$	Anschaffungswert 40 000 DM, 25 % degressiv abschreiben, Restbuchwert nach 5 Jahren? $B = 40\,000 \left(1 - \frac{25}{100}\right)^5$ $B = 40\,000 \cdot 0{,}23730468$ $B = 9\,492{,}19$ DM

Siehe:
→ **Zinseszins**
→ **Maschinenstundensätze**

Indexzahlen

Der Trend einer Zahlenreihe wird leicht erkennbar, wenn man den Wert eines bestimmten Jahres als Basis nimmt und gleich 100 setzt. Die Indexveränderungen werden in Punkten oder in Prozent zu diesem Bezugsjahr oder -zeitpunkt ausgedrückt.

Siehe:
→ **Kennzahlen**
→ **Trendanalyse**
→ **Indexzahlen**

Mittelwerte und Streuung

Mittelwerte zeigen eine zentrale Tendenz in einer statistischen Masse. Streuungsmaße zeigen die durchschnittliche Abweichung der Merkmale von einem Mittelwert.

Berechnung von	Formel	Beispiele
ungewogenes arithmetisches Mittel	$x = \frac{\text{Gesamtwert}}{\text{Anzahl der Posten}}$	Das ungewogene arithmetische Mittel entspricht dem einfachen Durchschnitt, das gewogene arithmetische Mittel dem gewogenen Durchschnitt
gewogenes arithmetisches Mittel	$x = \frac{\text{gewogene Summe der Einzelwerte}}{\text{Gesamtmenge bzw. Gesamtgewicht}}$	

Siehe:
→ **Mittelwerte**
→ **Streuungsmaße**
→ **Statistik**
→ **Stichproben**
→ **Korrelation**

Kalkulation

Handel

Einkaufspreis
– Liefererrabatt
Zieleinkaufspreis
– Liefererskonto
+ Einkaufskosten
Bareinkaufspreis
+ Bezugskosten
Einstandspreis
(= Bezugspreis)
+ Handlungskosten-
zuschlag (= HKZ)

Industrie

Fertigungsmaterial
+ Materialgemeinkostenzuschlag
Gesamte Materialkosten
+ Fertigungslöhne
+ Fertigungsgemeinkosten
+ Sondereinzelkosten der Fert.
Herstellkosten
+ Verwaltungskosten
+ Vertriebskosten

Selbstkosten
+ Gewinn
Barverkaufspreis
+ Kundenskonto
+ Vertreterprovision
Zielverkaufspreis
+ Kundenrabatt
Nettoverkaufspreis
+ Mehrwertsteuer
Bruttoverkaufspreis

Siehe:
zum Thema *Handel*
→ **Handelskalkulation**
→ **Einkaufskalkulation**

zum Thema *Industrie*
→ **Industrielle Kalkulation**
→ **Zuschlagssätze**

→ **Differenzkalkulation**
→ **Rückwärtskalkulation**
→ **Kennzahlen**
→ **Kosten und Beschäftigung**
→ **Deckungsbeitragsrechnung**
→ **Maschinenstundensätze**
→ **Differenzkalkulation**
→ **Vorkalkulation**
→ **Innerbetriebliche Leistungsverrechnung**
→ **Investitionsrechnung**
→ **Divisionskalkulation**
→ **Äquivalenzziffernkalkulation**
→ **Deckungsbeitragsrechnung**

Sorten- und Devisenrechnung

Sorten = ausländische Banknoten + ausländische Münzen
Devisen = Guthaben bei ausländischen Banken + ausländische Schecks + ausländische Wechsel

Berechnung von	Formel	Beispiele
Auslandswährung =	$\frac{\text{DM-Betrag} \cdot 100}{\text{Kurs}}$	Wieviel Schweizer Franken erhält man für 1 400 DM, wenn der Kurs 100 Fr = 120,50 DM lautet? Antwort: 1 161,82 Fr
DM-Betrag =	$\frac{\text{ausländ. Betrag} \cdot \text{Kurs}}{100}$	

Siehe:
→ **Sortenrechnung**
→ **Devisenrechnung**
→ **Englische und amerikanische Maße**
→ **Devisenarbitrage**

Rechenhilfen

Rechenerleichterungen im Alltag: Multiplikatoren erleichtern das Rechnen mit der Umsatzsteuer, Brutto- oder Nettorechnungsbetrag sind schnell ermittelt. Die Ausnutzung eines Lieferantenkredits ist vielleicht der bequemere Weg, aber selten ein wirtschaftlicher. Verschenken Sie kein Geld! Schon ein Blick in die Entscheidungstabelle zeigt Ihnen, ohne große Rechnerei, ob es günstiger ist das Zahlungsziel des Lieferers auszunutzen oder die Skontoausnutzung sogar über Bankkredit zu finanzieren.

Rechnen mit der Umsatzsteuer

Lieferungen, sonstige Leistungen und Eigenverbrauch eines Unternehmers sind umsatzsteuerpflichtige Vorgänge. Der Unternehmer ist Steuerschuldner gegenüber dem Finanzamt, auch wenn die Umsatzsteuer wirtschaftlich vom Endverbraucher getragen wird.

Die Höhe der *Steuerschuld* hängt vom jeweiligen Umsatz und der Höhe des Steuersatzes ab.

- Bezugsbasis für den Umsatz ist der *Nettobetrag* (= Gesamtbetrag ohne Umsatzsteuer).
- Seit dem 1. 1. 1993 beträgt der *allgemeine Steuersatz* 15 % (Multiplikator 13,04) und der *ermäßigte Steuersatz* 7 % (Multiplikator 6,54).

Umsatzsteuer aus dem Bruttobetrag herausnehmen

Sie können mit Mulitplikatoren die Umsatzsteuer leicht aus dem Brutto-Rechnungsbetrag herausrechnen. Der Multiplikator für einen bestimmten Steuersatz wird ermittelt durch Division von Steuersatz durch Bruttobetrag. Dies bedeutet beim Steuersatz von 15 % : 15 : 115 = 0,1304.

Steuersatz in %	Multiplikator
7	0,0654
12	0,1071
13	0,1150
14	0,1228
15	0,1304

Umsatzsteuer aus dem Nettobetrag herausrechnen

Der Nettobetrag läßt sich mit Hilfe von Multiplikatoren direkt aus dem Bruttobetrag ermitteln. Sie erhalten den Multiplikator für 15 % beispielsweise: 100 : 115 = 0,86956. Den Multiplikator für den ermäßigten Steuersatz von 7 % errechnen Sie: 100 : 107 = 0,93457.

Steuersatz in %	Multiplikator
7	0,9346
12	0,8929
13	0,8850
14	0,8772
15	0,8696

Lieferantenkredit oder Bankkredit?

Der Skontoabzug beim Lieferanten empfiehlt sich nicht nur, wenn man über genügend liquide Mittel verfügt, sondern auch, wenn der Lieferantenkredit im Vergleich zum Bankkredit teuer ist. Dann ist es sinnvoll, den Skontoabzug in Anspruch zu nehmen und die Finanzierung über die Bank durchzuführen. (→ **Effektivzins**)

Die folgende Entscheidungstabelle zeigt Ihnen ohne größere Rechenarbeit, ob es für Sie in einer bestimmten Situation besser ist, Liefererskonto abzuziehen (und mit der Bank zu finanzieren) oder sich über den Lieferanten zu finanzieren.

Entscheidungstabelle: Liefererskonto oder Zahlungsziel beanspruchen?

Skontoabzug (in Prozent)	Differenz-Tage zum Zahlungsziel										
	10	20	30	40	50	60	70	80	90	100	110
2	72,0	36,0	24,0	18,0	14,4	12,0	10,3	9,0	8,0	7,2	6,5
2,5	90,0	45,0	30,0	22,5	18,0	15,0	12,9	11,3	10,0	9,0	8,2
3	108,0	54,0	36,0	27,0	21,6	18,0	15,4	13,5	12,0	10,8	9,8
3,5	126,0	63,0	42,0	31,5	25,2	21,0	18,0	15,8	14,0	12,6	11,5
4	144,0	72,0	48,0	36,0	28,8	24,0	20,6	18,0	16,0	14,4	13,1
4,5	162,0	81,0	54,0	40,5	32,4	27,0	23,1	20,3	18,0	16,2	14,7
5	180,0	90,0	60,0	45,0	36,0	30,0	25,7	22,5	20,0	18,0	16,4

So rechnen Sie richtig:

Ziehen Sie die Skontofrist (z. B. 20 Tage) vom Zahlungsziel (z. B. 90 Tage) ab. Aus dem eingeräumten Skontosatz (z. B. 3 %) und den ermittelten Differenztagen (hier: 70 Tage) läßt sich dann die jährliche Ersparnis (hier: 15,4 %) ablesen, die Sie bei einer Skonto-Ausnutzung erzielen. Liegen die Kreditzinsen darunter, lohnt sich eine Zahlung mit Skonto.

Maße und Gewichte

Eine höhere Einheit besteht bei den dezimalen Größen aus 10, 100 oder 1000 Teilen einer niedrigeren Einheit, z. B. 1 m = 10 Dezimeter = 100 cm = 1000 mm.

Längeneinheiten

Das metrische System ist um 1791 in Frankreich entstanden und wurde später von den meisten Staaten übernommen.

1 km	=	1000 m
1 m	=	10 dm
1 dm	=	10 cm
1 cm	=	10 mm

Das Komma wandert beim Umwandeln von Längenmaßen um jeweils eine Stelle, z. B. 1 mm = 0,1 cm oder 1 dm = 0,1 m. Eine Ausnahme bildet 1 km = 1000 m.

Flächeneinheiten

Die Flächenmaße sind aus den Längenmaßen entwickelt worden. Das Flächenmaß m^2 (qm) entspricht dem Längenmaß m. Die Flächenmaße bilden eine lückenlose Kette, da die Zwischengrößen ar (1 a = 100 m^2) und 1 ha = 100 a = 10 000 m^2) bestehen.

1 km^2	=	100 ha (= Hektar)
1 ha	=	100 a (= Ar)
1 a	=	100 m^2
1 m^2	=	100 cm^2
1 cm^2	=	100 mm^2

Werden Flächenmaße umgewandelt, dann verändert sich das Komma um zwei Stellen.

Raumeinheiten (Volumeneinheiten)

Volumeneinheiten werden wie die Flächenmaße aus den Längenmaßen abgeleitet. Der Kubikmeter ist das Einheitsmaß für Körper, ein Würfel mit 1 m Kantenlänge.

1 m³	=	1 000 dm³
1 dm³	=	1000 cm³
1 cm³	=	1000 mm³

Damit gilt: 1 m³ = 1000 dm³ = 1000 000 cm³

Das Komma wird bei Körpermaßen um drei Stellen verändert.

Sie sollten auch beachten:

1 m³	=	10 hl
1 hl	=	100 l
1 l	=	1000 cm³

Gewichtseinheiten

1 t	=	1000 kg
1 kg	=	1000 g

Doppelzentner (dz) = 100 kg und Zentner (Ztr.) = 50 kg sowie das Pfund = 500 g sind keine offiziellen Einheiten.

Die nichtdezimalen Größen in Großbritannien und in den USA sind im Stichwort → **Englische und amerikanische Maße** berücksichtigt.

Aufzinsungstabellen

Aufzinsungsfaktor $q^n = (1 + \frac{p}{100})^n$

n \ p	1%	2%	3%	3,5%	4%	4,5%	5%	5,5%
1	1,01	1,02	1,03	1,035	1,04	1,045	1,05	1,055
2	1,0201	1,0404	1,0609	1,07123	1,0816	1,09203	1,1025	1,11303
3	1,03030	1,06121	1,09273	1,10872	1,12486	1,14117	1,15763	1,17424
4	1,04060	1,08243	1,12551	1,14752	1,16986	1,19252	1,21551	1,23882
5	1,05101	1,10408	1,15927	1,18769	1,21665	1,24618	1,27628	1,30696
6	1,06152	1,12616	1,19405	1,22926	1,26532	1,30226	1,34010	1,37884
7	1,07214	1,14869	1,22987	1,27228	1,31593	1,36086	1,40710	1,45468
8	1,08286	1,17166	1,26677	1,31681	1,36857	1,42210	1,47746	1,53469
9	1,09369	1,19509	1,30477	1,36290	1,42331	1,48610	1,55133	1,61909
10	1,10462	1,21899	1,34392	1,41060	1,48024	1,55297	1,62889	1,70814
11	1,11567	1,24337	1,38423	1,45997	1,53945	1,62285	1,71034	1,80209
12	1,12683	1,26824	1,42576	1,51107	1,60103	1,69588	1,79586	1,90121
13	1,13809	1,29361	1,46853	1,56396	1,66507	1,77220	1,88565	2,00577
14	1,14947	1,31948	1,51259	1,61869	1,73168	1,85194	1,97993	2,11609
15	1,16097	1,34587	1,55797	1,67535	1,80094	1,93528	2,07893	2,23248
16	1,17258	1,37279	1,60471	1,73399	1,87298	2,02237	2,18287	2,35526
17	1,18430	1,40024	1,65285	1,79468	1,94790	2,11338	2,29202	2,48480
18	1,19615	1,42825	1,70243	1,85749	2,02582	2,20848	2,40662	2,62147
19	1,20811	1,45681	1,75351	1,92250	2,10685	2,30786	2,52695	2,76565
20	1,22019	1,48595	1,80611	1,98979	2,19112	2,41171	2,65330	2,91776
21	1,23239	1,51567	1,86029	2,05943	2,27877	2,52024	2,78596	3,07823
22	1,24472	1,54598	1,91610	2,13151	2,36992	2,63365	2,92526	3,24754
23	1,25716	1,57690	1,97359	2,20611	2,46472	2,75217	3,07152	3,42615
24	1,26973	1,60844	2,03279	2,28333	2,56330	2,87601	3,22510	3,61459
25	1,28243	1,64061	2,09378	2,36324	2,66584	3,00543	3,38635	3,81339
26	1,29526	1,67342	2,15659	2,44596	2,77247	3,14068	3,55567	4,02313
27	1,30821	1,70689	2,22129	2,53157	2,88337	3,28201	3,73346	4,24440
28	1,32129	1,74102	2,28793	2,62017	2,99870	3,42970	3,92013	4,47784
29	1,33450	1,77584	2,35657	2,71188	3,11865	3,58404	4,11614	4,72412
30	1,34785	1,81136	2,42726	2,80679	3,24340	3,74532	4,32194	4,98395
31	1,36133	1,84759	2,50008	2,90503	3,37313	3,91386	4,53804	5,25807
32	1,37494	1,88454	2,57508	3,00671	3,50806	4,08998	4,76494	5,54726
33	1,38869	1,92223	2,65234	3,11194	3,64838	4,27403	5,00319	5,85236
34	1,40258	1,96068	2,73191	3,22086	3,79432	4,46636	5,25335	6,17424
35	1,41660	1,99989	2,81386	3,33359	3,94609	4,66735	5,51602	6,51383
36	1,43077	2,03989	2,89828	3,45027	4,10393	4,87738	5,79182	6,87209
37	1,44508	2,08069	2,98523	3,57103	4,26809	5,09686	6,08141	7,25005
38	1,45953	2,12230	3,07478	3,69601	4,43881	5,32622	6,38548	7,64880
39	1,47412	2,16474	3,16703	3,82537	4,61637	5,56590	6,70475	8,06949
40	1,48886	2,20804	3,26204	3,95926	4,80102	5,81636	7,03999	8,51331
41	1,50375	2,25220	3,35990	4,09783	4,99306	6,07810	7,39199	8,98154
42	1,51879	2,29724	3,46070	4,24126	5,19278	6,35162	7,76159	9,47553
43	1,53398	2,34319	3,56452	4,38970	5,40050	6,63744	8,14967	9,99668
44	1,54931	2,39005	3,67145	4,54334	5,61652	6,93612	8,55715	10,54650
45	1,56481	2,43785	3,78160	4,70236	5,84118	7,24825	8,98501	11,12655
46	1,58046	2,48661	3,89504	4,86694	6,07482	7,57442	9,43426	11,73851
47	1,59626	2,53634	4,01190	5,03728	6,31782	7,91527	9,90597	12,38413
48	1,61223	2,58707	4,13225	5,21359	6,57053	8,27146	10,40127	13,06526
49	1,62835	2,63881	4,25622	5,39606	6,83335	8,64367	10,92133	13,78385
50	1,64463	2,69159	4,38391	5,58493	7,10668	9,03264	11,46740	14,54196

Aufzinsungsfaktor $q^n = (1+\frac{P}{100})^n$

n \ p	6%	6,5%	7%	7,5%	8%	9%	10%
1	1,06	1,065	1,07	1,075	1,08	1,09	1,1
2	1,1236	1,13423	1,1449	1,15563	1,1664	1,1881	1,21
3	1,19102	1,20795	1,22504	1,24230	1,25971	1,29503	1,331
4	1,26248	1,28647	1,31080	1,33547	1,36049	1,41158	1,4641
5	1,33823	1,37009	1,40255	1,43563	1,46933	1,53862	1,61051
6	1,41852	1,45914	1,50073	1,54330	1,58687	1,67710	1,77156
7	1,50363	1,55399	1,60578	1,65905	1,71382	1,82804	1,94872
8	1,59385	1,65500	1,71819	1,78348	1,85093	1,99256	2,14359
9	1,68948	1,76257	1,83846	1,91724	1,99900	2,17189	2,35795
10	1,79085	1,87714	1,96715	2,06103	2,15893	2,36736	2,59374
11	1,89830	1,99915	2,10485	2,21561	2,33164	2,58043	2,85312
12	2,01220	2,12910	2,25219	2,38178	2,51817	2,81266	3,13843
13	2,13293	2,26749	2,40985	2,56041	2,71962	3,06580	3,45227
14	2,26090	2,41487	2,57853	2,75244	2,93719	3,34173	3,79750
15	2,39656	2,57184	2,75903	2,95888	3,17217	3,64248	4,17725
16	2,54035	2,73901	2,95216	3,18079	3,42594	3,97031	4,59497
17	2,69277	2,91705	3,15882	3,41935	3,70002	4,32763	5,05447
18	2,85434	3,10665	3,37993	3,67580	3,99602	4,71712	5,55992
19	3,02560	3,30859	3,61653	3,95149	4,31570	5,14166	6,11591
20	3,20714	3,52365	3,86968	4,24785	4,66096	5,60441	6,72750
21	3,39956	3,75268	4,14056	4,56644	5,03383	6,10881	7,40025
22	3,60354	3,99661	4,43040	4,90892	5,43654	6,65860	8,14027
23	3,81975	4,25639	4,74053	5,27709	5,87146	7,25787	8,95430
24	4,04893	4,53305	5,07237	5,67287	6,34118	7,91108	9,84973
25	4,29187	4,82770	5,42743	6,09834	6,84848	8,62308	10,83471
26	4,54938	5,14150	5,80735	6,55572	7,39635	9,39916	11,91818
27	4,82235	5,47570	6,21387	7,04739	7,98806	10,24508	13,10999
28	5,11169	5,83162	6,64884	7,57595	8,62711	11,16714	14,42099
29	5,41839	6,21067	7,11426	8,14414	9,31727	12,17218	15,86309
30	5,74349	6,61437	7,61226	8,75496	10,06266	13,26768	17,44940
31	6,08810	7,04430	8,14511	9,41158	10,86767	14,46177	19,19434
32	6,45339	7,50218	8,71527	10,11745	11,73708	15,76333	21,11378
33	6,84059	7,98982	9,32534	10,87625	12,67605	17,18203	23,22515
34	7,25103	8,50916	9,97811	11,69197	13,69013	18,72841	25,54767
35	7,68609	9,06225	10,67658	12,56887	14,78534	20,41397	28,10244
36	8,14725	9,65130	11,42394	13,51154	15,96817	22,25123	30,91268
37	8,63609	10,27864	12,22362	14,52490	17,24563	24,25384	34,00395
38	9,15425	10,94675	13,07927	15,61427	18,62528	26,43668	37,40434
39	9,70351	11,65829	13,99482	16,78534	20,11530	28,81598	41,14478
40	10,28572	12,41607	14,97446	18,04424	21,72452	31,40942	45,25926
41	10,90286	13,22312	16,02267	19,39756	23,46248	34,23627	49,78518
42	11,55703	14,08262	17,14426	20,85237	25,33948	37,31753	54,76370
43	12,25045	14,99800	18,34435	22,41630	27,36664	40,67611	60,24007
44	12,98548	15,97286	19,62846	24,09752	29,55597	44,33696	66,26408
45	13,76461	17,01110	21,00245	25,90484	31,92045	48,32729	72,89048
46	14,59049	18,11682	22,47262	27,84770	34,47409	52,67674	80,17953
47	15,46592	19,29441	24,04571	29,93628	37,23201	57,41765	88,19749
48	16,39387	20,54855	25,72891	32,18150	40,21057	62,58524	97,01723
49	17,37750	21,88421	27,52993	34,59511	43,42742	68,21791	106,71896
50	18,42015	23,30668	29,45703	37,18975	46,90161	74,35752	117,39085

Abzinsungstabellen:

$$\text{Abzinsungsfaktor } \frac{1}{q^n} = \frac{1}{(1 + \frac{p}{100})^n}$$

n \ p	1%	2%	3%	3,5%	4%	4,5%	5%	5,5%
1	0,99010	0,98039	0,97087	0,96618	0,96154	0,95694	0,95238	0,94787
2	0,98030	0,96117	0,94260	0,93351	0,92456	0,91573	0,90703	0,89845
3	0,97059	0,94232	0,91514	0,90194	0,88900	0,87630	0,86384	0,85161
4	0,96098	0,92385	0,88849	0,87144	0,85480	0,83856	0,82270	0,80722
5	0,95147	0,90573	0,86261	0,84197	0,82193	0,80245	0,78353	0,76513
6	0,94205	0,88797	0,83748	0,81350	0,79031	0,76790	0,74622	0,72525
7	0,93272	0,87056	0,81309	0,78599	0,75992	0,73483	0,71068	0,68744
8	0,92348	0,85349	0,78941	0,75941	0,73069	0,70319	0,67684	0,65160
9	0,91434	0,83676	0,76642	0,73373	0,70259	0,67290	0,64461	0,61763
10	0,90529	0,82035	0,74409	0,70892	0,67556	0,64393	0,61391	0,58543
11	0,89632	0,80426	0,72242	0,68495	0,64958	0,61620	0,58468	0,55491
12	0,88745	0,78849	0,70138	0,66178	0,62460	0,58966	0,55684	0,52598
13	0,87866	0,77303	0,68095	0,63940	0,60057	0,56427	0,53032	0,49856
14	0,86996	0,75788	0,66112	0,61778	0,57748	0,53997	0,50507	0,47257
15	0,86135	0,74301	0,64186	0,59689	0,55526	0,51672	0,48102	0,44793
16	0,85282	0,72845	0,62317	0,57671	0,53391	0,49447	0,45811	0,42458
17	0,84438	0,71416	0,60502	0,55720	0,51337	0,47318	0,43630	0,40245
18	0,83602	0,70016	0,58739	0,53836	0,49363	0,45280	0,41552	0,38147
19	0,82774	0,68643	0,57029	0,52016	0,47464	0,43330	0,39573	0,36158
20	0,81954	0,67297	0,55368	0,50257	0,45639	0,41464	0,37689	0,34273
21	0,81143	0,65978	0,53755	0,48557	0,43883	0,39679	0,35894	0,32486
22	0,80340	0,64684	0,52189	0,46915	0,42196	0,37970	0,34185	0,30793
23	0,79544	0,63416	0,50669	0,45329	0,40573	0,36335	0,32557	0,29187
24	0,78757	0,62172	0,49193	0,43796	0,39012	0,34770	0,31007	0,27666
25	0,77977	0,60953	0,47761	0,42315	0,37512	0,33273	0,29530	0,26223
26	0,77205	0,59758	0,46369	0,40884	0,36069	0,31840	0,28124	0,24856
27	0,76440	0,58586	0,45019	0,39501	0,34682	0,30469	0,26785	0,23560
28	0,75684	0,57437	0,43708	0,38165	0,33348	0,29157	0,25509	0,22332
29	0,74934	0,56311	0,42435	0,36875	0,32065	0,27902	0,24295	0,21168
30	0,74192	0,55207	0,41199	0,35628	0,30832	0,26700	0,23138	0,20064
31	0,73458	0,54125	0,39999	0,34423	0,29646	0,25550	0,22036	0,19018
32	0,72730	0,53063	0,38834	0,33259	0,28506	0,24450	0,20987	0,18027
33	0,72010	0,52023	0,37703	0,32134	0,27409	0,23397	0,19987	0,17087
34	0,71297	0,51003	0,36604	0,31048	0,26355	0,22390	0,19035	0,16196
35	0,70591	0,50003	0,35538	0,29998	0,25342	0,21425	0,18129	0,15352
36	0,69892	0,49022	0,34503	0,28983	0,24367	0,20503	0,17266	0,14552
37	0,69200	0,48061	0,33498	0,28003	0,23430	0,19620	0,16444	0,13793
38	0,68515	0,47119	0,32523	0,27056	0,22529	0,18775	0,15661	0,13074
39	0,67837	0,46195	0,31575	0,26141	0,21662	0,17967	0,14915	0,12392
40	0,67165	0,45289	0,30656	0,25257	0,20829	0,17193	0,14205	0,11746
41	0,66500	0,44001	0,29763	0,24403	0,20028	0,16453	0,13528	0,11134
42	0,65842	0,43530	0,28896	0,23578	0,19257	0,15744	0,12884	0,10554
43	0,65190	0,42677	0,28054	0,22781	0,18517	0,15066	0,12270	0,10003
44	0,64545	0,41840	0,27237	0,22010	0,17805	0,14417	0,11686	0,09482
45	0,63905	0,41020	0,26444	0,21266	0,17120	0,13796	0,11130	0,08988
46	0,63273	0,40215	0,25674	0,20547	0,16461	0,13202	0,10600	0,08519
47	0,62646	0,39427	0,24926	0,19852	0,15828	0,12634	0,10095	0,08075
48	0,62026	0,38654	0,24200	0,19181	0,15219	0,12090	0,09614	0,07654
49	0,61412	0,37896	0,23495	0,18532	0,14634	0,11569	0,09156	0,07255
50	0,60804	0,37153	0,22811	0,17905	0,14071	0,11071	0,08720	0,06877

Abzinsungstabellen

Abzinsungsfaktor: $\frac{1}{q^n} = \frac{1}{(1 + \frac{p}{100})^n}$

n \ p	6%	6,5%	7%	7,5%	8%	9%	10%
1	0,94340	0,93897	0,93458	0,93023	0,92593	0,91743	0,90909
2	0,89000	0,88166	0,87344	0,86533	0,85734	0,84168	0,82645
3	0,83962	0,82785	0,81630	0,80496	0,79383	0,77218	0,75131
4	0,79209	0,77732	0,76290	0,74880	0,73503	0,70843	0,68301
5	0,74726	0,72988	0,71299	0,69656	0,68058	0,64993	0,62092
6	0,70496	0,68533	0,66634	0,64796	0,63017	0,59627	0,56447
7	0,66506	0,64351	0,62275	0,60275	0,58349	0,54703	0,51316
8	0,62741	0,60423	0,58201	0,56070	0,54027	0,50187	0,46651
9	0,59190	0,56735	0,54393	0,52158	0,50025	0,46043	0,42410
10	0,55839	0,53273	0,50835	0,48519	0,46319	0,42241	0,38554
11	0,52679	0,50021	0,47509	0,45134	0,42888	0,38753	0,35049
12	0,49697	0,46968	0,44401	0,41985	0,39711	0,35553	0,31863
13	0,46884	0,44102	0,41496	0,39056	0,36770	0,32618	0,28966
14	0,44230	0,41410	0,38782	0,36331	0,34046	0,29925	0,26333
15	0,41727	0,38883	0,36245	0,33797	0,31524	0,27454	0,23939
16	0,39365	0,36510	0,33873	0,31439	0,29189	0,25187	0,21763
17	0,37136	0,34281	0,31657	0,29245	0,27027	0,23107	0,19784
18	0,35034	0,32189	0,29586	0,27205	0,25025	0,21199	0,17986
19	0,33051	0,30224	0,27651	0,25307	0,23171	0,19449	0,16351
20	0,31180	0,28380	0,25842	0,23541	0,21455	0,17843	0,14864
21	0,29416	0,26648	0,24151	0,21899	0,19866	0,16370	0,13513
22	0,27751	0,25021	0,22571	0,20371	0,18394	0,15018	0,12285
23	0,26180	0,23494	0,21095	0,18950	0,17032	0,13778	0,11168
24	0,24698	0,22060	0,19715	0,17628	0,15770	0,12640	0,10153
25	0,23300	0,20714	0,18425	0,16398	0,14602	0,11597	0,09230
26	0,21981	0,19450	0,17220	0,15254	0,13520	0,10639	0,08391
27	0,20737	0,18263	0,16093	0,14190	0,12519	0,09761	0,07628
28	0,19563	0,17148	0,15040	0,13200	0,11591	0,08955	0,06934
29	0,18456	0,16101	0,14056	0,12279	0,10733	0,08215	0,06304
30	0,17411	0,15119	0,13137	0,11422	0,09938	0,07537	0,05731
31	0,16425	0,14196	0,12277	0,10625	0,09202	0,06915	0,05210
32	0,15496	0,13329	0,11474	0,09884	0,08520	0,06344	0,04736
33	0,14619	0,12516	0,10723	0,09194	0,07889	0,05820	0,04306
34	0,13791	0,11752	0,10022	0,08553	0,07305	0,05339	0,03914
35	0,13011	0,11035	0,09366	0,07956	0,06763	0,04899	0,03558
36	0,12274	0,10361	0,08754	0,07401	0,06262	0,04494	0,03235
37	0,11579	0,09729	0,08181	0,06885	0,05799	0,04123	0,02941
38	0,10924	0,09135	0,07646	0,06404	0,05369	0,03783	0,02673
39	0,10306	0,08578	0,07146	0,05958	0,04971	0,03470	0,02430
40	0,09722	0,08054	0,06678	0,05542	0,04603	0,03184	0,02209
41	0,09172	0,07563	0,06241	0,05155	0,04262	0,02921	0,02009
42	0,08653	0,07101	0,05833	0,04796	0,03946	0,02680	0,01826
43	0,08163	0,06668	0,05451	0,04461	0,03654	0,02458	0,01660
44	0,07701	0,06261	0,05095	0,04150	0,03383	0,02255	0,01509
45	0,07265	0,05879	0,04761	0,03860	0,03133	0,02069	0,01372
46	0,06854	0,05520	0,04450	0,03591	0,02901	0,01898	0,01247
47	0,06466	0,05183	0,04159	0,03340	0,02686	0,01742	0,01134
48	0,06100	0,04867	0,03887	0,03107	0,02487	0,01598	0,01031
49	0,05755	0,04570	0,03632	0,02891	0,02303	0,01466	0,00937
50	0,05429	0,04291	0,03395	0,02689	0,02132	0,01345	0,00852

Stichwortverzeichnis

Und so nutzen Sie die Diskette:

Auf der Diskette finden Sie einige Rechner, die in diesem Buch enthalten sind. Jeder dieser Rechner enthält Hilfefunktionen, Beispiele und den Rechner selbst, mit dem Sie die Aufgaben aus dem angesprochenen Themenkreis nochmals üben können.

Einzige Systemvoraussetzung: Sie brauchen auf Ihrem PC das Betriebssystem Windows 3.1, 3.11 oder Windows 95.

Haben sie das Programm erfolgreich installiert, können Sie die Rechner laden. Die Dateinamen finden Sie in Diesem Buch unter dem entsprechenden Diskettensymbol.

Und so installieren Sie das Programm:

1. Legen Sie die Diskette in das Laufwerk Ihres PCs.
2. Bei **Windows 3.1 oder Windows 3.11:** Öffnen Sie im Programm-Manager von Windows das Pulldown-Menü „Datei" und wählen Sie dort den Befehl „Ausführen".

   Bei **Windows 95:** Klicken Sie auf das Feld „Start" und wählen Sie anschließend den Befehl „Ausführen".
3. Geben Sie in die Befehlszeile ein: „A (Name des Laufwerks): **SETUP**". Oder klicken Sie den Befehl „Durchsuchen" an, wählen Sie das entsprechende Laufwerk (z.B. A:) aus und klicken Sie anschließend den Befehl „Setup" an.
4. Drücken Sie die RETURN-Taste und folgen Sie den weiteren Anweisungen des Installationsprogramms.

Und so starten Sie das Programm:

Unter Windows 3.1 oder Windows 3.11:
Klicken Sie im Fenster „Kaufmännisches Rechnen" auf das Programm-Symbol des Rechners, den Sie öffnen möchten.

Unter Windows 95:
Wählen Sie im Startmenü unter „Programme" den Ordner „Kaufmännisches Rechnen" und klicken Sie auf die Verknüpfung des Rechners, den Sie öffnen möchten.

WICHTIG

Unsere Disketten werden mit größter Sorgfalt erstellt und versiegelt. Sollte die Papiertasche beschädigt sein, bitte Diskette nicht verwenden, sondern Verlag unterrichten.

Bitte informieren Sie sich vor Einsatz der Diskette durch die Installationsanweisung über Bedienung und Funktion des Programms.

Notizen

Notizen

WRS Betriebs-Praxis-Reihe: immer besser informiert

So stimmt Ihre Finanzierung

Brauchen Sie Geld für die Neugründung eines Unternehmens? Oder um eine interessante Geschäftsidee umzusetzen? Oder merken Sie, daß Ihr Cash-flow zurückgeht und wissen nicht, wie Sie reagieren können? Lösungen finden Sie jetzt in **„Praxiswissen Unternehmensfinanzierung"**.

49,90 DM

Dieses Buch gibt Antworten auf alle Fragen zur Finanzierung. Es sagt Ihnen,

- ✔ welche Finanzierung für Sie die Richtige ist und worauf Sie dabei achten sollten,
- ✔ alles über die wichtigsten und gebräuchlichsten Finanzierungsformen: zur Existenzgründung und -sicherung, zur Substanzerhaltung und für ein finanziell gesundes und konkurrenzfähiges Unternehmen,
- ✔ wie Sie das passende Finanzierungsinstitut finden.
- ✔ wie Sie Kreditverhandlungen optimal führen,
- ✔ wie Sie die Finanzierungsprogramme der Öffentlichen Hand ausschöpfen können u.v.m.

Prof. Dr. Harry Schröder
Praxiswissen Unternehmensfinanzierung
280 Seiten, Broschur
Bestell-Nr. 12.18
ISBN 3-8092-1261-X

Ein Buch, das Ihnen keine grauen Theorien liefert. Im Gegenteil: Die vielen Ratschläge und konkreten Beispiele ermöglichen Ihnen, die dargestellten Instrumente sofort in die Praxis umzusetzen.

wrs Verlag WRS-Ratgeber erhalten Sie in Ihrer Buchhandlung oder direkt beim Verlag

Alle Zahlen fest im Griff

188 Seiten, Broschur
DM 48,00, Best-Nr. 10.04
(ÖS 375,00, SFr 46,50)

207 Seiten, Broschur
DM 48,00, Best-Nr. 06.02
(ÖS 375,00, SFr 46,50)

301 Seiten, Broschur
DM 39,90, Best-Nr. 11.33
(ÖS 311,00, SFr 38,80)

361 Seiten, Broschur
DM 39,90, Best-Nr. 11.29
(ÖS 311,00, SFr 38,80)

132 Seiten, Broschur
DM 39,90, Best-Nr. 12.17
(ÖS 311,00, SFr 38,80)

324 Seiten, Hardcover
DM 48,00, Best-Nr. 12.13
(ÖS 357,00, SFr 46,50)

wrs *Verlag* WRS-Ratgeber erhalten Sie in Ihrer Buchhandlung oder direkt beim Verlag